Théodora
Courtisane et impératrice

Odile Weulersse

Théodora
Courtisane et impératrice

ÉDITIONS FRANCE LOISIRS

Édition du Club France Loisirs,
avec l'autorisation des Éditions Flammarion.

Éditions France Loisirs,
123, boulevard de Grenelle, Paris
www.franceloisirs.com

ISBN : 2-7441-5788-0

À Georges

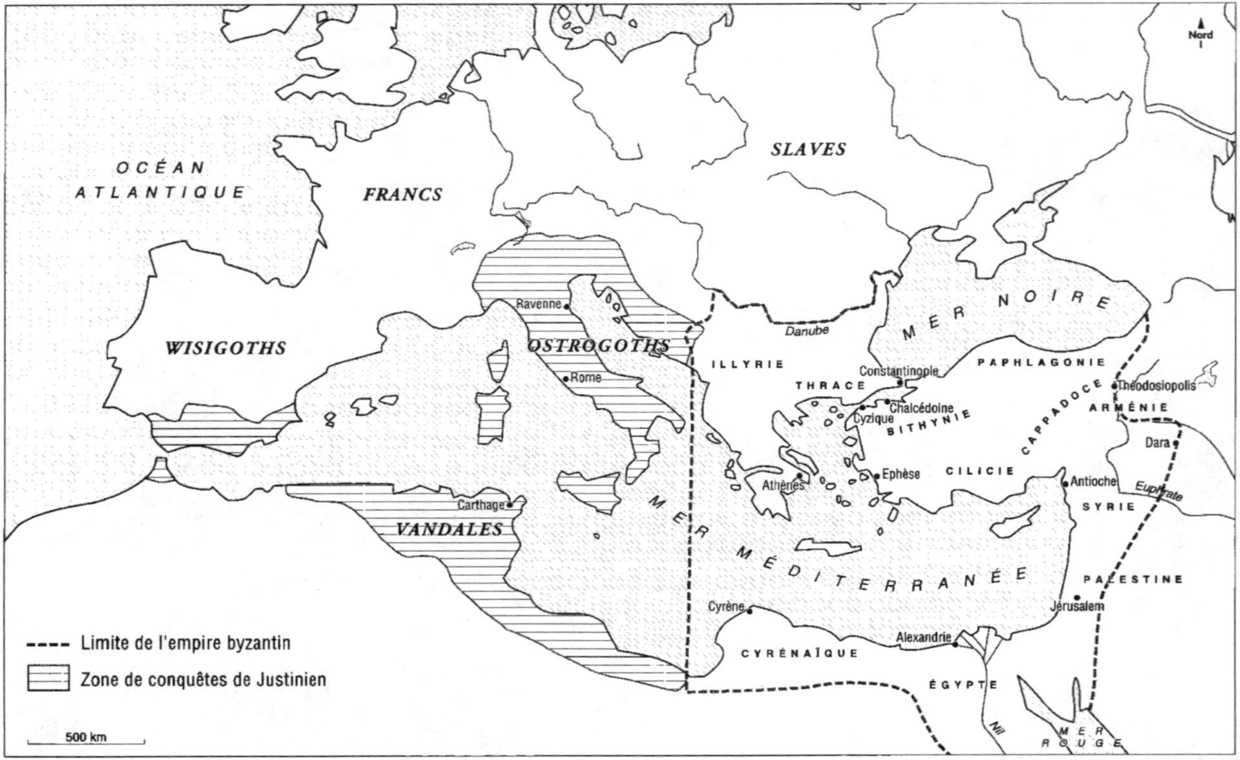

L'empire byzantin et les conquêtes de Justinien (527-565)

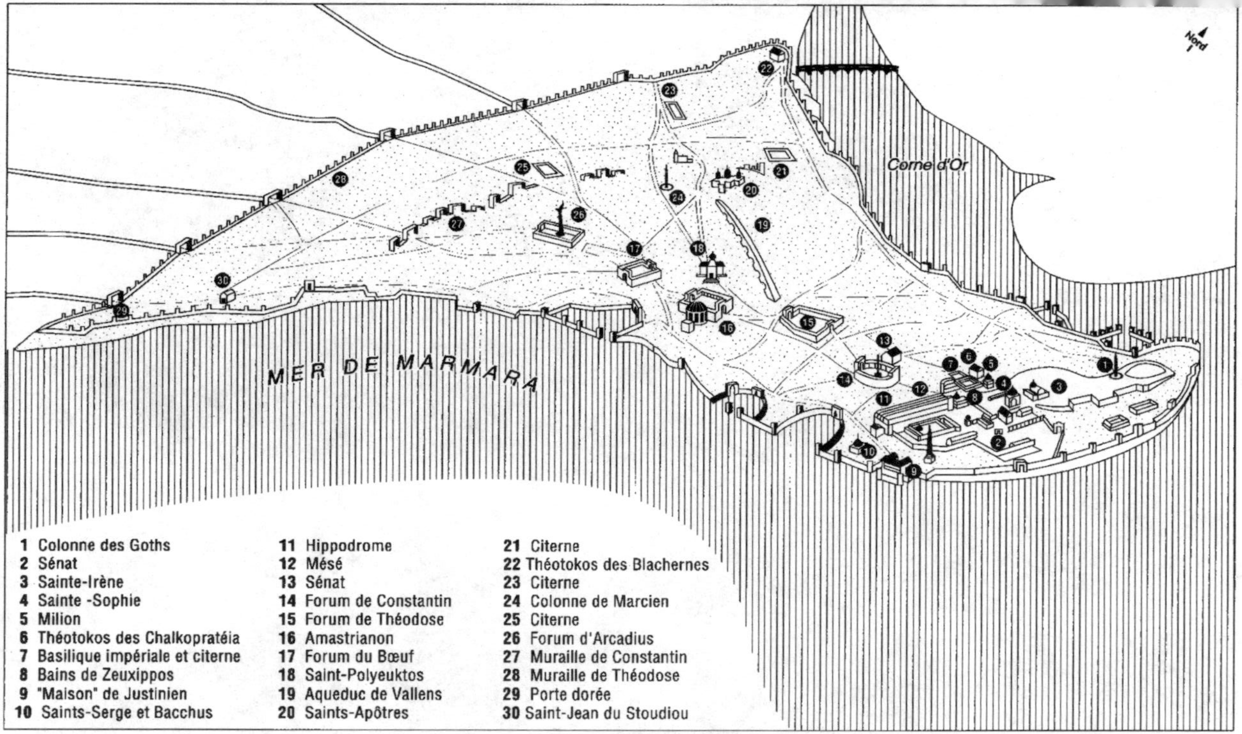

Constantinople

I

En sortant de la bibliothèque, au milieu de la nuit, Narsès retrouva la souffrance. Impossible d'y échapper, impossible d'ignorer le palais qui se dressait de l'autre côté de la place, défendu par ses remparts, sa lourde porte de bronze, ses gardes au bouclier d'or. Face à la demeure impériale, si proche et pourtant inaccessible, il se sentait rejeté, injustement exclu de cette vie heureuse que partageaient des milliers d'hommes au service de l'Élu de Dieu, l'empereur des Romains, le maître du monde civilisé. Et depuis près de trente ans qu'il vivait à Constantinople, depuis vingt ans qu'il y travaillait comme copiste, Narsès cherchait encore par quelle malédiction, quelle impuissance secrète il n'avait pu franchir la porte de bronze de la Chalcée[1].

Cette nuit-là, et c'était la raison de sa sortie nocturne, son sommeil avait été traversé d'un rêve qui réveillait des ambitions enfouies et agitait dans son esprit un tourbillon d'espoirs. Ce n'était pas un rêve comme tant d'autres, amas confus du pour que balaye la nuit, mais un récit précis, impérieux, évoquant plutôt ces avertissements de la Providence auxquels il importe d'obéir. Narsès comme tous les habitants de la Ville connaissait le rêve que Dieu envoya à l'empereur Constantin en lui présentant la croix du Christ portant l'inscription : *Avec ce signe tu vaincras*. Et chacun savait les victoires

1. La Chalcée est le premier palais de l'ensemble du Palais Sacré qui en comprend plusieurs.

acquises grâce à la croix brodée sur l'étendard, et la reconnaissance de la religion catholique dans l'Empire de Rome. Aussi Narsès était-il tenté de croire à l'origine divine du message nocturne, tout en s'effrayant de l'orgueil insensé qu'induisait une telle hypothèse.

Pour être divin, le message n'en était pas moins obscur et le rêveur se sentait déchiré entre la tentation de jeter dans l'oubli un songe sans importance et la crainte de dédaigner, de volontairement ignorer la parole divine, ce qui pour un chrétien est le plus grave des péchés.

Pour calmer son anxiété il descendit d'un pas rapide les ruelles abruptes jusqu'à la mer de Marmara. Tout en arpentant la plage, il huma le vent tiède du printemps chargé d'odeurs de fleurs, enleva ses sandales et releva sa tunique pour marcher pieds nus dans les vagues, plaisir sensuel qu'il s'accordait rarement. Finalement ses sentiments et ses pensées l'engagèrent dans la voie de l'obéissance, cette obéissance appliquée, presque méticuleuse, qui lui était coutumière. Il décida de consulter Isadora la Boiteuse dont la science était reconnue de tous, car souvent les victimes d'une disgrâce physique ou d'un comportement proche de la folie reçoivent du ciel, en contrepartie de leur infortune, le don de déchiffrer les songes. Il remonta prestement la première colline vers la place de l'Augustéon, sous les déchirures pâles de l'aube et l'éclat blême des dernières étoiles.

Derrière la place, la foule se pressait déjà entre l'arc de triomphe du Milliaire d'Or et la porte monumentale de l'hippodrome, pour assister aux jeux. Car le 11 mai était le jour anniversaire de l'inauguration par Constantin, en 330, de la deuxième Rome, la nouvelle Ville Éternelle, Constantinople la bien nommée en souvenir de son vénérable fondateur. Et, en cette année 513, vingt-deuxième du règne de l'empereur Anastase, le rituel commençait traditionnellement par des courses de chars. Narsès conçut de cette coïncidence temporelle entre son rêve et la date du 11 mai, une raison supplémentaire de croire à un message du ciel, car seuls les esprits rendus obtus par un sot scepticisme attribuent au hasard les plans de la Providence. Contournant l'effervescence populaire, Narsès emprunta la *mésé*, l'artère principale de la ville. Isadora la Boiteuse demeurait près de la Porte Dorée, entrée monumentale des remparts de l'empereur Théodose qui protégeaient de leur double mur la cité agrandie de l'ancienne Byzance. Pendant l'heure de marche à travers la ville, l'eunuque remuait douloureusement ses espérances, ses échecs, ses regrets. Pourquoi n'avait-il pas obtenu un poste au Palais Sacré ? À la bibliothèque où il travaillait, il était apprécié pour son intelligence, sa fidélité, sa clarté d'esprit, mais tous ces talents ajoutés les uns aux autres ne constituaient pas un atout suffisant pour être admis de l'autre côté de la place de l'Augustéon. C'est cette vie-là pourtant qui lui avait été promise et pour laquelle il avait été contraint de renoncer à des bonheurs reconnus comme enviables. Il se laissa aller à l'amertume tandis que du passé resurgissait une image douloureuse : l'arrivée, dans la misérable masure de l'Arménie byzantine, des marchands de Constantinople qui firent miroiter trois sous d'or sous les yeux émerveillés de ses pauvres parents. Trois sous d'or contre un fils appelé à une brillante destinée lorsqu'il serait castré. Mais le premier fils mourut et contre les trois sous d'or les marchands exigèrent le deuxième fils, puis le troisième, puis le quatrième. Enfin il ne resta plus que le petit dernier qui se cachait dans les blés verts en pleurant. Avec lui l'opération réussit et il fut emmené à Constantinople où il reçut un minimum d'instruction, mais la glorieuse destinée promise s'éloignait de jour en jour. Et quoiqu'il partageât le sort de centaines de fonctionnaires qui végétaient dans des tâches subalternes, Narsès s'en voulait d'être resté cette âme craintive cachée dans les blés, alors que d'autres, portant hardiment leur statut d'eunuque, devenus exigeants par la mutilation qu'on leur avait imposée, franchissaient la porte de bronze pour en ressortir somptueusement parés, ou, mieux encore, dissimulés dans une litière.

Enfin, il atteignit la Porte Dorée, porte triomphale à la triple arcade. De là il lui fut facile de trouver la demeure de la décrypteuse de songes, tant les effluves des plantes médicinales qui foisonnaient près d'une source d'eau tiède, se répandaient dès le lever du jour. La maison était aussi belle et solidement bâtie qu'Isadora était contrefaite, presque aussi large que haute, une épaule plus basse d'un pied, l'ensemble décoré de bijoux, colliers, bracelets, chaînes en beau métal doré et pierres de couleur, car la Boiteuse, grâce à ses dons, avait fait fortune.

— Te voilà enfin ! Tu vas me faire rater la première course de chars, dit-elle d'une voix de petite fille contrastant avec son opulente apparence.

— Dieu soit avec toi, répondit Narsès, confus. J'ignorais que tu m'attendais.

— Une corneille, cette nuit, m'a prévenue de ta visite. Entre, dépêche-toi.

Narsès pénétra dans une grande pièce, basse de plafond, couverte de tentures de soie, de coussins brillants, où une forte odeur d'encens évoquait l'atmosphère d'une église. Isadora s'assit derrière une table aux cases géométriques, dans lesquelles étaient écrites en araméen des indications auxquelles l'eunuque ne comprit rien.

— Que veux-tu savoir ? demanda Isadora.

— La signification de mon rêve.

— Je m'en doute. Dépêche-toi, je suis pressée.

— Voilà. Cela eut lieu cette nuit, la veille du 11 mai justement, déclara Narsès qui se préparait à un long discours.

— Évite-moi des commentaires inutiles.

— J'ai vu un petit singe, de cette sorte qui gambade joyeusement dans les cocotiers, qui se dressait devant moi en faisant le signe de la croix et grandissait aussi haut que la tour de la Porte Dorée. De cette surprenante hauteur, il me jetait un regard d'une douceur infinie et déclarait : « Sache, aujourd'hui, reconnaître sur elle la protection de la Sainte Providence. »

Isadora, le visage impassible, écouta avec gravité, prit des grains de blé dans un petit bol et les jeta sur la table.

— Mon Dieu, murmura-t-elle, les yeux agrandis par la stupeur.

Et elle scruta le visage fin et maigre de son interlocuteur, ses cheveux bruns coupés au-dessus des oreilles, ses yeux gris, petits mais vifs, dont l'acuité surprenait dans ce visage ordinaire. Elle secoua la tête d'un air dubitatif et recommença l'expérience. Les résultats furent identiques et Isadora ferma les yeux.

— Que vois-tu ? s'inquiéta Narsès.

— Les grains tombent toujours en pyramide, murmura-t-elle en guise d'explication.

Puis, après un moment de stupéfaction, elle se leva et ajouta :

— Tu la protégeras et lui obéiras, car elle marchera sur des chemins couverts de perles.

— Qui ? Qui dois-je protéger ?

La Boiteuse, consternée à l'idée que tant de faveurs du ciel puissent descendre sur une âme aussi obtuse, se contenta de répondre :

— Bienheureux les pauvres en esprit.

Et, jetant un voile sur sa tête, elle ajouta sur le pas de la porte :

— Elle est un présent de Dieu.

— Alors elle se nomme Théodora !

— Ton esprit est plus rapide que je ne le pensais, dit-elle en tendant sa main que Narsès remplit de quelques folies.

— Porte-toi bien. Je pars assister aux courses !

Elle poussa un cri étrange et aussitôt surgirent quatre esclaves soulevant une chaise à porteurs.

— Tu n'oublieras pas que je suis ton humble servante, dit-elle en montant dans son véhicule.

Narsès resta un moment sans idée, sans émotion, redoutant l'explosion de joie qui pourrait l'envahir. Cette prudence, acquise par l'expérience de la déception, lui faisait craindre la détresse qu'engendre un espoir inutile. Mais l'expérience ne modifie pas un caractère, et ses aspirations l'entraînaient à imaginer, à chaque perspective prometteuse, des emplois où il pourrait servir par son intelligence et sa subtilité, un maître qui apprécierait ses talents. Et pourquoi pas une maîtresse ? Elle serait de famille illustre, cherchant un confident dévoué et habile pour l'aider à assumer les responsabilités qu'imposent la richesse et le pouvoir. Vraisemblablement une noble, ne connaissant de la vie que le gynécée, soudainement confrontée, par mariage, veuvage ou héritage, à des décisions qu'elle ne saurait assumer seule, et qui s'appuierait sur un conseiller discret. Il aurait pour cette noble dame des trésors d'attentions et de perspicacité. Croyant le destin enfin conforme à ses vœux, il jetait sur les splendides maisons entourées de jardins et sur les litières fermées des femmes des regards de complicité.

D'humeur euphorique, il franchit la porte monumentale de l'hippodrome, décidé, comme tous les habitants de la Ville, à se divertir.

Il arriva au milieu de la deuxième course. L'empereur, entouré par ses hauts dignitaires, regardait le spectacle du haut du Katishma, la tribune inaccessible qui dominait une foule si considérable ce jour-là que les quarante mille places ne suffisaient pas à la contenir. N'ayant aucune envie de rester debout sur le promenoir, Narsès profita de sa petite taille pour se glisser sur le quarantième gradin du côté des écharpes bleu foncé où se tenaient les partisans de sa faction préférée. Le marbre était d'une fraîcheur agréable sous le voile qui recouvrait le champ de courses. Les chars des Bleus, des Verts, des Rouges et des Blancs galopaient sur la piste de sable couverte de fleurs dans le grincement de leurs essieux, les exhortations des cochers et les vociférations des spectateurs.

Olympios, le cocher des Verts, gagna la quatrième et dernière course du matin, ce qui provoqua une turbulence indescriptible. Narsès désapprouvait la place considérable que tenaient dans la ville les écuries de courses, nommées factions. Au lieu de se maintenir dans des activités purement sportives, ces factions s'étaient constituées en groupes organisés, fortes d'une dizaine de milliers de membres actifs reconnaissables à leur court bâton surmonté d'un croissant et à leur tunique blanche bordée de rouge. Elles avaient conquis non seulement la charge des écuries, des courses, des divertissements de l'hippodrome, mais aussi celles des acclamations de l'empereur pendant les cortèges et de la défense de la ville en cas de danger. Narsès déplorait les disputes, querelles, violences entre la faction des Verts et celle des Bleus, qui perturbaient fréquemment la tranquillité des citoyens[1].

Après les courses, un ours venu de Sibérie dansa au son de la trompette. Puis, en dessous de la tribune de l'empereur où s'étendait une large plate-forme, le responsable de l'hippodrome annonça une pantomime.

1. Les Blancs font toujours cause commune avec les Bleus, les Rouges avec les Verts.

Le rire était garanti, car les mimes mettaient en scène avec outrance les travers des habitants de la Ville, et Narsès, avec tous les spectateurs, s'en amusait volontiers.

Alors s'avança sur cette estrade une très jeune fille, petite mais au corps gracieux, la poitrine récemment épanouie, vêtue d'une simple tunique enroulée à la taille, qui se trémoussait et se penchait en découvrant son derrière. Un homme monta à son tour sur les planches en voilant son visage de ses larges manches blanches. À ce geste, l'assistance identifia un eunuque et commença à s'esclaffer. La jeune mime s'approcha alors de son partenaire pour lui caresser la hanche en lui tendant ses lèvres. L'homme, agacé, la repoussa. Mais la jeune fille insistait. Par attouchements, positions langoureuses, elle s'offrait de plus en plus à l'indifférent qui cherchait vainement à s'éloigner de la provocante séductrice. Les spectateurs, toujours enclins à se moquer et à mépriser les hommes émasculés, lui lancèrent les épithètes usuelles.

— Impuissant ! Bon à rien ! Monstre ! Inutile ! Parasite !

Narsès reçut ces quolibets comme des gifles personnelles et fut soulagé quand le Grand Chambellan, qui se tenait debout près de l'empereur, manifesta son agacement en agitant son bâton décoré d'or. Les insultes cessèrent aussitôt car la vindicte d'un eunuque puissant a la réputation d'être particulièrement cruelle.

La jeune pantomime s'inclina alors très respectueusement devant l'empereur, se tourna vers la faction des Bleus qu'elle salua d'une révérence, et mima le dédain en se tournant vers ceux qui portaient l'écharpe vert poireau.

— Théodora ! Vive Théodora ! crièrent des voix dans la foule.

À ce nom les espoirs de Narsès s'effondrèrent. La

femme annoncée, attendue, espérée, n'était qu'une pitoyable pantomime ! Une vague confuse d'émotions, où se mêlaient la souffrance, l'indignation, la colère, l'entraîna dans les commentaires les plus excessifs. Il se fâcha d'abord contre lui-même, toujours aussi naïf, stupidement crédule, éternel aspirant à des réussites irréalistes, accroché à son impuissance comme Sisyphe à son rocher. Puis il songea à Dieu, frôlant et repoussant aussitôt l'idée que la Providence ait pu se moquer de lui. Il douta ensuite de l'origine divine de son rêve, et envisagea une cause diabolique. Car Satan profitait parfois de la nuit pour engager les hommes sur les voies du péché.

Cependant toutes ces suppositions étaient trop cruelles pour être admises aisément et il envisagea une autre explication : cette Théodora-là, la pantomime, n'était pas celle qu'évoquait son rêve et la similitude de nom n'était qu'inadvertance. S'armant alors d'une humeur plus tranquille, il examina avec une feinte indifférence le visage que la jeune fille levait vers le public : des cheveux noirs comme la fumée, des yeux immenses et sombres au-dessus d'un sourire enfantin qu'elle envoyait généreusement vers les gradins, un magnétisme qui attirait sur sa frêle silhouette les regards des milliers de spectateurs.

« Après tout, songea-t-il, sans savoir s'il souhaitait par là confirmer sa désillusion ou entretenir un reste d'espoir, je serais curieux de la connaître. J'irai lui parler après les courses. »

Il attendit patiemment que le cocher vainqueur de la faction des Verts caracole devant la faction vaincue, reçoive sa couronne au nom du souverain, et que s'échangent les incantations alternées du peuple et des chantres des factions.

— Dieu donne la victoire.

— À ta personne, Olympios[1].
— Dieu saint, trois fois saint.
— Victoire aux Verts.
— Mère de Dieu souverain.
— Victoire aux Verts.
— Puissance de la Croix.
— Victoire aux Verts.

Les orgues d'argent entamèrent un hymne religieux, tandis que l'empereur Anastase levait avec lenteur le poids de ses quatre-vingt-trois années. Il sourit au succès de sa faction favorite, s'appuya un bref instant sur la forte et haute carrure de Justin, le comte des excubiteurs[2], pour se rendre dans la salle à manger de la tribune. L'arène se remplit alors de serviteurs apportant le repas, et des quarante gradins de marbre les spectateurs se précipitèrent pour s'emparer des poissons et des viandes séchés, des melons d'eau et des pois frits offerts en cette occasion par le divin empereur.

Renonçant à trouver la jeune mime dans cette turbulence, l'eunuque sortit sur la place. Devant le portique monumental, les auriges, palefreniers, comédiennes dansaient au son des trompettes. Narsès découvrit la jeune fille dans un groupe d'admiratrices qui entouraient Ouranios, l'aurige des Bleus, portant encore ses genouillères, son casque, sa casaque bleue, ses gants de cuir attachés à sa large ceinture.

— Ce que j'ai préféré ? Vous voulez savoir ce que j'ai préféré ? demanda le cocher avec un sourire un peu niais : C'est le derrière de Théodora.

Des cris saluèrent cette déclaration. Gracieusement la jeune mime s'avança, se retourna et, levant sa courte tunique, se pencha pour faire admirer son postérieur

1. Olympios est un nom générique pour les auriges de la faction des Verts, et Ouranios pour les auriges de la faction des Bleus.
2. Le commandant en chef des corps de gardes du palais.

qu'Ouranios prit dans ses mains et baisa. Théodora rit de plaisir et jeta autour d'elle un regard de triomphe. C'est alors qu'arriva une femme d'une trentaine d'années, au visage triangulaire, au fin menton pointu, aux mâchoires volontaires et aux yeux rusés. Narsès l'avait croisée parfois sur la place de l'Augustéon, se rendant au palais impérial. On la disait fille d'un aurige et d'une prostituée du théâtre, mariée et fort capable. Franchissant avec autorité le cercle des jeunes filles, Antonina déclara.

— Viens, Ouranios, je t'emmène.

Le timbre de la voix d'Antonina était d'une sensualité provocante. Le mot le plus plat se chargeait dans sa bouche de toute la langueur d'un soir d'été. Ouranios interrogea du regard Théodora qui secoua la tête énergiquement.

— Reste ! Ne va pas avec cette vieille !

La voix voluptueuse insista :

— Je dois te parler au sujet d'un dîner chez Justin, le comte des excubiteurs. C'est un des rares patrices[1] de ce palais à soutenir la faction des Bleus.

— Il commandera ma statue ? demanda Ouranios, d'un ton un peu trop suppliant.

Antonina eut un sourire mordant.

— Nous essaierons de l'obtenir.

— Ma statue sera dressée sur le promenoir de l'hippodrome ? insista l'aurige, visiblement obsédé par cet espoir d'éternité.

— Nous verrons, dit-elle, en dévisageant le jeune homme d'un air impatient, dépêche-toi.

Ouranios jeta un regard contrit à Théodora en murmurant.

— Je reviens tout de suite.

Et il suivit la femme de trente ans.

1. Le patriciat est une très haute dignité.

Le cercle se dispersa et Théodora resta seule. Elle baissa un moment une tête pensive, et fit semblant de renouer la boucle d'une sandale. Narsès ne la quittait pas des yeux, aimanté par le bref effondrement intérieur que l'abandon du cocher avait provoqué chez la séduisante pantomime. En apercevant Narsès, elle retrouva son aplomb et demanda :

— Toi aussi tu veux baiser mon derrière ?

— Non, non.

— Tu me regardes comme si tu ne m'avais jamais vue.

— Effectivement.

— J'étais remarquable, pourtant, dit-elle avec hardiesse. Quand j'étais petite je portais toujours sur la tête, de théâtre en théâtre, le siège de ma sœur Cosimo, au cas où elle serait fatiguée. Elle joue en ce moment *La Messe de l'eunuque*. C'est très drôle.

— Les plaisanteries contre les eunuques ne m'amusent pas.

Elle l'examina de la tête aux pieds et Narsès sentit sous ce regard insistant son corps plus petit et plus frêle, sa peau plus mordorée, son âge plus avancé – il devait avoir le double de celui de la jeune fille[1]. Elle prit un ton plus conciliant :

— Tu fais partie de la fourmilière du Palais Sacré ? Es-tu chambellan au moins ?

— Non, je suis copiste dans le service des archives.

— Les archives !

À nouveau elle le jaugea d'un regard inquisiteur.

— J'ignore ce qu'elles sont, mais à ton âge, ce ne doit pas être une réussite.

La remarque était trop pertinente pour que Narsès osât expliquer qu'il était fort capable et regrettait de n'avoir pas obtenu les tâches et les honneurs auxquels

1. En 513 Théodora devait avoir seize ans, et Narsès trente-quatre.

il était en droit d'aspirer. Comme si elle devinait ses pensées, elle ajouta :

— Moi, je n'attendrai pas si longtemps.

Et, se tournant vers un vendeur ambulant de poissons qui s'approchait :

— Salut, l'ami. Dis-moi, toi qui parles à beaucoup de monde, sais-tu ce que sont les archives ?

L'homme fronça les sourcils pour mieux se concentrer.

— Je crois bien que c'est ce qu'on trouve à la bibliothèque. Des vieux papyrus et des vieux parchemins écrits il y a longtemps. Faut certainement savoir lire pour les comprendre. C'est pas pour toi, ma belle.

— Pourquoi donc ? Je pourrais m'en faire une tunique qui se déchirerait pendant le spectacle.

— Tais-toi, tu vas m'empêcher de dormir. Je t'offre du poisson salé pour tes beaux yeux, coquine.

— Que Dieu te garde, dit Théodora.

Puis, se retournant vers l'eunuque toujours immobile :

— Tu es encore là, toi ! Dis-moi ton nom.

— Narsès.

— Le mien est Théodora. Je suis un présent de Dieu.

Ce nom rappela à l'eunuque sa déception et il s'apprêtait à s'éloigner lorsque, par boutade, par curiosité pour cet homme inoffensif qui lui accordait de l'attention, par vanité peut-être à la perspective d'exhiber un serviteur, elle demanda :

— Veux-tu me rendre un service ? Accompagne-moi à un rendez-vous ce soir. Je me méfie des jours de fête, les Romains sont tellement excités qu'ils en deviennent dangereux.

De surprise Narsès resta muet, ce qui ne gêna en rien la pantomime.

— Retrouvons-nous à la dixième heure, sur la place de l'Augustéon, près de la statue d'Hélène. À tout à l'heure.

Lorsque le maillet frappa la dixième heure[1] devant la longue basilique romaine de Sainte-Sophie, la foule envahit la place de l'Augustéon, ainsi nommée par Constantin sous le vocable de sa mère, l'Augusta Hélène. Après les courses de l'après-midi, profitant de l'air délicieux du printemps, les spectateurs, les porteurs d'eau, les marchands ambulants se promenaient entre les statues des empereurs perchés sur leurs colonnes de porphyre. Avec de brusques éclats de voix, les uns portaient haut le succès des Verts, les autres argumentaient de la défaite des Bleus. Au pied d'Hélène, Narsès scrutait les visages encadrés de voiles ou de fichus bariolés sans trouver l'énigmatique regard noir dans le visage fin et pâle. Mais lorsqu'il eut longtemps fatigué ses yeux il se jugea stupide. Pourquoi attendre davantage une pantomime dont il n'aurait d'ailleurs jamais dû accepter la proposition, à dire vrai la convocation ? Fallait-il que l'espoir d'une Théodora qui pût marcher un jour sur des chemins couverts de perles lui ait fait perdre le bon sens !

Tout entier dans ses pensées, il sursauta d'entendre à son côté :

— Tu es le premier eunuque que j'ai à mon service.

— Je ne suis pas à ton service.

— Puisque tu m'attends, tu acceptes de m'accompagner.

Quoiqu'elle fût charmante, vêtue d'une tunique et d'un manteau de lin usagé mais très clair, sur lequel brillait une jolie fibule en cornaline, et qu'elle eût jeté dans ses yeux des éclats dorés arrachés aux étoiles, il regarda sans plaisir la responsable de sa désillusion. Elle ajouta :

1. Le jour, unité de temps, commence le matin et non à minuit comme dans la Rome antique. La première heure est au lever du jour, la sixième au milieu de la journée, la neuvième au milieu de l'après-midi.

— Personne dans ma famille ne voulait croire qu'un eunuque m'accompagnerait pour me rendre chez le boulanger. Tout le monde souhaitait venir avec moi pour te rencontrer. J'ai dû les en dissuader prétextant que tu étais très timide.

À l'expression de son interlocuteur, elle devina qu'elle avait « mal pris le virage », comme disait Ouranios, et changea de ton.

— Alors tu travailles ici, dit-elle en montrant la bibliothèque, à une centaine de pas de Sainte-Sophie. Ce doit être triste d'être tout le temps enfermé.

— Il est certainement plus agréable d'être mime, répondit-il, renfrogné.

— C'est difficile aussi. Je fais de la gymnastique à l'hippodrome dès la pointe du jour. Et il faut plaire tout le temps.

— Tu aimes plaire, dit Narsès avec un arrière-plan de méchanceté qu'elle négligea.

— C'est vrai. Mais il y a des métiers où l'on plaît plus aisément. Malheureusement, je ne sais jouer ni du luth, ni de la harpe, ni de la flûte et ma mère et ma grande sœur Cosimo me considèrent comme incapable d'être actrice.

Puis elle jeta un regard sur le Palais Sacré.

— On dit que dans certaines occasions, les empereurs organisent un spectacle de pantomime. J'aimerais bien y être conviée.

— Allons, dit-il, pressé d'en finir. Où te rends-tu ?

Théodora, qui cachait un esprit fin derrière ses insolences, devina l'agacement de l'eunuque, et, pour éviter un silence pesant, badina sur ce qui les entourait. La rue principale, la *mésé* grouillante de monde, de cavaliers, de chars, de joueurs sous les portiques, offrait maints prétextes à propos insignifiants, sans compter les saluts des uns et des autres.

— Narsès, disait-elle brièvement, en présentant son compagnon sans autre commentaire.

Au forum des Bœufs, ils s'engagèrent dans une rue fort étroite, déjà assombrie par le crépuscule. Les lueurs des premières lampes virevoltèrent derrière les fenêtres et les portes se fermèrent sur l'intimité du soir. Au croisement d'une ruelle plus sombre encore, surgirent trois hommes portant l'écharpe vert poireau de leur faction. Ils s'apprêtaient à traverser la rue, lorsque l'un d'eux s'écria :

— Théodora ! Elle est ici.

Tous trois s'avancèrent en roulant des épaules.

— Pourquoi tu ne nous as pas salués dans l'hippodrome ? demanda le plus âgé.

— J'ai des mauvais souvenirs à cause de vous.

— Faut savoir oublier !

— Jamais !

— Alors on va t'apprendre l'oubli et à saluer les gens gracieusement. Nous attendons ta révérence.

Théodora ne bougea pas et leur lança un regard chargé de colère.

— Je t'ai déjà répondu, jamais !

Avec une surprenante rapidité le garçon empoigna les mains de la jeune fille, tandis que le deuxième acolyte s'emparait de la fibule de cornaline qui retenait son manteau à l'épaule.

Théodora se tordait pour libérer ses bras en criant :

— Voleur ! Lâches ! Traîtres ! Suppôts du Diable !

Devant la terrible accusation de diabolique, le troisième acolyte tira de sa ceinture une courte épée qu'il lui mit sous la gorge.

— Retire tes paroles ou je taille dans ton beau visage.

À la surprise générale, Narsès se précipita sur le malfaiteur, le saisit au poignet qu'il serra jusqu'à ce que le couteau tombe sur le sol et le brandit à son tour. Les trois Verts reculèrent d'un pas.

— Je porterai plainte auprès du préfet de la ville, menaça Théodora.

— Plains-toi autant que tu voudras. Le préfet soutient les Verts, comme l'empereur, et nous ne risquons rien. La justice a d'autres choses à faire que s'intéresser à une fille qu'un honnête homme refuserait d'épouser. Nous te retrouverons si tu ne changes pas tes manières.

Lorsque les malfaiteurs eurent disparu, Narsès ramassa le manteau couvert de poussière. Théodora murmura :

— Je les hais. Je les haïrai toute ma vie ! Un jour, je me vengerai.

Puis, se tournant vers son compagnon, elle ajouta :

— Je croyais que les eunuques avaient des muscles de fillette.

— Tu avais tort.

— Je ne peux pas me rendre à dîner chez le boulanger avec cette tunique déchirée. Allons nous promener le long de la Corne d'Or.

— Qui est ce boulanger ?

— Un homme qui a de l'argent. C'est facile : ils sont peu nombreux et choisis par le Palais. Celui-là reçoit des fonctionnaires. Ce n'est pas toujours très amusant, mais c'est nécessaire.

Narsès ressentit pour la jeune fille un bref attendrissement. Elle aussi, pour garder la possibilité d'espérer, cette simple possibilité, vivait des situations déplaisantes. Mais elle le faisait avec tant de confiance, de légèreté, de gaieté apparente, qu'il se sentit vieux et endurci.

Ils descendirent en silence jusqu'à la Corne d'Or, longue et étroite baie qui borde Constantinople au nord-ouest. Théodora s'était repliée sur elle-même comme un serpent. Narsès tenta un ou deux commentaires sur les débordements des factions, leurs querelles incessantes et l'impunité dont les Verts abusaient. Puis il se tut à son tour. Il ne s'attendait pas à trouver chez la provocante pantomime tant de violence ni tant d'opacité, et cette contradiction éveillait en lui une curiosité sincère. Déjà âgé, solitaire par nécessité, prudent par expérience, il recevait comme une brise revigorante l'intensité de celle qui marchait à ses côtés. Toutefois il aurait apprécié qu'elle le remerciât d'avoir sauvé son visage.

Sur les rives de la Corne d'Or les bateaux dodelinaient doucement dans les ports désertés, et quelques rares passants circulaient encore sous les portiques.

— Et toi, demanda-t-elle brusquement, tu ne te sens pas trop seul avec tes archives ?

— Je me confie à la Vierge Marie.

— Évidemment, dit-elle en éclatant de rire, elle fait des enfants sans la semence d'un homme. Mais qu'attends-tu ? Tout le monde est en quête de quelque chose.

— Ce n'est pas la richesse qui m'intéresse, c'est de travailler au Palais Sacré. Quand j'avais cinq ans, on m'a promis de m'y conduire, et on n'a pas tenu parole.

— Moi aussi, j'aimerais...

— ... réussir comme Antonina, suggéra Narsès, saisi d'une nouvelle bouffée de méchanceté dont il se sentit un peu honteux.

Théodora réfléchit calmement avant de répondre :

— Tu es de bon conseil. Maintenant je rentre chez moi.

Les gardes fermaient les portes de la ville et tous deux remontèrent vers l'hippodrome en se taisant.

— Je me demande qui tu es, dit-elle soudain.

— Moi aussi.

Ils rirent ensemble pour la première fois. Puis ils laissèrent tranquillement le silence s'installer entre eux. Chacun se rendait compte qu'ils étaient ensemble par erreur, lui car il attendait une autre femme, elle parce qu'elle avait eu besoin de conforter son amour-propre après le départ d'Ouranios. Un inutile coup de dé du hasard, cette rencontre.

Le quartier des employés du cirque, à l'est de leur lieu de travail, avait été ravagé par l'incendie lors de la récente émeute contre l'empereur Anastase. Des murs colmatés à la hâte, des masures de bois provisoires se dressaient entre les décombres et les maisons épargnées. Celle de Théodora, décorée d'un ours en céramique grossière, noircie par les flammes, présentait un premier étage trop délabré pour être habité.

— Je demeure ici, dit-elle. Mais je n'ai pas sommeil. Marchons encore.

Tous deux repartirent en direction de la place de l'Augustéon.

— Pourquoi y a-t-il un ours sur ta porte ? demanda Narsès.

— Mon père, Acace, était montreur d'ours. Il est mort quand nous étions très petites, mes deux sœurs et moi, puis le nouveau concubin de ma mère est mort aussi. Elle a dû s'humilier, courber l'échine, filer la laine pendant de longues heures, parfois vendre son corps. Je ne veux pas connaître le même sort qu'elle. Parfois je la déteste de s'en être contentée.

Il ne fit aucune remarque sur la distance qui sépare l'ambition de sa réalisation, craignant d'être trop rabat-joie. Sur la place de l'Augustéon, les torches étaient éteintes. Tous deux s'assirent sur un banc de marbre face au Palais Sacré. Dans la faible lueur d'un croissant de lune ils ne percevaient que les contours de la gigantesque architecture : les coupoles du premier palais, puis des terrasses, puis les remparts du palais privé de l'empereur sur lesquels déambulait la silhouette d'un garde empanaché d'or. Chacun se promena dans ses songes. Narsès eut l'idée saugrenue que le Palais ressemblait à une femme proche et inaccessible. Elle imagina, entre les murs massifs et sombres, des violences et des délices imprécis et superbes. Elle frissonna.

— J'ai un peu froid, dit-elle en se levant.

Et comme Narsès se redressait à son tour pour l'accompagner, elle l'arrêta d'un geste :

— Laisse-moi. Quand je me promène tard dans la nuit, toute seule, j'ai l'impression que la ville m'appartient.

II

Le lendemain matin, des bruits familiers dans la pièce voisine réveillèrent Théodora. La lumière de l'aube filtrait à travers les rideaux, éclairant vaguement Anastasia qui souriait en rêvant et le lit vide de Cosimo.

— Pourvu qu'on lui propose le mariage cette fois-ci ! Elle s'y prend vraiment mal avec les hommes ! songea Théodora.

Elle souhaitait sincèrement à sa grande sœur un sort heureux, et attendait tout aussi sincèrement son départ de la maison. Le caractère revendicatif de son aînée, ses reproches quotidiens, toujours soutenus par la Mère, rendaient la cohabitation difficile. Pourtant quelque chose d'autre la tracassait. Ouranios ! La désertion d'Ouranios !

Elle sauta hors de son lit et enfila une tunique courte. La Mère avait déjà mis sur la table du fromage et du pain dont Théodora, debout, coupa une tranche.

— Assieds-toi donc pour manger. Alors, comment fut la soirée chez le boulanger ? demanda la Mère en s'installant lourdement sur l'unique chaise et en prenant un fuseau pour tordre de ses doigts épais la laine déjà cardée qu'on lui apportait tous les deux jours.

Elle était plutôt grande, de formes généreuses, et dégageait cette sensualité un peu vulgaire, à la frontière du négligé, qui procure aux hommes un désir immédiat, bref et violent.

— Je n'y suis pas allée.

— À cause de l'eunuque ? s'inquiéta la Mère.

— Les Verts m'ont attaquée. Il m'a défendue.

— Tu es rentrée tard pourtant.

Théodora soupira d'irritation. Sa mère revendiquait un droit d'ingérence permanent dans la vie de ses filles pour leur avoir évité la misère, et avait coutume de laisser derrière la porte d'entrée, soit un tabouret qui se renversait, un caillou qui grinçait, un rideau qui se débattait dans les gongs, pour connaître l'heure de leur retour.

— Qu'est-ce que tu as pu faire avec l'eunuque tout ce temps ?

— Rien, répondit-elle.

Et riant elle-même de cette vacuité, elle répéta :

— Rien, absolument rien.

— Tant mieux. De quoi tu aurais l'air, toi, la fille d'un montreur d'ours, à te promener avec un serviteur.

Théodora jeta à sa mère un regard agacé.

— La fille d'un montreur d'ours peut bien changer de vie. J'y vais, ajouta-t-elle.

En se dirigeant vers l'hippodrome pour ses exercices matinaux, elle songea à la manière de punir Ouranios. Il l'avait offensée en suivant Antonina et elle n'était pas fille à supporter l'outrage sans mot dire. Dans l'équilibre délicat des rapports de force entre humains, elle pensait que la balance devait rester stable entre le plaisir reçu et le plaisir donné, la douleur subie et la douleur infligée. Dieu n'avait pas le temps de s'occuper de ces détails. De surcroît elle aimait les combats feutrés où la victoire et la défaite se présentent masquées sous des prétextes divers, jeu d'autant plus amusant avec Ouranios qu'elle n'avait rien à craindre. De deux ans son aîné, l'aurifie avait été le premier ami, le premier amant, et lui servait de frère, de protecteur, de fiancé, dans la tumultueuse famille de l'hippodrome. Si Théodora jugeait indispensable de fréquenter de temps à autre un homme plus riche, c'était par nécessité financière et dans l'attente d'une vie meilleure.

Le soleil commençait à éclairer les gradins ouest de l'hippodrome, tandis que sur la tribune au pied du Katishma, deux acrobates, un bouffon et deux jongleurs s'exerçaient déjà sous la direction d'un vieux dompteur de lions. Théodora ne manquait jamais les trois heures d'entraînement matinal, au grand étonnement de ses camarades. Elle éprouvait à soumettre son corps, à le tendre et le détendre, des ondes de plaisir, et de surcroît tenait à se forger un caractère digne des espérances confuses qu'elle projetait dans l'avenir.

À la cinquième heure, quand le soleil inonda de chaleur l'ensemble du cirque, elle rejoignit ses deux amies comédiennes, la petite et ronde Indaro au franc-parler et aux gestes évocateurs, et la longue Chrysimallo aux cheveux d'or, qui trempaient leurs pieds dans le ruisseau qui bordait l'arène. Après avoir aspergé ses jambes, ses bras et son cou, Théodora déclara :

— J'ai à vous parler. Allons dans la chambre des secrets.

Ainsi était baptisé, dans les écuries de la faction des Bleus, le vestibule encombré d'attelages, de harnais, de roues brisées et neuves, qui, hormis les jours de préparation des courses, était déserté. La pièce était très sombre, le sol de terre battue, et quelques toiles d'araignée s'étiraient au plafond. Les trois amies s'installèrent sur un char démonté, après avoir soufflé sur la poussière des brancards et Théodora raconta le départ d'Ouranios avec Antonina pour conclure :

— Il mérite châtiment.

Les deux amies, déjà au courant de l'incident, se jetèrent un regard de connivence amusée.

— Est-ce vraiment nécessaire ? demanda Indaro en se balançant négligemment.

— Oui. Il doit souffrir pour m'avoir traitée de la sorte.

— C'était pour sa statue ! remarqua Chrysimallo qui avait pour Ouranios un penchant caché. Tu sais comme il est sot et vaniteux ! Et puis, ajouta-t-elle de ce ton dédaigneux qu'elle cultivait pour paraître lointaine et désirable, comment veux-tu le punir ?

— En broyant de la queue de serpent avec de l'encens. Lorsqu'elle sera chaude, son fumet montera jusqu'aux esprits.

— Que demanderas-tu aux esprits ?

— Qu'il se brouille avec Antonina et s'excuse.

— Et toi, tu t'excuses quand tu vas chez le boulanger ? demanda Indaro. Crois-tu qu'Ouranios ignore ce que tu forniques là-bas ?

— Ce n'est pas pareil. Je prépare l'avenir.

— Avec ton eunuque, tu prépares aussi l'avenir ?

— Vous ne voyez pas plus loin que les taupes. Vous êtes comme des poulpes attachés à votre misérable vie ! Que deviendrez-vous en vieillissant ?

— On mourra, dit Indaro en haussant les épaules.

— Et auparavant ?

— Je me marierai avec un cocher, dit Chrysimallo, en renouant sur la nuque ses longs cheveux. Et j'aurai des enfants.

— Moi, je ne me contenterai pas de ce sort-là.

Indaro s'esclaffa bruyamment :

— Chacun est à la place décidée par le Seigneur.

Vouloir en changer est impossible. Mais si tu deviens une dame, je promets de te baiser les mains.

Et elle accompagna d'un geste démesuré sa soumission. Chrysimallo insista :

— Tu rêves debout, ma petite, tu te feras mal en te réveillant.

— Vous ne comprenez rien, déclara Théodora qui, de colère, sauta par terre et trébucha dans un harnais qui traînait sur le sol sous les éclats de rire de ses compagnes. Vous êtes stupides.

En sortant des écuries, un moment aveuglée par la grande lumière de midi, elle ne savait où donner de la mauvaise humeur. L'incompréhension de ses amies la laissait désemparée. Pourtant elle connaissait bien ce trouble furieux chaque fois qu'elle ne parvenait pas à imposer à son entourage l'idée qu'elle se faisait d'elle-même. Elle en devenait friable, émiettée, éparpillée. Dans un sursaut, elle décida de retrouver son intégrité. Aussitôt elle se dirigea vers les salles où travaillaient, s'amusaient, discutaient les artistes et le personnel. Pour obtenir la chaleur et l'admiration dont elle avait besoin, elle déclara :

— Mes amis, aujourd'hui je vais vous faire la danse du ventre.

Des hourras applaudirent cette annonce, car cette exhibition, ignorée du public, leur était réservée. Les musiciens s'approchèrent, Théodora monta sur un trépied et commença ses langoureuses ondulations. Entourée par des regards émus, des sourires reconnaissants, des visages ravis, elle se laissa emporter par le rythme de la musique. Lorsque Ouranios entra, elle cria :

— Toi l'aurige, va-t'en.

— Reste, Ouranios ! s'exclamèrent les compagnons de travail.

— Ne tiens pas compte de ses caprices !

— Qu'as-tu fait encore pour l'irriter ?

Chrysimallo qui venait d'arriver, expliqua :

— Ouranios est parti avec Antonina pour dîner chez Justin, le comte des excubiteurs, qui lui a promis une statue.

— Justin lui a même donné un parchemin pour assister au cortège impérial de la Pentecôte, ajouta Chrysimallo.

Ouranios, immobile, interrogea docilement la jeune mime du regard. Elle comprit le ridicule qu'il y aurait à bouder, et, craignant le ridicule presque autant que Dieu, sourit. Ouranios s'approcha, saisit les jambes fines, posa les petits pieds sur ses épaules, et Théodora continua sa danse au-dessus de la tête de son amant. Comme une magicienne, elle jeta autour d'elle le sort qui étourdit les sens, enflamme l'imagination, paralyse l'esprit raisonnable. Dans cette exaltation collective qui montait vers elle, elle redevint forte et intacte. Les ondes qui circulaient du corps d'Ouranios au sien la rendirent impatiente. Elle s'accroupit lentement vers les cheveux noirs et ondulés pour murmurer :

— Allons dans la chambre des secrets. Tout de suite.

Et elle sauta sur le sol dans un silence épais.

La chambre des secrets n'était guère clandestine. Au fond était aménagée une couche de fortune en paille fraîche, changée tous les jours par un palefrenier compréhensif, destinée aux siestes et soirées amoureuses. Pour les initiés du cirque, susceptibles d'être indiscrets, Théodora accrocha son voile à un brancard, selon le rituel du lieu.

— J'aime sentir en même temps ton odeur et celle des chevaux, déclara Ouranios en s'agenouillant devant elle. Vous êtes les deux mamelles dont j'ai besoin.

— Bois-moi, dit-elle, ou je vais déborder.

— Ce soir, pour la pleine lune, je t'assécherai tout entière.

En fin d'après-midi, la tension monta dans l'hippodrome. Certains riaient plus fort, d'autres se renfonçaient dans un coin, d'autres encore échangeaient de petits signes ambigus, car s'approchait la nuit de la folie sexuelle. Non pour eux, les petits, les sans-grade, mais pour ceux dont la beauté et le succès autorisaient l'audace. Le palefrenier avait déjà préparé le char, le portier entrouvert la porte. Ouranios, les cheveux encore humides de sa visite aux bains, s'approcha des chevaux qu'il caressa et sauta sur son char. Son corps était admirable d'équilibre et de force, comme une statue d'éphèbe grec qui se déplacerait avec la grâce d'un fauve. Elle arriva, des étoiles dans les yeux, ondulant comme une liane, vêtue d'un simple pagne, les pans de son voile couvrant ou dénudant ses seins selon le caprice du vent. Ouranios lui tendit la main, Théodora s'assit derrière lui et serra de ses mains les puissantes cuisses. Le fouet claqua, les chevaux s'élancèrent. Le personnel de l'hippodrome, figé par le spectacle du licencieux départ, se remit en mouvement. Certes l'envie n'était pas absente des esprits, mais elle était dominée, presque écrasée, par la certitude qu'ils n'avaient ni l'insolence, ni la fougue, ni même suffisamment d'ardeur pour imposer à tous de telles fantaisies. Et les privilèges que le couple s'octroyait, loin de lui nuire, l'auréolaient de prestige.

À la Porte Dorée, les gardes laissèrent passer les amants d'un air amusé. Bientôt le char atteignit la forêt. Après la chaleur du jour, l'air y était délicieusement tiède et des bruits de frôlements furtifs, de feuilles agitées, de cris d'oiseaux ou de bêtes rampantes répondaient au grincement des roues. Utilisée par les empereurs pour chasser, la forêt était traversée par de larges chemins que l'aurige emprunta au grand galop. Parfois une de ses mains se tendait pour serrer à l'arrière un sein de Théodora, tandis qu'elle caressait le membre dressé de son compagnon. Petit à petit le char ralentit.

— Il était temps, dit Théodora, j'allais mourir de désir.

Tous deux enlevèrent leur tunique. Elle prit les rênes à son tour, il l'installa sur ses genoux et la pénétra.

— Allez ! Allez ! cria Théodora en faisant claquer le fouet.

Les chevaux galopèrent de plus belle, les soubresauts du char se mêlèrent à ceux du plaisir, les hululements de la chouette aux cris répétés des amants. Quand les chevaux revinrent au pas, Théodora se retourna, enserra les hanches de son amant en écartant ses jambes pour se faire pénétrer à nouveau. Les chevaux trottèrent à leur guise, tandis que les deux corps s'enlaçaient de mille façons, jusqu'à ce que le char s'arrêtât dans un massif touffu de tamaris.

— La bouche, dit-elle, la bouche n'a pas assez embrassé.

— Dans la clairière.

La clairière était vaste, flaque de lune au milieu des sapins sombres. Sur le char Ouranios redressa sa haute taille, saisit le corps léger de la mime pour la pendre à ses épaules par les genoux, embrassa sa fontaine odorante, tandis que la bouche de la jeune fille, ses longs cheveux tombant jusqu'aux pieds d'Ouranios, savourait la précieuse liqueur blanche. Tous deux évoquaient une colonne de marbre s'élevant à la mémoire de l'événement primordial, ou le déroulement d'un rite païen pour la déesse de la nuit.

Ils s'endormirent sur un lit de fougères, le corps blanc de Théodora brillant comme de la nacre dans les taches de lumière. Parfois un oiseau venait s'y poser pour picorer une goutte de sueur parfumée ou aménager dans ses poils un lit pour s'y coucher.

La Pentecôte amena une grande gaieté dans la maison de l'ours calciné. D'une part l'Esprit saint descendait ranimer la foi des chrétiens, d'autre part Théodora allait assister, grâce à son fiancé, au cortège impérial entre le Palais Sacré et la basilique de Sainte-Sophie. Le privilège était considérable, car pendant les jours de festivités religieuses, la place de l'Augustéon était réservée aux nobles, patrices, sénateurs, dignitaires de tous ordres, le peuple n'étant représenté que par les délégués des factions.

Théodora revêtit une tunique et un manteau de lin clair, la fibule donnée par Chrysimallo, les sandales que Cosimo consentit à prêter à la seule condition qu'elles ne seraient pas déformées.

— Quand on n'est pas riche, il faut être simple et ne pas se faire remarquer, déclara la Mère.

Ne pas se faire remarquer était un argument de bon sens, mais qui, pour sa fille, représentait le pire. Celle-ci vivait au contraire, tous les jours que Dieu faisait, dans l'attente d'être remarquée par un inconnu qui changerait sa vie. À chaque événement qui sortait de l'ordinaire, cet espoir prenait les couleurs vives du possible, et ouvrait les perspectives d'une vie nouvelle. Alors elle échapperait à la vie des femmes de son entourage, à la monotonie des jours, et ferait éclater l'écorce qui l'enfermait, comme le gland retient encore le chêne. Aussi, se rendant à l'Augustéon avec Ouranios, le trompait-elle en esprit.

— Crois-tu que Justin puisse devenir empereur un jour ? demanda-t-elle.

— Le seul empereur que je souhaite, est celui qui choisira la faction des Bleus.

— Comme tu connais Justin, tu pourrais être reçu au Palais Sacré ?

— Pour quoi faire ? Je me sens bien à l'hippodrome.

Théodora s'énerva :

— Tu n'as donc aucune ambition ?

— Si, dit-il en riant. Je veux ma statue pour qu'on se souvienne que j'ai été un grand aurige.

— Tu ne penses jamais que j'aimerais peut-être une autre vie ?

Ouranios la regarda avec étonnement

— Laquelle ? Qu'est-ce que tu voudrais d'autre ?

— Tout, dit-elle, moitié par ironie, moitié par conviction.

Les entrées de la place étaient surveillées par des soldats portant lance et bouclier. Des chars déposaient des dignitaires en tenue de soie, qui pénétraient dans l'Augustéon sans un regard pour les gardes qui s'inclinaient légèrement. Ouranios était mal à l'aise, hésitant à entrer. Théodora lui jeta un regard hostile, agacée par ce grand corps gauche à côté des silhouettes scintillantes et déterminées des courtisans.

— Qu'est-ce que tu attends ?

Heureusement, des gardes, reconnaissant la tunique bleue serrée par une large lanière de cuir, lui firent signe d'approcher.

— Salut, Ouranios. Ici il faudra que tu marches à pied, comme tout le monde, dit l'un d'un ton amical.

— Elle entre avec toi ? demanda un deuxième garde en montrant du menton Théodora.

— C'est ma fiancée.

— Surtout qu'elle n'enlève pas son voile et qu'elle se tienne tranquille, reprit le garde, vaguement inquiet. On la connaît, ta fiancée, elle n'a pas froid aux yeux.

— Elle est très intimidée, dit Ouranios pour les rassurer.

Les gardes jetèrent un regard amusé sur la fiancée.

— Tu te mettras bien au fond du portique, lui précisa le soldat méfiant.

La pantomime constata que l'accueil n'était pas le même à l'hippodrome et au Palais Sacré, mais remit à plus tard les conclusions pénibles de cette observation pour contempler la place, tant le lieu resplendissait d'un éclat admirable. Des tentures représentant divers épisodes de la vie du Christ étaient suspendues aux portiques, et les manteaux d'apparat en soie multicolore chatoyaient sous les premiers rayons du soleil. Les principaux membres des factions, représentant le peuple, portant tunique blanche bordée de rouge, l'écharpe à leur couleur et le court bâton surmonté d'un croissant, étaient groupés près de la Chalcée, le palais d'entrée du Grand Palais. Ouranios et Théodora s'installèrent sous un portique permettant d'apercevoir la sortie de l'empereur. Mais les privilégiés continuaient d'affluer et de nouveaux dignitaires se placèrent devant eux. L'horizon bouché par un vaste dos vêtu de soie jaune, ne pouvant ni voir ni être vue, Théodora se sentit bernée.

— Je ne vois rien, dit-elle avec humeur à Ouranios, qui de sa haute stature dominait l'assemblée.

Il prit l'air navré de celui qui offre un cadeau qui déplaît.

— Je te soulèverai quand l'empereur arrivera. Tout ira bien.

Théodora jeta des regards furieux au manteau de soie jaune qui se dressait comme une muraille et sentit ses doigts avides d'y planter leurs ongles.

Bientôt la musique d'orgue annonça que la procession avait commencé à l'intérieur du Palais, où, après avoir prié Dieu, l'empereur recevait, de salle en salle, les plus privilégiés des privilégiés : hauts fonctionnaires, médecins, militaires et les premières acclamations des factions.

— Décidément, si je veux voir l'empereur, il faudra que je me marie avec un puissant.

— Impossible, ma jolie, car la loi interdit aux comédiennes d'épouser un noble ou un haut fonctionnaire.

— Alors j'épouserai le portier !

L'aurige pouffa de rire :

— C'est un eunuque ! Tu ne trouveras pas mieux qu'un beau cocher comme moi, aimé et admiré.

Enfin la porte de bronze s'ouvrit, et la musique envahit la place.

— Soulève-moi, demanda-t-elle.

Ouranios la prit dans ses bras et l'installa sur son épaule. Alors Théodora se délecta de la magnificence de la suite : hérauts aux bâtons couverts d'argent et aux pommeaux garnis de perles, porte-enseigne tenant l'étendard au sceau du Christ, brodé *In hoc signo vinces,* troupes d'apparat en longue tunique blanche, colliers d'or, boucliers d'or au monogramme du Christ, casques d'or à la rouge aigrette, longues et splendides épées. Enfin l'empereur, en chlamyde[1] pourpre brodée d'or, portant la fine couronne étincelante de diamants surmontée d'une croix, entouré d'un bataillon de chambellans, s'avança lentement, le visage fatigué, le corps voûté, protégé par les excubiteurs, géants portant la double hache.

— Celui-là, c'est Justin, murmura Ouranios. Il m'a promis ma statue.

— Je sais, je sais.

Dès la sortie de la Chalcée, l'empereur s'arrêta pour recevoir la salutation du peuple par l'intermédiaire des factions. Le démarque des Bleus s'inclina, porta à ses lèvres le bas de la chlamyde et reçut un baiser sur le front.

— Seigneur, sauve le maître des Romains, entama le chantre.

— Seigneur, sauve-le, répondit l'assistance.

— Sainte Trinité, sauve celui que tu as couronné.

1. Longue robe sans manches, tissée le plus souvent de riches broderies. Elle est ouverte sur le côté droit pour laisser le bras libre et retenue par une agrafe sur l'épaule droite. Elle était portée non seulement par l'empereur et l'impératrice, mais aussi par beaucoup d'autres personnes. C'était le vêtement d'apparat par excellence.

— Sainte Trinité, sauve-le.
— Beaucoup d'années à toi...
— ... Élu du Saint-Esprit.

Suivirent les salutations des Verts, des Rouges, des Blancs, jusqu'à l'horloge aux vingt-quatre portes s'ouvrant l'une après l'autre, à chaque nouvelle heure. Puis le brillant et long cortège s'engouffra dans la basilique à cinq nefs et au toit de bois.

— Nous partons, déclara Ouranios.
— Déjà !
— Oui. Nous n'avons pas le droit d'entrer dans Sainte-Sophie aujourd'hui. L'église est trop petite. Ne fais pas l'enfant. C'est déjà considérable pour toi d'avoir vu l'empereur de si près.
— Oui, dit-elle, sans conviction. C'est déjà considérable.

Lorsqu'ils eurent quitté la place, Ouranios déclara joyeusement :

— Il y avait un sénateur qui n'a pas cessé de te regarder.
— Et tu ne m'as rien dit !
— Tu regardais l'empereur et sa suite ! Je ne voulais pas te déranger.
— Tu es vraiment stupide ! Un sénateur me regarde, et... et... Ce n'est vraiment pas possible. Qui était-ce au moins ?
— Je l'ignore.
— Tu aurais pu te renseigner, demander à un garde. C'est exaspérant, un sénateur me regarde et tu te tais.

Ouranios ne comprenait rien à l'explosion de colère de sa maîtresse.

— Qu'est-ce que tu as ?
— J'ai que tu ne comprends jamais rien.
— Mais je pensais te faire plaisir.
— Tu me gâches ce plaisir par ta sottise.
— Si je te l'avais dit, qu'est-ce que tu aurais fait ?

— Je l'ignore, quelque chose certainement.

— Tu es bizarre... C'est l'eunuque qui t'a mis des idées dans la tête ?

— L'eunuque n'y est pour rien. D'ailleurs il comprendrait.

La situation s'envenima. Ouranios se fâcha à son tour, lui reprocha ses caprices, elle s'en indigna et partit, laissant l'aurige ahuri, désorienté, stupide.

Déçue, furieuse, elle continua à s'indigner en se dirigeant vers la *mésé*. Quel imbécile cet Ouranios ! Faut-il qu'il ne comprenne rien pour envisager l'influence de l'eunuque ! D'ailleurs elle lui donnerait raison en allant discuter avec le petit homme, qui, lui, au moins, ne disait pas de sottises. Mais où trouver un eunuque un jour de Pentecôte ?

Chacun porte en soi une géographie personnelle. Celle de Théodora s'organisait autour de deux pôles : celui de l'hippodrome qui jouxtait le mystérieux Palais Sacré, et le Forum de Constantin, au sommet de la deuxième colline, où travaillait, achetait, vendait, s'amusait, bavardait le peuple de la capitale. Elle en aimait la forme ovale qui rappelait la tente de l'empereur lorsqu'il assiégea la petite ville païenne de Byzance dont il fit le centre du monde civilisé. Constantin, comme les conquérants et les bâtisseurs de ville, comme tous ceux dont l'ambition dépasse les aspirations du quotidien, animait en elle un champ de rêveries admirables. Et le forum de l'empereur renvoyait un écho superbe à cette intensité poétique, par l'ahurissant et sublime mélange de ses monuments : grande croix monumentale, statues des douze sirènes, éléphant gigantesque, prophète Daniel au milieu des lions, berger Pâris présentant la pomme à Vénus, premiers évêques et l'empereur lui-même sur la haute colonne de porphyre dont les soubassements enfermaient de précieux restes de la vie du

Christ : les paniers de la multiplication des pains et les croix des deux larrons.

C'est vers ce forum que se dirigea Théodora pour trouver Narsès, après avoir éliminé les promenades en mer, les réunions familiales ou protocolaires, les bains interdits le dimanche.

Dans la *mésé*, les boutiques et les ateliers étaient fermés, et les portiques à un étage ainsi que la chaussée étaient envahis de promeneurs. Le forum de Constantin grouillait de monde, et Théodora, saluant des soupirants, souriant aux compliments, se moquant des propositions lestes, se glissait dans la foule à la recherche de Narsès. Sous le portique nord, elle reconnut sa voix. Un timbre métallique et rapide, presque autoritaire, inattendu chez ce gratte-papier. Lorsqu'elle le vit, penché vers l'avant comme si sa tête était le centre de son corps, elle le trouva un peu ridicule et hésita à le rejoindre. Au centre d'un groupe d'admirateurs, sur un tabouret, il lui tournait le dos. En face de lui, un garçon de quatorze ans, se concentrait sur le jeu d'échecs posé sur un cageot de fortune. Narsès venait de lui prendre son roi, lorsque Basile aperçut Théodora :

— Voilà la reine de l'hippodrome.

Narsès se retourna.

— Salut, Théodora.

— Tu la connais ? s'étonna le garçon.

— Oui.

— J'ignorais que Narsès fût un amateur d'échecs, dit-elle.

— C'est un grand stratège, commenta Basile en dévorant des yeux la pantomime.

Théodora pensa que l'eunuque utilisait peu l'art de la stratégie dans sa vie personnelle, mais n'en dit rien.

— Je te laisse ma place, ajouta Basile. Mon père m'attend.

— Que Dieu te garde.

Et, se tournant vers Narsès :

— Je n'ai pas envie de jouer.

— Ne joue pas, dit-il en commençant à ranger les pions.

Le petit groupe des spectateurs, déçu, se fondit dans la foule.

— Je suis trop énervée, ajouta-t-elle.

— Une déception ? suggéra l'eunuque sans lever les yeux. Assieds-toi sur le tabouret de Basile.

— Oui. Une déception. À cause d'un sénateur, ajouta-t-elle après un moment.

Narsès continuait ses rangements méticuleux.

— Il a été désagréable ?

— Non. Je ne le connais pas.

— Un sénateur indifférent alors !

— Tu te trompes, reprit-elle vivement. Il m'a longtemps regardée, paraît-il.

L'eunuque parla comme à lui-même :

— L'attention des puissants réveille de vieux rêves, des rêves inutiles qui encombrent l'esprit, l'étouffent. On devrait se méfier de leurs grisantes promesses. À cause d'eux on trouve sa vie ordinaire, parfois détestable.

— Ma vie n'est pas détestable...

Il se surprit à rire, étonné par la véhémence de la réponse. Ses petits yeux gris pétillèrent de gaieté, tandis qu'il exprimait ses regrets.

— Excuse-moi. Je n'ai aucune raison de te parler ainsi. Je ne sais pas ce qui m'a pris soudain. Dis-toi que ton sénateur est gros et laid, ou stupide, ou méchant, enfin tout à fait différent de ce que tu imagines.

Il rangea le jeu d'échecs dans son sac et s'apprêta à partir.

— J'ai faim, dit-elle. Prenons ensemble du chou et des figues blanches et raconte-moi d'autres histoires. J'en ai besoin pour mes scènes de pantomime.

Et, se tournant vers la place :

— Regarde ce couple. Il s'ennuie. Elle le boit des yeux. Lui cherche dans la foule un ami, une raison qui lui permette de la quitter. Il ne sait pas comment s'y prendre. Je pourrais l'aider et aller le saluer comme une vieille connaissance. Elle sera très en colère et partira.

— Peut-être qu'à ce moment-là il reviendra vers elle.

— Il est idiot alors. Tous les jours je viens ici regarder les gens. Ensuite je m'exerce devant Indaro ou Chrysimallo pour savoir si je les imite bien. Il ne faudrait pas que la pantomime des Verts soit meilleure que moi.

Ils parlèrent longuement, en évoquant, par bribes, des émotions, des activités, des souvenirs. Lorsqu'ils se quittèrent, Théodora avait découvert un bonheur neuf que lui avait révélé l'eunuque, le bonheur des mots. Les mots, les mots variés, précis, subtils, qui transformaient en paysage sa nébuleuse intérieure, dessinaient une géographie de l'âme avec des rivières arrêtées contre des falaises, d'autres qui couraient vers des mers lointaines jouant avec les ressacs et les courants. Ils étaient l'écho lumineux de son cœur, elle s'écoutait à travers eux, se comprenait, s'aimait.

Lui, de son côté, s'attendrit sur la pantomime. Tout en refusant de s'avouer son inclination, il jugea qu'elle avait besoin de protection. Victime du sort malheureux d'être femme, de surcroît sans père ni mari, elle était livrée à toutes sortes de désagréments. Certes les eunuques ne sont pas épargnés par le mépris de beaucoup d'âmes rudes et simples, surprises par ces créatures que Dieu n'a pas créées, mais ils n'ont pas à connaître la faiblesse féminine, leur fragilité d'esprit si vite accessible aux passions, qui, dès la première femme, les a fait succomber à la tromperie du démon. Aussi, en ce jour de Pentecôte, l'Esprit saint l'engageait à aider la pantomime jusqu'à ce qu'elle trouve un mari. De cette nouvelle responsabilité qu'il s'attribua, il fut soulagé. Ainsi il attendrait plus aisément celle qui devait marcher sur des chemins de perles.

Deux jours plus tard, à l'aube, Théodora partit chercher le pain de l'annone[1] ce dont les trois sœurs s'acquittaient à tour de rôle. Ce pain gratuit avait été promis par Constantin à tous les propriétaires d'une maison ou d'un appartement dans la Ville, afin d'encourager les Romains à s'installer dans la nouvelle capitale. Théodora, habituée à se lever tôt, aimait retrouver l'atmosphère parfois festive, parfois houleuse de ces rencontres matinales où les citoyens, des luthiers aux philosophes, des portefaix aux fonctionnaires, des employés de bains aux militaires, donnaient leur avis sur toutes les questions humaines et divines. Lorsqu'elle arriva, plusieurs dizaines de citadins attendaient déjà l'ouverture des portes. Beaucoup la saluèrent, un rhéteur l'apostropha :

— Vois, ô jeune fille, comme tu avances vers cet escalier telle une vache se rendant à l'abreuvoir, par un automatisme simplement animal ?

— Que voudrais-tu que je fasse, vieil hébété ? Que je songe à la bonté du ciel qui fait pousser le blé en Égypte ? Je prends cet escalier parce que je sais que le nom de notre maison est inscrit sur cette table d'airain que tu aperçois là, en bas, sur la place, et que j'ai dans ma main la tablette prouvant que je n'ai pas volé les murs et le toit de ma demeure.

— Tu pourrais avoir volé la tablette ?

1. L'annone consistait à ravitailler le peuple en blé et en aliments de première nécessité comme l'huile et le sel. Le blé se distribuait sous forme de pain, gratuitement pour tous les propriétaires d'un logement dans la capitale. Sinon on vendait le pain dans des boulangeries en nombre limité à un prix fixé par l'État. Le même terme est utilisé pour parler de l'impôt en nature.

— Puisque le préfet de l'annone nous l'a donnée.

Une voix féminine s'éleva contre le rhéteur :

— Qu'as-tu, esprit chagrin, à insulter les filles si tôt matin ?

— J'ai qu'elles parlent et agissent sans penser.

Des commentaires fusèrent aussitôt, les uns défendant la pantomime, les autres considérant qu'une fille ne peut avoir d'esprit qu'agité et borné. Une vieille brodeuse parla plus fort que les autres :

— Un astrologue m'a assuré qu'un jour des femmes régneront.

— Sainte Vierge, répondit une femme, croire encore aux astrologues lorsque le Christ est venu sur terre ! Ce ne sont que des débiteurs de niaiseries. Tiens, voilà Ouranios ! Crois-tu que les femmes régneront un jour sur terre, toi l'aurige ?

Théodora lui sourit. Rassuré par ce sourire qui effaçait leur querelle, le cocher déclara :

— Moi, je préfère ne rien dire plutôt que de parler de ce que j'ignore.

— Bénis sois-tu, Socrate, commenta un philosophe. Enfin un homme qui sait qu'il ne sait rien.

Un esclave s'approcha de l'escalier et cria en mettant ses mains en cornet devant sa bouche :

— Y a-t-il ici une Théodora, mime dans l'hippodrome ?

— Viens-tu, toi aussi, m'insulter ? demanda la jeune fille.

— Non, répondit le jeune esclave. Je viens de la part de mon maître, pour t'inviter ce soir à dîner.

— Ce soir même ! s'écria la brodeuse. Quelle désinvolture ! L'empereur lui-même convoque ses hôtes la veille.

— Elle n'ira pas, déclara Ouranios.

— Elle n'ira pas ! répondit la foule en chœur.

— Je n'irai pas, répondit Théodora emportée par l'indignation générale.

— Je le dirai à mon maître, le sénateur Libanios.

Des sueurs froides papillonnèrent sur le front de Théodora.

— Ce doit être celui qui te regardait sur l'Augustéon, expliqua Ouranios, content de rendre inoffensif un sujet qui avait été brûlant.

— Certainement, répondit-elle, d'un ton faussement léger, tandis que grondait dans son cœur sa colère contre Ouranios qui avait refusé le premier l'invitation et sa colère contre elle-même pour avoir suivi le mouvement général. La chance venait de passer à portée de main, il suffisait de la saisir par les cheveux, et elle l'avait refusée à cause de cette détestable habitude de vouloir plaire à la foule. Le sénateur s'offusquerait de son refus, refus public de surcroît, et ne se risquerait pas à subir un nouvel affront. La perte lui parut considérable, son avenir en danger de médiocrité. Combien de temps encore faudrait-il pour qu'une telle occasion se représente ?

— Les guichets s'ouvrent, dit Ouranios.

Elle s'étonna de la présence à son côté de son amant, totalement oublié pendant sa méditation, et, comme la longue file des Romains, s'intéressa à l'essentiel : le pain.

Le pire n'étant pas toujours sûr, le lendemain, avant le repas de midi, le même esclave apporta dans la maison du montreur d'ours une lettre destinée à Théodora. Personne ne sachant lire dans la famille, elle courut solliciter l'aide de l'inspecteur de la ville qui, deux maisons plus loin, vérifiait, conformément à la loi, qu'une distance de douze pieds séparait bien les nouvelles constructions afin de prévenir d'éventuels ravages du feu. Elle repoussa deux propriétaires qui s'indignaient des mesures prises à leur encontre, et tendit la lettre au fonctionnaire qui savait lire et compter. Il dit :

Du sénateur Libanios à Théodora, salut.

Acceptes-tu de te joindre à mes invités le mardi 10 juin à la onzième heure ? Je serai heureux de t'y voir. Porte-toi bien.

L'inspecteur et les propriétaires firent des hochements de tête admiratifs, puis reprirent immédiatement leur querelle, les uns arguant de la coutume, l'autre des récents textes réglementaires, tandis que Théodora s'envolait de bonheur.

— Il m'invite pour mardi prochain, cria-t-elle à sa mère.

Celle-ci se complaisait à dramatiser les situations.

— Méfie-toi, ce ne sont pas des gens comme nous.

— Je suis contente pour toi, dit Anastasia, dont l'ovale du visage rappelait celui de sa sœur, mais avec une expression de douceur qu'accentuaient son sourire et ses yeux violets.

De trois ans plus jeune que Théodora, prise dans les feux croisés de trois caractères violents, Anastasia avait choisi d'être celle qui répare les filets, ramasse les pots cassés, tisse et retisse les fils qui lient les uns aux autres. Son dévouement était discret, calme, serein. Seule Théodora s'apercevait de temps à autre de l'inépuisable générosité de sa petite sœur.

Cosimo, qui supportait mal l'ombre que lui portaient les succès grandissants de sa cadette, s'empressa de dire :

— Comment vas-tu t'habiller ?

De toute évidence, Théodora n'avait rien à se mettre qui fût de soie. À qui emprunter ? Chrysimallo et Indaro, les amies de cœur, furent mises à contribution pour trouver dans leurs relations tunique, manteau et voile de soie, si possible non défraîchis et au moins un bijou. Mais tout ce qu'on trouva fut insatisfaisant. Lorsque enfin une tunique fut à la bonne taille, la Mère s'écria :

— Tu ne peux pas porter de l'orange. Tu as le teint trop pâle, ma fille, tu deviens presque jaune, on te croirait malade. La seule couleur qui te convienne, c'est la pourpre. Dommage qu'elle soit réservée à l'empereur et aux dignitaires. Le bleu est possible, mais jamais de jaune, ni d'orange ni de vert poireau. Quant aux bijoux, plutôt des perles et des diamants que de l'or. Crois-en mon expérience.

— Qui parle de perles et de diamants ? s'impatienta Cosimo. Ma sœur a perdu son unique bijou, sa fibule de cornaline. D'ailleurs on ne va pas chez ces gens avec une seule tunique. Il en faut au moins deux.

La veille de la réception chez Libanios, la question vestimentaire n'était toujours pas résolue. Tournant et retournant le problème dans tous les sens, Théodora se rappela la phrase de Narsès à propos d'Antonina : tu devrais lui demander conseil. L'idée en était mortifiante, après l'épisode avec Ouranios, mais avisée. D'ailleurs il n'y en avait point d'autre.

Antonina demeurait au sud-ouest de Sainte-Sophie, derrière l'église Sainte-Irène, dans une petite maison dont le charme principal était les deux balcons ventrus du premier étage. Son mari étant malade, elle reçut Théodora au rez-de-chaussée, tandis que son fils, le petit Pothius, jouait avec un ballon dans le jardinet. À vingt-neuf ans, après des années tumultueuses, Antonina ne suivait pas l'exemple des courtisanes qui, ayant réussi à se marier, affichaient une conduite irréprochable en s'enfermant dans le gynécée pour faire oublier leur passé. D'une ambition démesurée, d'un égoïsme équivalent, elle persistait à mener la vie qui l'amusait en espérant continuer longtemps. À cette fin, elle tissait autour d'elle un réseau solide de complicités, s'appuyant sur une bonne connaissance des êtres afin de les maîtriser, et sur des services plus ou moins occultes pour s'assurer une clientèle de gens redevables.

La première entrevue des deux femmes fut à l'image de ce qu'allait devenir la suite de leur relation. Toutes deux ambitieuses, toutes deux habiles dans l'art de se servir d'autrui, toutes deux complices avec de secrètes arrière-pensées. Théodora, encore néophyte sur le chemin escarpé de l'ambition, fit les premiers pas en surmontant son amour-propre pour demander l'aide de sa brillante aînée. Antonina donnait leur chance à ceux et celles dont elle envisageait l'utilité. Parfois elle se trompait, mais les risques encourus lui paraissaient nécessaires et au départ minimes. Elle était elle-même invitée à la fête de Libanios, un homme charmant dont la femme était très riche, mais ne s'y rendrait pas car son mari se portait fort mal. Il était militaire et avait eu l'occasion d'accompagner le sénateur lors de déplacements officiels. Elle prêta avec plaisir tuniques, manteau, voiles, bijoux, cothurnes et espéra que l'amitié suivrait cette agréable entrevue.

Théodora se retint, quoiqu'elle en brûlât d'envie, de s'informer davantage sur le sénateur, pour ne pas avoir l'air d'attacher trop d'importance à cette invitation. Elle choisit une tunique violette et un manteau beige, des cothurnes roses, un voile assorti à la tunique, et remercia chaleureusement.

En fin d'après-midi, elle se rendit à la bibliothèque et fit demander Narsès : pourrait-il l'accompagner demain jusqu'à la maison du sénateur ? Ouranios n'était pas libre et elle ne pouvait s'y rendre seule. Quoiqu'elle aimât beaucoup marcher, elle craignait de se tordre les chevilles avec les chaussures d'Antonina et préférait utiliser un char.

Narsès fut pris de cours par la demande. Le statut d'eunuque de la pantomime lui déplut et il s'apprêtait à refuser lorsqu'il vit les yeux noirs s'affoler de son silence. Il connaissait trop la déception, la panique qu'elle engendre pour la supporter chez autrui.

— Il sera peut-être gros, laid..., dit-il de sa drôle de voix métallique.

— Non, non. Il est charmant.

— Laid et charmant, alors. Il reste la possibilité qu'il soit stupide et méchant.

— Je t'attends demain à la onzième heure.

Elle prépara méthodiquement la soirée comme on prépare une bataille. Elle se coucha tôt pour reposer son visage. Le matin elle donna rendez-vous à Ouranios dans la chambre des secrets car le plaisir physique l'embellissait. Son esprit virevoltant de la volupté de l'instant aux succès de la soirée, du présent aux rêves d'avenir, de l'aurige au merveilleux inconnu, elle volait le désir de l'un pour éveiller celui de l'autre.

III

Après s'être rendue aux bains, vêtue, parfumée, maquillée, Théodora pria devant le petit oratoire constitué d'une vingtaine d'images pieuses accrochées sous la grande croix peinte dans la pièce centrale. Elle confia à Dieu ses espoirs imprécis tant ils étaient immenses, puis son esprit, fatigué par une telle concentration, s'éparpilla en pensées diverses : ne pas trop bouger pour protéger son maquillage de la transpiration, économiser ses forces pour ne pas s'énerver, supplier Dieu à nouveau que cette soirée changeât sa vie.

De la rue parvenaient, par la porte ouverte, les conversations des passants, les odeurs de friture, les rires des enfants. Puis les pas précipités d'une fille qui criait avec une voix d'enfant :

— Laissez-moi, laissez-moi, je ne veux pas, je me tuerai.

— Le ciel te punira, vieille maquerelle ! cria un homme. Tu rôtiras en enfer pour l'éternité.

Théodora frémit. Était-ce un mauvais présage ? Depuis que la tenancière lui avait dit de sa voix perçante, lorsqu'elle était enfant : « Quand tu seras plus grande, tu viendras dans ma maison », l'enfermement dans le bordel voisin avait hanté ses nuits d'angoisse et nourri ses cauchemars. Comme la piété de Théodora coexistait sereinement avec les superstitions les plus naïves, elle craignit que la soirée chez Libanios l'entraînât dans la déchéance.

La Mère entra dans la cuisine avec un sac de laine peignée.

— Pauvre gamine qui sera jetée dans la rue à la première maladie ! Remercions le Seigneur d'avoir protégé mes filles d'un tel destin.

Et passant du coq à la poule, selon son habitude, elle ajouta :

— Toi, mon enfant, fais attention ce soir. Ne bois pas trop de vin, tu n'y es pas habituée, et ne couche pas avec le premier venu.

— Maman, ce sont des nobles !

— Nobles ou pas, ils sont comme les autres. Comment iras-tu chez le sénateur ? Ouranios t'accompagne ?

— Narsès m'accompagnera.

La Mère poussa un gros soupir.

— Me diras-tu à la fin ce que tu fabriques avec un eunuque, toi qui n'as pas un sou ? Qu'est-ce qu'il te veut ? Pourquoi s'intéresse-t-il à toi ? À mon avis, il mijote quelque projet diabolique. Cette fréquentation m'empêche de dormir.

Théodora entendit les sabots des mules qui s'arrêtaient près de sa maison, sortit sans répondre et grimpa dans le modeste char que Narsès avait emprunté.

— Ma mère te croit envoyé par le démon. Elle n'admet pas que je refuse de mener une existence comme la sienne. Ne dis rien. Je dois réfléchir.

Ramassée sur elle-même pour ne pas dilapider son énergie, elle sentait derrière elle sa famille à l'affût et devant elle beaucoup d'imprévus. Le trajet était court. Bientôt les mules montèrent péniblement la colline de l'Acropole où un chemin en lacets contournait les terrasses fleuries soutenues par d'épais contreforts de pierre, et elle se sentit forte et anxieuse à la fois en pénétrant sur le territoire des riches. De-ci, de là, un orme, un hêtre, un tilleul, une allée de cyprès, recomposaient le paysage, tandis que les murmures des fontaines adoucissaient le bourdonnement des insectes. Au bout d'une allée bordée de fleurs, apparut la maison sénatoriale à la façade de marbre vert et rose, au fronton triangulaire décoré d'oiseaux en mosaïque, à la porte d'ébène aux clous à grande tête. De nombreux chars stationnaient dans le jardin.

— Dois-je revenir te chercher ? demanda Narsès.

— C'est inutile, je te remercie, dit-elle, car elle espérait secrètement une fin de soirée douce et prometteuse, dont elle ne voulait pas brusquer le déroulement.

Narsès descendit donner à l'eunuque, maître de cérémonie, le nom de Théodora. Celui-ci partit aussitôt l'annoncer au sénateur, qui sortit avec empressement :

— Béni soit le jour où tu daignes venir chez moi, dit-il, en lui tendant la main pour descendre du char.

Si elle l'avait rêvé, le maître de maison n'aurait pas été autrement. Trente ans, un visage très fin aux yeux rêveurs bien enfoncés dans leurs orbites, une bouche pulpeuse, une charmante fossette au menton et une expression un peu molle qu'elle trouva douce et tendre. Il regarda Théodora comme une apparition et elle lui lança les étincelles d'or que le bonheur allumait dans ses pupilles. Il la conduisit dans la grande salle centrale, aussi haute que la maison.

— C'est une grande joie pour moi de te recevoir dans ma demeure.

Il eut un bref sursaut.

— Excuse-moi, je dois saluer le préfet du prétoire et je reviens tout de suite.

Il l'abandonna au milieu des invités. Pour se donner une contenance, Théodora prit l'air intéressé de celle qui admire le sol pavé de mosaïques, les murs décorés de peintures, les candélabres d'argent, les coussins de soie brodés. Puis elle scruta l'assistance. Habituée à examiner ses concitoyens, elle identifia à leur costume, leur ceinture, leurs bijoux, les sénateurs, orgueilleux Romains de souche ou Byzantins depuis plusieurs générations, les marchands de province qui espéraient gravir facilement l'échelle sociale dans cette Constantinople non encore figée par les traditions, quelques militaires, deux eunuques puissants, des fonctionnaires, un évêque et le démocrate des Verts que Théodora fit mine d'ignorer. Ainsi plantée comme un arbre solitaire, elle nota l'étonnement amusé ou condescendant des hommes et se sentit mal à l'aise. Pourquoi l'avoir invitée si c'était pour la laisser toute seule ? De surcroît, comble d'infortune, les comédiennes et courtisanes s'empressèrent autour d'elle avec d'excessives manifestations de solidarité, l'amalgamant à leur essaim de filles légères. Un serviteur lui proposa un jus de fruits avec un sourire complice. Personne, parmi les puissants, ne s'adressa à elle. Cette soirée était inutile, mais il était trop tard pour s'en aller. Elle se sentit rougir et, avec une fausse désinvolture, se dirigea vers la terrasse. La vue y était admirable : à droite les coupoles du Palais Sacré que dorait le soleil couchant, en face les collines verdoyantes de l'Asie, à ses pieds la mer, grand manteau bleu brodé des dernières voiles blanches qui se pressaient de regagner les ports.

— Je te cherchais, dit la voix caressante du sénateur. Excuse-moi, mais il y a des obligations envers les hauts fonctionnaires auxquelles je ne peux échapper et celui-là est affreusement bavard. Il cherche toujours à démontrer sa compétence pour faire oublier son origine modeste. Veux-tu du vin, des gâteaux ?

— Un peu de vin, juste un peu.

— Heureusement tu étais avec le paysage. Je ne m'en lasse pas. Mes ancêtres ont choisi ce terrain, du temps de l'ancienne Byzance. Au début, ce n'était qu'une petite maison de bois, qui fut progressivement embellie à chaque génération.

Elle écoutait, charmée par la voix, impressionnée par cette longue et brillante généalogie, admirative de tant de prestige, insensible à la vanité puérile qui perçait dans l'évocation de cette ascendance. L'intérêt que lui manifestait le maître de maison encouragea les invités à se joindre à la conversation et à deviser avec elle pour juger de son esprit, apprécier sa beauté, plaire au sénateur et parier sur la suite de cet engouement.

Entourée par ces esprits qu'elle croyait éminents, Théodora vivait un rêve. Le peu de vin qu'elle avait bu lui fit perdre de sa perspicacité, et elle ne voyait dans la provenance dont elle faisait l'objet ni complaisance envers le maître du lieu, ni amusement de cœurs blasés, ni curiosité ironique, mais des hommages mérités et depuis longtemps attendus. Elle souriait à tous, émerveillée de se retrouver avec des personnages jusqu'ici inabordables. Ignorante des jeux compliqués de l'apparence, habituée aux relations franches des gens du peuple, elle considérait qu'avoir échangé quelques propos avec un dignitaire la mettait avec lui, sinon sur un plan d'égalité, du moins dans sa familiarité, ce qui autorisait des remarques fantaisistes.

Lorsque la nuit tomba, les serviteurs allumèrent les lustres qui firent briller les tuniques de soie, les bagues, les colliers, les diamants des ceintures, les longues boucles d'oreille, les fibules de perles. Chacun dénoua les cordons de ses souliers pour s'allonger sur les lits, car la coutume romaine perdurait dans les grandes réceptions. Théodora fut conviée sur le lit de Libanios, à sa gauche, la place d'honneur, et elle fut le centre de la conversation des trois lits qui entouraient la table ronde. On offrit du vin de Gaza, si célèbre qu'il se vendait jusqu'en Gaule, des olives confites, de gros artichauts à la sauce garum, des pieds de cochon grillés et fort épicés de moutarde, de poivre et d'ail. Plus encore que par le faste, Théodora se laissa séduire par Libanios. Sa douceur, ses prévenances, la délicatesse de ses gestes, ses phrases mélodieuses, son aisance l'entraînaient dans un ravissement inconnu. Le vin faisant son effet, elle se débrida et commenta ce qu'elle connaissait et ce qu'elle ne connaissait pas, éclata de rire, parla fort, sans s'apercevoir que sa voix portait au-delà de sa table et que beaucoup s'en divertissaient.

Pour se moquer d'elle, le préfet du prétoire[1] lança :

— Et que pense notre belle pantomime de la nature du Christ ?

1. Le préfet du prétoire d'Orient, à Constantinople, est à la fois ministre des Finances, ministre de l'Intérieur, du Commerce, de la Poste, et publie les ordonnances subordonnées aux décisions impériales. C'est la responsabilité la plus importante après celle de l'empereur.

C'était la conduire sur un terrain épineux, étant donné les controverses qui agitaient quotidiennement l'opinion et le Palais Sacré. Car la religion chrétienne, apparue cinq cents ans plus tôt, ne s'était que depuis deux siècles imposée à tout l'Empire romain et avait aussitôt engendré de violentes controverses. En ce temps-là, le nœud central de la querelle concernait la possibilité de concilier dans la personne du Christ une nature humaine et une nature divine. Les orthodoxes acceptaient cette double nature, tandis que les monophysites n'attribuaient au Christ qu'une nature divine, sa nature humaine ayant disparu comme la goutte de miel dans l'eau.

Théodora perçut immédiatement le défi d'une telle question et son incapacité à maîtriser les arguments de l'un ou l'autre mouvement religieux. Elle était monophysite par tradition familiale, sans savoir exactement le contenu de cette école. Après un moment d'affolement, sa présence d'esprit lui fit dire :

— Est-ce vraiment le moment d'aborder une question aussi grave et si souvent douloureuse ?

Libanios, à la perspective d'un débat houleux, ordonna aux serviteurs de gaver ses hôtes de gâteaux, de fruits, surtout de vin et s'écria :

— Vous allez entendre une danse interprétée par des musiciens kurdes.

Il était trop tard. Le débat soulevait trop de passions pour être étouffé sur-le-champ et l'annone de la musique n'eut pas l'effet escompté. L'évêque défendit avec beaucoup d'emphase l'empereur Anastase qui favorisait ouvertement les monophysites. Aussitôt les orthodoxes s'indignèrent des poursuites dont ils faisaient l'objet. Un militaire brandit triomphalement un papyrus :

— Voilà la dernière liste des prêtres orthodoxes qui vont être exilés !

Une dizaine de mains se tendirent pour s'emparer de la liste des condamnés lorsque le préfet du prétoire s'écria avec ironie :

— Que la plus belle voix de la soirée lise la sentence impériale. Théodora, avance-toi.

Théodora jeta à Libanios un regard effrayé, mais celui-ci ouvrit des bras impuissants :

— Va.

La jeune fille se leva, prit le papier que lui présentait le militaire, regarda les signes totalement incompréhensibles qui y étaient écrits et blêmit. Son teint devint du même jaune pâle que la feuille de papyrus et l'assistance, après quelques toux et éclaircissements de voix, fit silence.

— Serais-tu orthodoxe ? demanda, méfiant, le militaire.

Surmontant sa panique, Théodora répliqua, avec une grâce un peu forcée :

— Les martyrs ont toujours servi la gloire de Dieu.

Et, froissant le parchemin, elle le glissa dans sa poitrine. L'assistance se détendit et Libanios, soulagé, conclut en riant :

— Être exilé entre tes seins est une faveur plutôt qu'une condamnation ! Buvons à ta beauté !

Les coupes se levèrent tandis que la gaieté de la danse kurde entraînait les convives vers la terrasse où Libanios rejoignit sa séduisante invitée.

Théodora se remettait lentement. Elle avait frôlé la catastrophe et prenait conscience qu'il ne suffisait pas d'être habillée de soie pour appartenir à l'univers des puissants. Elle ignorait leurs coutumes, leurs réactions, leur savoir, elle leur était étrangère et était perçue comme telle. Elle devint prudente, presque raide. Lui, au contraire, débordait de gratitude :

— Tu as été admirable ! Tant de présence d'esprit,

tant d'ironie et tant... d'audace, dit-il en regardant sa poitrine. Je le savais. Je savais déjà tout de toi quand je t'ai vue sur la place de l'Augustéon.

— Que savais-tu ?

Il leva sur elle des yeux doux, si doux qu'elle se sentit sous ce regard pelotonnée dans des fourrures de Russie.

« Tiens-toi tranquille, se dit-elle pourtant. Tu as commis assez de sottises ce soir. »

Elle lutta contre des vagues de tendresse qui l'entraînaient vers le sénateur, écoutant à peine ses propos. De temps à autre, un convive venait prendre congé et rejoignait son char dont on entendait les roues grincer dans les tournants. Les invités s'éparpillaient dans les jardins d'où provenaient des rires et des chuchotements. L'air était doux et immobile, les étoiles scintillaient dans le ciel bleu sombre et leurs reflets couvraient le Bosphore de petits poissons d'or.

— Sur l'épaule de ce cocher, dans tes simples habits de lin, tu brillais plus que la soie. Tu m'es apparue comme un ange tombé du ciel.

De fatigue, d'émotion, de désir, Théodora pencha sa tête sur l'épaule du sénateur. Elle sentit le corps de celui-ci frémir, un bras qui l'enlaçait, son nom murmuré doucement à son oreille lorsqu'un esclave s'approcha :

— Maître, le fiancé de Théodora est venu la chercher.

Le sénateur s'écarta à regret, et tous deux se dirigèrent vers le vestibule où se tenait Ouranios, souriant. Il s'inclina devant le sénateur.

— Libanios, salut. Je suis venu chercher ma fiancée pour qu'elle ne rentre pas seule.

— Tu as bien fait de t'en inquiéter, répondit poliment Libanios en dissimulant un sourire ironique qui n'échappa point à la pantomime.

Et, se tournant vers elle :

— Porte-toi bien, lui dit-il. Je te remercie d'avoir embelli cette soirée.

Dès que la calèche eut quitté la demeure sénatoriale, Théodora s'emporta.

— Qu'est-ce que tu es venu faire ici ? Je ne t'avais rien demandé. Je déteste qu'on me surveille, qu'on m'espionne.

— J'ai pensé...

— Tu as mal pensé. Dans tous les cas le sénateur m'aurait fait raccompagner.

— On ne sait pas ce qui se passe chez ces gens-là.

— Il se passe des choses très agréables.

— Pas autant que nous deux ce matin dans la chambre des secrets, dit-il avec fierté.

— Peut-être. Maintenant tais-toi. Je suis fatiguée.

— Je ne te comprends pas.

Il sentait bien pourtant que l'irruption du sénateur dans la vie de sa fiancée perturbait leur relation et s'en voulait de l'avoir emmenée sur la place de l'Augustéon. Pourtant elle avait été si voluptueuse le matin même. C'était à n'y rien comprendre. Il aurait bien souhaité parler de tout cela, mais elle l'intimidait. Elle n'était pas solidaire du cirque comme les autres. Il ne savait pourquoi, ni ce qu'il devait en penser, seulement qu'il en souffrait.

Dans la maison de l'ours, le tabouret glissa derrière la porte, dans un bruit déplaisant immédiatement suivi de la voix maternelle :

— C'était bien ta soirée ?

— Hum, hum. J'ai sommeil.

— Tu raconteras demain. Bonne nuit.

Elle aurait voulu être seule dans sa chambre pour s'abandonner à ses pensées. La respiration de ses sœurs la gênait, entravait sa réflexion et elle se sentit prisonnière dans sa maison. Prisonnière aussi de ce baiser qu'ils n'avaient pas échangé et qui palpitait sur ses lèvres sans pouvoir s'envoler. Elle imaginait, à l'effleurement des lèvres, une douceur vertigineuse, un serment muet d'amour. Son corps réclamait les mains, la peau, la bouche du sénateur et le désir l'enveloppait dans un grand nuage blanc et ouaté. Avec bonheur, elle se répétait que Libanios s'était emparé de son cœur, de son esprit, de sa volonté, et que son attente incertaine et violente avait trouvé l'homme qui la comblerait. Après s'être longtemps abandonnée aux rêveries de la volupté, une vague brûlante de honte la parcourut tout entière. Elle avait trop bu, parlé à tort et à travers, s'était montrée ridicule, sinon le préfet du prétoire ne se serait pas moqué d'elle. Elle se revit, sotte et muette devant le papyrus, elle imagina le mépris ironique des hommes, la satisfaction des courtisanes jalouses. Pire encore : en la voyant si abandonnée auprès de lui, Libanios avait-il pensé qu'elle était une fille à coucher, comme les filles de la vieille maquerelle ? En ce cas, jamais, non jamais, elle n'accepterait de le revoir. Ainsi, passant de l'espérance au doute, de l'ardeur au dépit, elle ne s'endormit qu'à l'aube.

Lorsqu'elle s'éveilla, ses deux sœurs et sa mère prenaient le déjeuner du matin. Assises autour de la table rectangulaire, chacune picorait, dans une grande écuelle de bois, du fromage, des olives et de fines tranches de melon qu'elles accompagnaient d'un morceau de pain. Par la porte ouverte entraient la lumière du soleil et des bribes de la conversation des passants. Anastasia versa le lait dans les bols, tandis que la Mère et Cosimo scrutaient le visage de Théodora qui mangeait en silence.

— Tu n'es pas bavarde, soupira la Mère. Dîner chez un sénateur et n'avoir rien à raconter à sa famille, c'est la traiter comme une arête de poisson.

— Peut-être que son grand orgueil a souffert, suggéra Cosimo.

— Laissez-la tranquille, dit Anastasia en regardant sa sœur avec bonté. Elle est fatiguée.

— C'est bien la première fois qu'une soirée la fatiguerait. Elle a certainement quelque chose à nous cacher, rétorqua Cosimo.

Dans la rivalité entre les deux sœurs aînées, Théodora n'était pas la moins susceptible. Piquée au vif elle rétorqua :

— Je raconterai ma prochaine soirée. Maintenant je dois aller faire mes exercices.

Un temps de réflexion suivit cette nouvelle. La Mère prit un ton grave :

— Ma fille, je suis contente que tu aies plu à un sénateur. Mais ne te fais pas d'illusions. Prends du plaisir à vivre un moment dans la richesse, mais surtout ne t'attache pas. Entre les sénateurs et nous, il y a la mer de Marmara, et même celle qui va jusqu'en Égypte. Ne l'oublie jamais.

— Fais-toi offrir des cothurnes. Comme cela tu n'emprunteras plus les miens, ajouta Cosimo, d'un ton aigre-doux.

— Rassure-toi. Je n'y toucherai plus jamais, dit Théodora en jetant à sa sœur un regard de défi. Puis, se levant, elle ajouta :

— Je vais à l'hippodrome.

Les exercices commençaient à la première lueur du jour pour éviter les grandes chaleurs de midi. Pourtant, ce jour-là, Théodora changea de direction et se dirigea vers l'arc de triomphe du Milliaire d'Or près duquel se dressait la bibliothèque et demanda Narsès. Celui-ci arriva d'un pas vif et regarda Théodora avec inquiétude.

— Que t'arrive-t-il ?

— Je veux que tu m'apprennes à lire.

La surprise de l'eunuque le rendit sot :

— Pourquoi ?

— Pour lire le nom des condamnés.

Et comme Narsès paraissait déconcerté, elle raconta

l'épisode du parchemin prévoyant les victimes orthodoxes et conclut :

— Je dois apprendre vite.

Narsès fit une moue dubitative.

— On n'apprend pas à lire en deux jours et plus difficilement à ton âge.

— Qu'importe. J'y arriverai.

— Veux-tu apprendre le grec ou le latin ?

— Le grec, que tout le monde parle. Nous commencerons aujourd'hui, à l'heure de la sieste, si tu le veux bien.

— Où ? demanda l'eunuque, imitant le ton bref de son interlocutrice.

Théodora, pour éviter les quolibets de son entourage, choisit pour lieu de rencontre les berges du Loup. C'était l'endroit le plus tranquille de la ville car, en hiver, les inondations de cet étroit cours d'eau étaient parfois si violentes que personne ne se risquait à construire sur ses rives. Seuls des rangées de peupliers et des champs de légumes avides d'humidité serpentaient le long de ses six kilomètres. Le rendez-vous fut fixé à la hauteur de l'église des Saints-Apôtres.

Il faisait moins chaud sous les arbres quoique aucune brise ne parvînt dans cette vallée encaissée. Si grande était son impatience que Théodora arriva la première, le visage bien protégé par un voile pour éviter les moustiques qui pullulaient sous ces ombrages. Elle prépara une sorte de banc avec des branchages entassés recouverts de mousse. Narsès ne tarda point, s'assit à côté d'elle et ouvrit un passage de l'Évangile selon saint Jean.

— Y a-t-il le mot Dieu ? s'enquit Théodora.

— Oui, le voilà. D-i-e-u.

— Dieu, répéta-t-elle, émerveillée. Je sais lire ce mot, Dieu.

Une grande joie l'envahit. Cet univers secret de la lecture, caché, réservé aux prêtres et aux riches, n'était pas inaccessible. Elle franchirait la muraille invisible qui sépare ceux qui savent de ceux qui ignorent, et pénétrerait dans le territoire jusque-là interdit du savoir. Certes elle ne s'attendait pas à ce que l'effort fût si rude. Pendant cette première leçon, elle avait la pénible impression d'oublier sans cesse ce qu'elle venait d'apprendre, qu'elle devait réapprendre à nouveau jusqu'à ce que les lettres s'impriment dans sa mémoire. Après une bonne heure de travail, son cerveau devint rétif comme un cheval fourbu. En vain sa volonté combattit son esprit qui n'enregistrait plus rien.

— On arrête maintenant, conseilla Narsès. Progressivement tu deviendras capable d'un effort prolongé.

— Nous recommencerons demain, dit-elle en se levant et en époussetant sa tunique.

Tandis qu'ils marchaient le long des peupliers, Théodora déclara :

— Merci de m'apprendre à lire. Je me suis sentie ridicule hier.

— Je suis content de t'aider.

— Moi aussi je t'aiderai, si j'en ai un jour l'opportunité. Excuse-moi si je ne t'ai encore rien raconté de ma soirée. J'ai été troublée. Le sénateur est si charmant.

Commencèrent de longs jours d'attente. Un message de Libanios pouvait arriver à tout moment, et elle surveillait les pas qui ralentissaient devant la porte de la maison, la sortie de l'hippodrome, la boutique du boulanger et à chaque déception ressentait un pincement au cœur. Après les exercices du matin, elle ne bavardait plus avec ses compagnons, ne retrouvait plus Indaro et Chrysimallo l'après-midi pour mettre au point ses mimes, prétextant un mal de tête, et marchait vite vers l'Augustéon. Là, elle s'installait sur la table d'une taverne ambulante et regardait l'entrée du Sénat qui fermait la place, entre Sainte-Sophie et le Grand Palais. Peut-être Libanios s'y rendrait-il, et elle s'étonnerait du hasard de leur rencontre. Pour expliquer sa quotidienne présence, elle avait raconté au serveur qu'elle venait ici tous les jours pour trouver des scènes à mimer, et, petit à petit, ils furent nombreux autour d'elle pour lui suggérer des saynètes en l'empêchant de surveiller le Sénat. Soudain, à l'idée qu'un esclave était venu chez elle, elle repartait vite à la maison où sa mère, en tournant son fuseau, s'étonnait qu'il n'y ait pas de « prochaine soirée ». Seules les leçons de lecture pour mériter le sénateur furent respectées, sans que Théodora songeât à s'étonner de la complaisance de l'eunuque.

Ces rendez-vous cependant perturbaient Narsès pendant son travail. Ils étaient quatre copistes chargés d'enrichir les archives de manuscrits précieux. Narsès s'occupait des textes latins, grecs et arméniens, les autres, selon leur spécialité, des manuscrits hébreux, égyptiens, syriens, perses. La pièce était fort grande et sombre malgré les larges fenêtres, et le long des murs s'alignaient de grands coffres de bois dans lesquels s'entassaient les manuscrits. Les cent vingt mille textes ne tenaient pas tous dans cette pièce publique, et beaucoup étaient entassés dans de petites salles adjacentes. L'une d'elles était réservée à *l'Iliade* et *l'Odyssée* d'Homère, écrites en lettres d'or sur l'intestin d'un dragon long de cent vingt pieds. Dans la salle publique, le silence était tel qu'on entendait le frottement du roseau sur le papyrus, le tintement de l'encrier, le froissement des parchemins.

Parfois un visiteur frappait à la porte, s'adressait au bibliothécaire pour demander un manuscrit qu'il consultait sur une longue table, où des lampes à huile apportaient une lumière indispensable. Le calme du lieu laissait libre cours aux vagabondages de l'esprit, et les pensées de Narsès tournoyaient autour de la pantomime. Dès que sa belle écriture régulière présentait de brusques embardées, il se rendait dans sa petite chambre qui comprenait un lit à l'armature de bois entrelacée de cordes, couvert d'un mince matelas de laine, une chaise et un oratoire dédié à la Sainte Vierge, représentée sur une ribambelle d'images.

Il priait debout devant l'oratoire afin de garder la position du Christ lors de la Résurrection, comme le préconisait la lettre divine apportée par saint Michel sur la Terre et demandait à Marie d'éclairer sa conduite. Par chance, maints arguments solides et sérieux justifiaient l'aide qu'il apportait à Théodora. Savoir est un privilège qui permet de connaître la pensée des grands anciens, trop mal connue, et celle des apôtres et pères de l'Église souvent mal interprétée. Par ailleurs il favorise l'ouverture d'esprit des citoyens pour qu'ils soient capables d'établir la société chrétienne voulue par le Dieu tout-puissant. Personnellement il connaissait trop les contraintes d'une naissance pauvre, l'injustice qui en découlait, pour ne pas venir en aide à une pantomime disposée à faire un effort prodigieux pour rattraper les insuffisances de son éducation. À toutes ces raisons, s'ajoutait, quoique non formulée, le bonheur de se sentir utile, apprécié, admiré, et l'affection sincère d'une femme, affection exceptionnelle dans son existence. Il s'attachait au tempérament à la fois spontané et réfléchi, chaleureux et secret de la pantomime. Il lui arrivait, tant l'imagination égare, de s'inquiéter de ce que deviendrait leur amitié naissante le jour où il rencontrerait la véritable Théodora marchant sur un chemin couvert de perles.

À la fin du mois de juin, quand la chaleur devint pénible, il vit Théodora accourir avec un billet, les larmes aux yeux.

— Je n'ai compris que les mots : Théodora, ma femme, demain, Libanios. Il m'écrit pour me parler de sa femme ! Une créature extrêmement riche qui pourrait acheter tous les hommes qu'elle voudrait ! C'est injuste, trop injuste.

La colère la soulageait du chagrin, le chagrin de la colère. Elle tendit le billet sans un mot à Narsès qui lut à haute voix :

Théodora, salut ! Afin d'éviter la chaleur de l'été dans la capitale, ma femme quitte Constantinople demain pour se rendre dans notre maison sur la mer Noire. Je te propose une promenade en bateau, mercredi matin. Si tu le désires, retrouve-moi à l'aurore sur le port Phosphorianus de la Corne d'Or. Je t'attendrai le cœur battant. Libanios.

— Et tu vas refuser ? sourit l'eunuque.

Elle le regarda comme s'il était demeuré, puis retrouva vite son humour :

— Je marcherais plutôt sur l'eau.

— Sois prudente. C'est un païen.

— Comment le sais-tu ?

— Il n'y a aucune décoration religieuse sur la façade de sa demeure.

Elle fit une petite moue admirative devant la justesse du coup d'œil.

— Narsès, je suis tellement heureuse.

— Méfie-toi des joies immodérées.

— Vieux sceptique accroché au doute comme le pendu à sa corde ! À bientôt ! Ne reste pas pendu trop longtemps, c'est mortel ! Je te quitte pour répondre à l'esclave. Il m'attend.

En la regardant partir, Narsès resta perplexe. Que pouvait-elle attendre d'un sénateur ? De l'argent, des repas, des habits, mais rien qui correspondît à une reconnaissance profonde, à une position assurée. Et, tout en jalousant cet homme qui prenait tant de place dans le cœur de la jeune fille, il s'inquiéta pour ce cœur qui certainement souffrirait. Il s'en inquiéta et, égoïstement, s'en réjouit, car elle aurait encore besoin de son amitié.

IV

Elle se leva à l'aube, mis une longue tunique de lin et ses jolies sandales à lanières rouges et poussa très doucement la porte de la salle commune.

Sa mère était déjà levée, et, à la lumière d'une lampe à huile, préparait un breuvage à usage contraceptif en mélangeant des peaux de grenade avec de la gomme et de l'huile de rose.

— Ma fille, je te prépare les précautions d'usage. Bois ceci et mets un tampon. Dans l'état où je te vois, tu n'oseras pas demander au sénateur de faire attention. Il ne faudrait pas qu'il te manque de considération. J'ai fait parler son esclave. Il savait le message par cœur au cas où personne ne saurait lire dans la maison. Il devait ne le répéter qu'à toi, mais je l'ai convaincu.

Théodora, que l'émoi rendait fragile, fut touchée par la sollicitude inhabituelle de sa mère qui préférait Cosimo. Elle la rassura :

— C'est un homme très attentif.

— On connaît ça. Un homme n'écoute rien de ce qu'on lui dit, et raconte tout ce qu'on veut entendre, tant qu'il n'a pas mis son poireau au chaud. Fais ce que je te dis.

Elle prit dans un coffre un petit sac de lin et en sortit un tampon de laine fine. Puis, elle ouvrit une cruche pour verser dans un bol deux cuillerées de vin mélangées à de l'écorce de pin pilé.

— Tu me fais rire, maman. Il ne se passera peut-être rien d'autre qu'un voyage en mer.

— À te voir, cela m'étonnerait bien. Je t'accompagnerai jusqu'à la Corne d'Or. Un visage ne me trompe jamais et ma première impression sera la bonne.

— Maman, je t'en prie, ce n'est pas le premier homme que je rencontre.

— Dieu merci ! Mais ces nobles-là, nous ne les connaissons pas, nous ne savons pas comment ils vivent et, quoi que tu dises, ils intimident. Ce n'est ni Ouranios, ni le boulanger, ni les autres, sans compter... Enfin, mieux vaut ne pas revenir sur le passé.

Théodora trempa dans la mixture maternelle le tampon de laine fine et l'inséra entre ses cuisses pour empêcher que la semence pénètre jusqu'à l'utérus.

— Tu es rassurée maintenant. Alors laisse-moi partir.

— Prends quelque chose ! Un bol de lait, un fruit !

— Je n'ai pas faim.

La Mère fit une petite moue compréhensive.

— Que Dieu te protège, ma fille.

Dans le jour pâle et brumeux, ils étaient nombreux à se rendre au travail. Théodora avançait sans regarder autour d'elle, préoccupée par l'instant où elle apercevrait le sénateur. D'avoir tant attendu, tant imaginé, lui faisait craindre qu'il fût plus petit, plus étriqué, plus léger que dans son souvenir. Devant Sainte-Sophie, elle se rendit compte qu'elle marchait vite, trop vite, qu'il ne restait plus qu'à descendre la pente raide pour atteindre la Corne d'Or et qu'elle arriverait la première. Pour perdre du temps, elle entra dans l'église, contempla sans les voir les mosaïques qui recouvraient les murs. Quand elle ressortit, l'aurore rougissait le ciel. Elle se hâta.

Les rives de la Corne d'Or étaient fort encombrées par les familles aisées qui partaient vers leur résidence d'été. Soudain elle l'aperçut, debout sur un embarcadère, auréolé par les premiers rayons du soleil, qui la suivait des yeux. En un instant le sénateur concentra toute la réalité du monde, rassembla le temps passé et le temps futur dans un présent immobile, elle murmura :

— Merci, mon Dieu.

Ce qui allait suivre prendrait des chemins délicieux et imprévus, s'étirerait dans la langueur de l'été, car les dés en étaient jetés : il était celui qu'elle attendait, et lui rayonnait de joie à son approche.

— Je n'ai fait que penser à toi, dit-il.

— Quelle folie ! dit-elle.

L'air était déjà chaud quoique le soleil rosisse à peine la côte européenne, et des dizaines de navires quittaient les ports, poussés par un vent du sud. Libanios fit admirer son bateau dont la grand-voile était déjà levée, à la satisfaction des rameurs prévus pour le calme plat. Théodora salua gracieusement les marins avant de s'installer sur un amoncellement de coussins brodés, dans une cabine de bois ouverte d'un seul côté, pour protéger du vent et du soleil. Elle avait si souvent regardé ces embarcations privées qui partaient en promenade, si souvent envié cette liberté de quitter la terre ferme, que se mélangeaient, tressées ensemble, les promesses d'un amour partagé et la vie luxueuse dont elle rêvait. Le bateau leva l'ancre vers la rive d'Asie, Libanios s'assit à ses côtés et lui prit la main. Délices des mains qui se touchent, assurance de protection, bonheur d'enfance retrouvé.

— Je craignais que l'empereur ne te fasse demander, dit-elle.

— L'empereur convie toujours la veille. Je n'y serais pas allé.

Elle leva vers lui un visage ébloui.

— Tu peux désobéir à l'empereur ?

— Pour des causes exceptionnelles, comme toi.

Il parla alors des Élus de Dieu avec simplicité. Elle

l'écoutait attentivement, retenant tous les détails, et riait. Il disait :

— J'aime ton rire.

Elle aimait ses longues phrases dont l'inflexion mourait lentement comme les vagues sur la plage, l'art avec lequel il agençait les mots au service de son indolence ou de son insolence. Bientôt le bateau s'engagea dans le Bosphore qu'elle fit semblant de connaître sans y avoir jamais caboté. Le pilotage était délicat entre les grands navires qui assuraient le commerce de la mer Noire à la mer Méditerranée, les embarcations légères des pêcheurs ou des voyageurs, d'autant plus que le gouvernail à deux rames rendait les manœuvres lentes.

Dans le détroit, le sénateur se sentait chez lui, et elle à l'abri de regards familiers.

— Parle-moi du préfet du prétoire qui m'a provoquée l'autre soir ?

— Ah ! Ce préfet du prétoire ! Quelle calamité ! Il tient avec âpreté les dépenses de l'état et se trouve, de ce fait, constamment sollicité. Il s'accorde, par morgue, le plaisir de rabrouer les quémandeurs et de mortifier son entourage. Regarde, là-haut, tu aperçois sa maison, aussi grande que laide à mon avis.

— Il est sénateur ?

— Impossible, ma chère, impossible ! Pour devenir sénateur, il faut de la terre, une grande fortune foncière, et ne pas être fils de commerçant. Encore, soupira-t-il, que jadis, on ait nommé sénateur des fils de chaudronnier, de charcutier, de foulon et même de garçon de bain ! Heureusement ils ne sont pas « illustres ». Ici se trouve la demeure du préfet de la ville, un homme charmant d'une très ancienne famille.

De chaque côté du détroit, sur la rive d'Asie comme sur la rive d'Europe, Libanios devisait avec humour sur les propriétaires dont les demeures parsemaient de taches claires le manteau vert des collines. Théodora attribuait à ces commentaires désabusés une grande hauteur d'esprit, et se lovait dans cette familiarité avec les puissants comme un chat dans un rayon de soleil.

Le bateau s'approcha de la rive d'Europe :

— Voilà ma maison. Elle est modeste car mon ancêtre l'a construite au siècle dernier quand nous autres sénateurs, et nous seuls, avons dû payer l'impôt exorbitant que demandait Attila pour épargner Constantinople. Comme ma femme préfère la mer Noire, je n'ai pas jugé utile de l'agrandir. J'ai fait seulement décorer le fronton.

À trois terrasses au-dessus de l'eau, la demeure était petite et recouverte de marbre blanc. Sur le fronton en mosaïque Vénus sortait de l'écume de la mer. Comme Théodora la regardait longuement, Libanios lui murmura :

— Ton portrait est déjà là.

Des esclaves se précipitèrent sur l'embarcadère en apercevant leur maître. Beaucoup parmi les serviteurs avaient vu la pantomime dans l'hippodrome, et son nom circulait à voix basse.

L'eunuque intendant s'inclina :

— Salut, maître. Tout a été fait selon tes ordres.

Théodora qui aimait plaire à tous, gratifia chacun d'un sourire, s'attendrit sur un enfant. Libanios la fit entrer dans un charmant patio où bruissait une fontaine et lui indiqua une porte ouverte :

— Cette chambre est pour toi, si tu souhaites te délasser.

Elle entra, suivie par une servante grecque d'une trentaine d'années, au visage ouvert et intelligent. Théodora parcourait d'un regard satisfait les tentures et le couvre-lit brodés de motifs délicats, lorsqu'elle découvrit sur le coffre des vêtements de soie. Son sang ne fit qu'un tour. Les vêtements de l'épouse traînaient encore dans la chambre, affreux rappel de la présence de l'autre.

— Enlève les habits de l'illustrissime, commanda-t-elle d'une voix blanche.

— Ces habits sont pour vous. L'illustre m'a envoyée les acheter la semaine dernière. Je vous ai souvent vue au cirque et vous n'êtes pas plus grande que moi.

Bonheur de savoir Libanios impatient de cette promenade ! Bonheur d'être l'objet de tant de sollicitude ! Bonheur de faire crisser sous ses doigts l'étoffe si fine des tuniques d'été.

— Si tu veux te rendre aux bains, ajouta la servante, le maître s'y rendra après toi.

Elle se baigna, essaya toutes les tuniques, les manteaux, choisit des sandales fermées par une boucle de rubis. Elle se laissa coiffer, masser doucement le cou et le visage, saisie d'une neuve indolence.

Le déjeuner de poissons grillés, de salades légères, de fromage d'Italie fut d'autant plus badin que tous deux attendaient sa fin, avec cette impatience teintée de légère appréhension qui précède la première rencontre des corps.

Le lit de Libanios était recouvert de draps pourpres, par la fenêtre entrouverte la brise répandait en longues écharpes le santal qui brûlait dans la cassolette. Il avait des gestes doux et lents, murmurait des fragments de poèmes, et elle reçut son âme et donna la sienne dans le vertige du plaisir. Elle n'avait pas connu jusqu'alors, dans les relations spontanées avec Ouranios, ou celles ludiques ou intéressées des autres, le bouleversement que procure la volupté, lorsque à travers elle les cœurs se rejoignent et s'accordent.

Elle s'endormit subitement comme une enfant épuisée. Libanios se leva en titubant, alla se servir un jus de fruits, et revint s'asseoir sur le bord du lit. Il regarda, attendri, le fin corps blanc, replié, étranger dans son sommeil, qui, un instant auparavant, gémissait dans ses bras.

Il était subjugué par le don qu'elle lui avait fait d'elle-même, par sa voracité, par ce gouffre de jouissances qu'il lui avait donné. Le monde des poètes, ce monde violent et délicat auquel il n'avait accès que par la musique des mots, ce monde devenait le sien. Avec conviction il se répéta les vers d'Ovide : *C'est toi, crois-moi, qui seras mon amour pour toujours. Les années que les Parques auront filées pour moi, qu'il m'échoie de les vivre avec toi.* Avec fierté il voguait enfin sur le fleuve de la passion, parcouru par tant de poètes, en connaissait les mêmes ivresses. Il débordait de gratitude envers Théodora qui lui ouvrait les portes de l'autre vie et l'entraînait dans un tourbillon d'intensité.

Partis pour une journée, ils restèrent absents deux semaines et promirent de ne se plus quitter. Les bains, le détroit, les bosquets, les terrasses connurent leurs ébats. Le sénateur faisait l'amour comme il s'exprimait, en longues et lentes caresses, entrecoupées de bavardages, maître du temps comme de la fortune. Théodora ne se lassait pas de l'entendre raconter son enfance, ses études, ses amis, sa famille, pénétrant dans cette vie dorée avec la générosité de l'amour et la curiosité de la néophyte. De sa propre vie elle parlait peu, craignant de le choquer, de l'éloigner, quoique sa fierté se froissât qu'il en fût si peu curieux. « S'il m'aime, songeait-elle de temps à autre, il devrait m'accepter tout entière. »

Pour séduire cet homme nonchalant et désabusé, elle multiplia les audaces, les fantaisies, les surprises, les caprices. Elle se présentait parfois nue sous son manteau afin que l'étonnement fouette son désir, ou bien entassait les tuniques pour qu'il s'impatiente à les enlever, elle apprivoisa un dauphin, qu'elle nomma Noé, en souvenir de celui qui sauva l'humanité. La nuit, dans le Bosphore désert, à la lumière des étoiles, elle plongeait dévêtue et enlaçait l'animal, scrutant sur le visage expressif de son amant les mouvements contraires que produisaient l'agacement du plaisir qu'elle prenait à cette étreinte et la délectation d'en être le destinataire. Enfin il criait :

— Théodora, reviens, et toi, Noé, va-t'en !

Et, la serrant trempée dans ses bras, il murmurait :

— Ma Vénus, crois-tu que la déesse soit jalouse de toi ?

— Une déesse n'est pas jalouse. Les femmes seulement.

Au milieu du mois de juillet, alors qu'elle rejoignait le sénateur dans la cour intérieure pour le dîner, il sursauta en entendant ses pas et la regarda comme une étrangère.

— Tu m'avais oubliée, dit-elle en choisissant d'en rire.

— Ma chérie, dit-il en l'attirant sur ses genoux, tu es merveilleusement sotte. Je pensais à une affaire que je dois régler. Si cela ne t'ennuie pas, nous irons passer deux jours à Constantinople. Puis nous reviendrons très vite.

Elle resta silencieuse, l'écoutant à peine, dissimulée pour la première fois. Oui, il l'avait oubliée, un moment, un court moment, mais oubliée quand même. Et il faudrait qu'à l'avenir elle se préoccupât de cette négligence pour qu'elle ne se renouvelle pas.

À Constantinople, ce fut la fête dans la maison de l'ours calciné. Théodora donna tuniques et voiles à ses sœurs et ses amies Indaro et Chrysimallo, envoya Anastasia acheter deux bouteilles de vin et deux poulets. Sur la table, la Mère étendit la seule nappe de la maison, un cadeau de mariage qui n'avait pas souvent servi.

Indaro et Chrysimallo voulaient tout savoir de la

demeure de Libanios : les meubles, les tentures, les serviteurs, les repas. Théodora répondait avec réserve, ne voulant pas éclabousser sa famille par l'opulence de la maison sur le Bosphore. Sur Libanios, elle fut encore plus discrète, pour protéger son trésor. Ses pauvres mots, si réduits, si communs, enlèveraient à son amour son épaisseur, sa densité, son infinie variété. Pour éviter un questionnaire vite contrariant, elle emmena ses deux amies dans les boutiques du forum de Constantin pour choisir une nouvelle tunique pour les treize ans d'Anastasia et un cadeau pour le sénateur. Mais tout ce que proposaient les deux comédiennes comme luxueux présent se trouvait déjà dans la maison sénatoriale.

— Alors on ne peut rien offrir aux gens riches ! s'attrista Chrysimallo.

— J'ai une idée, pouffa Indaro. Chez l'Africain, au forum des Bœufs, il y a un perroquet. Je suis certaine qu'il n'en a pas. Qu'en penses-tu ?

Théodora s'irrita de cette manière de nommer « il » Libanios, comme un quelconque représentant du sexe masculin, mais n'en dit rien pour ne pas vexer.

Le perroquet était jeune, gracieux, vert et rouge et jaune, comme il se doit. Indaro voulait lui apprendre à répéter Libanios, Théodora s'indigna et décida de lui faire dire Noé.

Après une demi-heure d'apprentissage, il répétait convenablement les deux syllabes.

— Pourquoi Noé ?

— Pour appeler le dauphin le soir. Je lui apprendrai à monter sur son dos.

— Tu es folle. Il se noiera.

Le soir elle dîna avec Narsès sur le forum de Constantin. Il faisait encore très chaud. Des torches étaient allumées sous les portiques, pris des tables des tavernes.

— Ne me scrute pas comme un animal bizarre, dit-elle à l'eunuque qui la dévisageait avec concentration.

— J'admire ta beauté. Tu sembles très heureuse.

— Je le suis. C'est un bonheur sans limite que d'aimer et d'être aimé.

— Tu ne le fais pas un peu souffrir ? Cela me le rendrait plus sympathique.

Elle rit :

— Jaloux ? Tu es jaloux !

Il l'était en effet, mais pour des raisons que Théodora ne devinait qu'en partie. Le corps n'en était pas l'enjeu mais l'esprit, car il avait été émasculé trop jeune pour souffrir du désir sexuel. Jusqu'alors la jeune fille écoutait docilement ses conseils et satisfaisait en lui un goût de la domination qu'il avait eu peu l'occasion d'exercer. Or Libanios prenait sur sa protégée un ascendant qui entraînerait le déclin de son influence. Toutefois, il ne s'avouait pas clairement cette crainte, et la camouflait derrière une autre, aussi sincère, concernant l'avenir de la pantomime.

— « Nul plaisir, disait Épicure, n'est en soi un mal, mais les causes productrices de certains plaisirs apportent de surcroît des perturbations bien plus nombreuses que les plaisirs. »

— Ce qui veut dire ?

— Tu n'as rien à attendre d'un sénateur. Tu es comédienne et...

— Ne t'inquiète pas pour moi. Il m'adore.

— Peut-être, mais je te rappelle la loi. Les comédiennes ne peuvent épouser les sénateurs, les hauts fonctionnaires...

— On me l'a déjà dit. Le mariage m'est indifférent.

— Peut-être, mais le statut de maîtresse est fragile.

— Tu veux absolument me convaincre que Libanios m'abandonnera un jour et penses, comme ma mère, que je devrais épouser Ouranios ?

— Libanios est un homme sans caractère, poursuivit Narsès.

Elle fut ulcérée :

— Pourquoi dis-tu cela ? Tu ne le connais pas !

Théodora s'enferma dans un silence agacé.

— Si tu dois me dire du mal de Libanios chaque fois que je te vois, je ne te verrai plus.

— Je n'en dirai plus.

Il prit un air si triste, que Théodora lui prit la main :

— Tu devrais te réjouir de mon bonheur. Tu es et tu restes mon ami, quoique tu sois un vieil eunuque rancunier de l'existence, méfiant envers la Providence.

Elle rit :

— Avec un cœur comme le tien, la Vierge Marie aurait refusé le fils de Dieu.

— Sait-il que tu me rencontres ce soir ? demanda Narsès.

— Non, pour le moment tu restes mon secret.

Il soupira, se frotta le front, agité par des pensées contradictoires.

— Tu aimes plus la richesse que le personnage, finit-il par dire.

Elle se leva brusquement :

— Marchons un peu. Je n'ai plus faim.

Tous deux s'engagèrent dans une large artère qui descendait vers la mer de Marmara. Devant les portes ouvertes, les femmes faisaient la vaisselle, les hommes bavardaient, les enfants encombraient la rue en jouant à la marelle.

— J'aime Libanios, mais je convoite aussi la richesse et le respect qu'elle entraîne. J'ai reçu très jeune la gifle du mépris. Je t'ai déjà parlé de la mort de mon père, Acacios, le montreur d'ours, alors que nous étions toutes les trois très petites. Mais je ne t'ai jamais raconté ce qui s'en est suivi. Le nouveau concubin de ma mère, qui est mort lui aussi, voulait reprendre le travail d'Acacios.

Mais la faction des Verts, qui était la nôtre en ce temps-là, donna cette place à un candidat plus fortuné, contre de l'argent. Ma mère était désespérée car nous n'avions plus aucune ressource. Pour attendrir les Verts, un jour où le cirque était plein, elle mit des couronnes de fleurs sur nos têtes, se drapa dans le voile blanc des suppliantes, et nous fit entrer sur la piste après les courses de l'après-midi. J'avais trois ans et affreusement peur de cette foule, dans cet hippodrome qui me paraissait immense. Au milieu de la *spina*, ma mère s'écria :

« — Nous laisserez-vous mourir de faim ?

« Et, tendant nos petits bras, nous dûmes répéter plusieurs fois :

« — Nous laisserez-vous mourir de faim ?

« J'avais mis dans ma plainte tout mon cœur et toute mon espérance, lorsque brusquement, du côté qui leur est réservé, les Verts ont éclaté de rire. Des rires interminables, qui montaient et descendaient comme les vagues et qui durèrent une éternité. J'étais rouge de honte des pieds jusqu'aux cheveux, et triste à me jeter dans le Bosphore. Après je ne sais plus, j'ai sangloté, m'a-t-on dit, des heures durant. Les Bleus ont eu pitié de nous, mais jamais, jamais je ne pardonnerai aux Verts cette humiliation.

— Le Christ aussi a connu l'humiliation.

— Plus tard j'ai décidé de conquérir ce public qui avait osé rire de moi, et je me suis juré d'avoir assez d'argent pour n'avoir rien à demander à personne.

Elle se retourna vivement, envoya un grand sourire à Narsès et, changeant de sujet, elle ajouta :

— Je t'installerai comme chambellan dans la maison du Bosphore.

— Je n'ai aucune envie de m'enterrer dans une maison éloignée du Palais Sacré, où tu ne viendras qu'épisodiquement. Qu'y ferais-je, loin de l'effervescence de la Ville et du Palais Sacré. Au moins, dans la bibliothèque, je lis et apprends beaucoup sur les hommes et sur Dieu. Et toi, étudies-tu toujours ?

— Non. Mais je vais recommencer.

— Passe demain. Je te prêterai le codex avec lequel les enfants apprennent à lire.

La nuit fut pénible dans la chambre de l'ours. Théodora ressentait l'absence de Libanios comme un vide épais et douloureux. Elle avait envie de courir jusqu'à la maison sur l'Acropole, de se jeter dans ses bras, mais savait confusément que cela eût été une faute. Il prendrait l'air étonné de la trouver là, peut-être même l'air mécontent. L'aimait-il avec autant d'ardeur qu'elle l'aimait ? Elle ne se sentait bien qu'en sa présence ! Et dormir dans cette petite chambre entre ses deux sœurs, brutal retour en arrière vers l'ancienne Théodora, était tellement pénible ! Les regards de ses proches la mettaient mal à l'aise : Cosimo l'enviait, sa mère oscillait entre la fierté et l'appréhension, pire encore ses deux amies considéraient comme normale la situation qu'elle avait conquise, sans s'en émerveiller. Seule Anastasia se réjouissait simplement de son bonheur.

L'après-midi arriva enfin. Libanios l'attendait sur un quai de la Corne d'Or. Ils se saluèrent avec réserve pour ne pas alimenter les rumeurs. En se dirigeant vers le bateau, il récita :

— *Ah, qu'il me tarde de te serrer nue longtemps contre mon corps, alors, tout ce que tu pourras toucher de moi, tu le toucheras.*

Ces deux jours de séparation avaient rompu l'innocence de la découverte amoureuse. L'ardeur n'en fut pas moins forte, au contraire, mais s'inscrivit dans le déroulement des jours et la réalité du monde qui les entourait. Ils avaient devant eux six semaines de bonheur avant le 1er septembre, fête de l'année nouvelle, et Théodora jugea nécessaire de se retirer seule dans sa chambre pour goûter et imposer le plaisir tourmenté de l'attente. Elle déclara apprendre à lire.

— Quelle idée ! répondit-il, légèrement déçu de perdre une supériorité.

— Alors je pourrai m'intéresser à ton travail, expliqua-t-elle.

— Tu sauras lire le latin ?

— Non, le grec. J'ignore le latin.

Il en fut soulagé puis, confus de sa mesquinerie, la prit dans ses bras :

— J'admire ta force et ta volonté.

Elle ferma les yeux de bonheur comme à chaque mot d'amour, à chaque aveu d'admiration.

Elle inventa toutes sortes de plaisirs : des pique-niques en bateau, des promenades le long du Bosphore jusqu'à la mer Noire, des marches sur la côte d'Asie jusqu'en Chalcédoine où Libanios possédait des terres. Elle l'entraînait dans des discussions avec les pêcheurs, les marins, les paysans, pour qu'il s'amuse d'anecdotes et s'étonne de la vie populaire. Elle improvisait des mimes, des facéties, des stratégies de volupté. Elle s'étonnait elle-même de se découvrir inépuisable, comme un buisson qui chaque matin ouvrirait de nouvelles fleurs aux couleurs inconnues.

— Tu m'inventes tous les jours, disait-elle.

Dans les moments paisibles, elle ne se lassait pas de l'écouter, consciente qu'il se complaisait à raconter la prestigieuse lignée de sa famille qui remontait à la République de Rome, et qu'il n'avait mérité en rien les privilèges dont il bénéficiait, héritage du travail, de l'intelligence et des riches mariages de ses ancêtres. Mais tout cet héritage avait créé cette merveille de nonchalance, d'attentions, de provenance, de douceurs, de poésies qu'elle entraînait dans sa vitalité joyeuse.

Un soir, le préfet de la ville passa saluer le sénateur. Il découvrit Théodora. Elle redouta que Libanios regrettât de montrer sa maîtresse. Pour affronter l'épreuve, elle invita le préfet à dîner, sur un grand radeau qu'elle avait fait construire dans l'étroite baie où s'encastrait la maison. Les torches se reflétèrent dans l'eau, Noé s'ébroua autour d'eux puis répondit à l'appel du perroquet qui s'installa sur son dos, le meilleur vin fut servi. Libanios rayonnait de fierté, il fut merveilleusement brillant et souhaita que l'expérience se renouvelât. Dorénavant, selon la fantaisie du moment, le couple invita dans une mise en scène luxueuse et fantasque les voisins du Bosphore. Théodora devint la maîtresse officielle.

Mais le plus difficile approchait : le retour à Constantinople et surtout celui de l'épouse.

L'amante avait les larmes aux yeux en quittant le dauphin.

— Noé, je te confie notre bonheur. Garde-le pour notre retour. Je veux qu'il soit exactement le même.

Elle l'embrassa sur ses joues glissantes.

V

De retour dans la capitale, Libanios accompagna sa belle dans un appartement qu'il avait fait louer, près du forum de Constantin, sur le flanc sud de la péninsule. Du troisième et dernier étage, qui surplombait les maisons basses, on apercevait la mer de Marmara. Les quatre pièces étaient nues, couvertes de chaux blanche.

— J'ai pensé que tu préférerais aménager toi-même ta demeure, dit-il en cherchant où déposer des pièces d'or qu'il abandonna sur un vieux tabouret bancal. En attendant tu retourneras dans ta famille.

— Certainement pas, sursauta-t-elle.

Et sans expliquer au sénateur le déplaisir de se retrouver entre sa mère et ses deux sœurs, comme jadis, avant sa résurrection, elle déclara :

— Je camperai ici, à t'attendre.

Il soupira :

— Je préférerais rester avec toi, mais je dois y aller.

Il partit vers sa maison, grande, belle, confortable, vers sa femme et ses trois filles et elle parcourut morose les quatre pièces vides, se penchant à chaque fenêtre pour découvrir l'environnement. Deux esclaves apportèrent un coffre avec ses habits, ses chaussures, ses bijoux. Ils s'étonnèrent de l'austérité du lieu.

— La demoiselle ne va pas vivre ici ! Pas tout de suite !

— Demain, ce sera un palais, répondit-elle avec hauteur.

Aussitôt elle parcourut les boutiques et acheta sans compter ce qu'il y avait de plus beau, s'endetta. En fin d'après-midi, les livreurs se succédèrent pour apporter mobilier et tentures.

Chacun donna son avis sur l'emplacement des objets, les couleurs à marier, content de bavarder avec la reine de l'hippodrome.

— Le grand lit, où met-on le grand lit ? dit l'un en jetant un coup d'œil égrillard à Théodora.

— Là, dans ce coin.

— C'est pas n'importe qui cette fois-ci, dit un autre en déballant les soieries.

— Tu t'es bien débrouillée, Théodora, dit le dernier, admiratif.

— Dépêchez-vous. Tout doit être prêt ce soir !

Ils partirent enfin. Elle resta seule avec son attente et l'exaltation de cet aménagement rapide auquel elle pensait depuis longtemps. Elle alluma les lampes, fit un oratoire avec un crucifix et quatre icônes du Christ, pria en confiant à Dieu sa nouvelle vie, plaça et déplaça les coussins et les tapis.

Lorsqu'il la rejoindrait pour le dîner, il serait stupéfait par sa rapidité, son goût, son raffinement. Il lui dirait : « Tu es ma magicienne. » Elle répondrait : « C'est toujours toi qui m'inventes. » Tout de suite ils s'aimeraient pour apprivoiser ce lieu, pour qu'il soit immédiatement marqué du sceau de leur passion. Puis ils iraient chez un cuisinier indien dont elle avait entendu dire des merveilles.

Elle attendit. Dans le cadre des fenêtres, des traînées blanches rosirent dans le ciel, comme un fragment de fresque. Puis la mer sombra dans le noir. Au bruit de pas dans l'escalier, elle sursauta. Ce fut un serviteur qui lui tendit un papyrus.

Ma belle folie, je préférerais te rejoindre, mais je dois rester avec ma famille que je n'ai pas vue depuis deux mois. Au plus vite.

Libanios.

Combattirent un moment dans son cœur la déception, énorme, envahissante, et le réconfort de la raison. C'était compréhensible, après cette longue absence, que son amant restât avec sa famille. Elle préféra l'idée de sa famille à celle de sa femme, et d'ailleurs il évoquait prudemment l'une plus que l'autre. Elle eut besoin de gaieté, de mouvement, et rejoignit le forum.

Elle rencontra Basile, l'apprenti de la boutique *La Lune dorée*, qui la regarda d'un air extasié :

— Que tu es belle, Théodora. Où vas-tu ?

Prise de court, elle répondit :

— Je cherche un brillant joueur d'échecs qui me donne une leçon de stratégie.

Le jeune garçon détala :

— Attends-moi ici. Je vais chercher un jeu.

L'admiration naïve, totale, du jeune bijoutier lui donna de la bonne humeur. Mais dans le nouveau lit froid, inconnu, solitaire, l'insomnie l'emporta dans sa ronde fébrile. Cette maison de l'Acropole, toute éclairée, toute bruyante de voix féminines, de serviteurs heureux de retrouver la capitale, et elle, l'épouse, avide de caresses. Il se laisserait aller à l'habitude, il prendrait cette femme qui réclamerait sa part. Elle imagina des gestes insupportables et faillit en crier. Elle se fit peur.

Elle se leva, respira à la fenêtre, écouta la ville silencieuse, but de l'eau. Un maillet proche frappa vingt et un coups. Il fallait qu'elle dorme. Elle se recoucha, immédiatement reprise par ses tourments. Dans la prison rouge de la jalousie, elle souhaita que le ventre de l'illustrissime soit ratatiné, boursouflé, sanguinolent, inapte à toute volupté. Parfois, étourdie par sa violence, elle se laissait aspirée par d'étranges cruautés.

Libanios arriva à l'aube. Elle se jeta dans ses bras :

— As-tu fait l'amour avec ta femme ?

— Mais non, sotte.

— J'ai eu tellement peur.

Il la rassura avec chaleur et conviction. Elle se posait des questions inutiles. Se compliquait la vie sans raison. Il l'aimait. Certes il avait des obligations, elle devait bien le comprendre, mais il ferait des dîners chez elle, des voyages avec elle, des promenades, des spectacles, des soirées à ne rien faire, occupées du seul bonheur d'être ensemble. Une grande douceur les enveloppa.

Théodora organisa sa vie entre les soins de la beauté, les bavardages aux bains de Zeuxippe où elle retrouvait ses amies, la lecture et la vie mondaine, bien décidée à soutenir Libanios dans la carrière des honneurs. Deux fois par semaine elle retrouvait Narsès pour discuter de livres et confier ses pensées. De temps à autre elle allait voir sa famille et ses amies, sans les laisser visiter son appartement, pour ne pas installer son ancienne vie dans la nouvelle. Souvent elle recevait quelques fréquentations choisies du sénateur, imposait des conversations élevées sur des auteurs latins, ou bien des soirées musicales, son dernier engouement. Des chanteuses de tous pays, accompagnées de leurs musiciens, étonnaient l'auditoire par l'originalité des rythmes et des timbres de voix. La vivacité de la conversation de l'hôtesse, l'aisance de son comportement, sa beauté, le raffinement de la cuisine, l'humour nonchalant et savant de Libanios qui s'épanouissait dans ce temple à lui dédié rendaient ces dîners fort convoités.

Il s'ensuivit des mécontents, des vexés, des envieux. Totalement investie dans sa passion, ne songeant qu'aux moyens de la maintenir, voire de l'intensifier, elle ne pensait pas à ceux qui étaient exclus de ses intérêts immédiats. Elle tomba des nues lorsque Grosse-Tête lui ouvrit les yeux.

C'était un mendiant au crâne fort disproportionné avec sa petite taille, qui adorait bavarder. La mendicité lui donnait l'opportunité, non seulement de se nourrir, mais aussi d'écouter maints propos, voire maints secrets, d'une grande variété de personnes, car sa nature joyeuse et bonne lui valait partout un accueil bienveillant. Fort bien renseigné sur la capitale, il avait un penchant pour Théodora. Ce jour-là il la rencontra sortant de *La Lune dorée,* admirant sa nouvelle bague au doigt.

— La charité frappe à votre porte ! Quelques follis pour ce soleil d'hiver qui fait briller les yeux des belles !

— Je t'ai donné hier un sou d'or entier ! fit semblant de s'indigner Théodora.

— C'est que j'ai aujourd'hui quelque chose d'important à te dire. Uniquement parce que j'ai de la douceur pour toi, car il faut beaucoup aimer pour transmettre des nouvelles désagréables. Me promets-tu de ne point te fâcher ?

— Qu'as-tu à faire tant de simagrées. Parle !

Le mendiant prit un ton de confidence :

— J'ai entendu dire que tu...

— Que je...

— Que tu savais maintenant lire, et que tu parlais de tes lectures avec...

— Avec...

— Avec prétention, maladresse, sottise et ridicule.

La phrase fut dite avec précipitation. Théodora s'empourpra sous l'insulte.

— Le mufle ! Qui dit cela ?

— Euh... des citoyens !

— Alors ils sont nombreux ! Les ingrats ! Ils viennent chez moi tout sourire, toute amabilité, dévorent comme des cochons affamés, et dehors me couvrent de boue. J'exige de connaître les noms de ces médisants.

Grosse-Tête évacua la question de la main.

— Les serviteurs écoutent les maîtres et ensuite parlent entre eux. Mais si tu te fâches comme cela, je ne te dirai plus rien.

— Je ne suis pas fâchée contre toi, mais contre ces malotrus, ou ces jaloux. Des jaloux sans doute, répéta-t-elle pour se rasséréner.

Et, lui redonnant un sou d'or :

— Continue à me rapporter ce que tu entends.

Il lui tarda de retrouver Narsès sur les berges du Loup. À lui seul elle pouvait avouer cette déconfiture.

— Ne t'inquiète pas des propos rapportés par Grosse-Tête. L'important est que tu sois intelligente et que tu aimes apprendre. Quand on découvre une pensée forte, qui étonne, qui enrichit, il est bon de vouloir la partager avec autrui. Ceux qui rient de toi sont des sots. Ils pensent que leurs fonctions et leurs dignités les rendent seuls capables de savoir. Méfie-toi d'eux...

— Si Libanios avait davantage de pouvoir, on n'oserait pas se moquer de moi.

Narsès rit :

— Tu es un personnage de tragédie.

L'idée lui en fut agréable car elle aimait la gloire.

En revenant par la place de l'Augustéon, tous deux entendirent des cris et des insultes provenant de l'église Sainte-Irène. Près de l'église vouée à la paix divine, un détachement de gardes emmenait un prêtre orthodoxe dont les mains étaient déjà liées, sous les acclamations : « À bas l'orthodoxe, à bas l'impie. » En face, un attroupement d'adeptes de la foi droite[1], vociféraient : « À bas les monophysites » avec la même vigoureuse conviction. On se traita réciproquement d'hérétique, une échauffourée s'ensuivit, des membres de la faction des Verts intervinrent, poignard au poing.

— Ces querelles religieuses sont d'une violence inadmissible, fulmina Théodora en retrouvant Libanios qui lisait des vers dans la grande pièce de l'appartement. Tu devrais intervenir auprès de l'empereur pour qu'on cesse les persécutions.

Agacé par le ton autoritaire de sa maîtresse, il répondit d'un ton bref :

— Ces disputes ne m'intéressent guère. D'ailleurs je n'ai pas l'occasion d'en parler au palais.

— Tu n'as qu'à faire partie des sénateurs qui assistent au conseil impérial. Je rêve que tu sois préfet de la ville

1. La foi droite est l'orthodoxie : la foi conforme aux conciles œcuméniques, c'est-à-dire de toute la terre.

et que tu puisses remédier à ces agressions inutiles. Tu pourrais diriger une commission. Par exemple...

— Crois-tu que je te ferais mieux l'amour, dit-il en posant brutalement son livre et en allongeant Théodora sur le divan. J'ai besoin de ton duvet soyeux et non de tes conseils en matière politique.

Le regard buté, il la prit avec emportement. Quoique le plaisir fût intense, il ne fut pas rencontre, mais solitude. Libanios se releva vite.

— Je ne sais pas ce qui m'a pris. Excuse-moi. Je reviendrai ce soir, je dois me rendre au Sénat.

Elle non plus ne comprenait pas ce qui s'était passé. Son indignation devant l'absence d'ambition de Libanios la perturbait depuis quelque temps déjà. Cela lui paraissait plus qu'un défaut, une faute, de ne pas exercer le pouvoir quand on en avait la possibilité et la capacité. Certes elle s'était trop avancée, mais ce n'était pas une raison pour la traiter grossièrement comme une courtisane inculte. Elle souhaita brusquement rendre visite à sa mère. Par une association inconsciente, elle se tournait vers celle qui connaissait le malheur d'être femme.

En ce temps de carême, la ville était triste, sans mendiants, sans étals dans la rue, sans boucheries, sans spectacles et sans bains. À la place des chansons, des flûtes et des harpes, résonnaient les coups donnés aux simandres des nombreuses églises et monastères. Théodora, d'humeur maussade, marchait concentrée dans ses pensées. Soudain elle prit conscience, près d'elle, d'une silhouette immobile qui la dévorait des yeux.

La femme, jeune encore, avait un visage défiguré par des boutons, des cheveux plats et rares, le corps squelettique. Elle murmura :

— Que tu es belle, que tu es riche !

Derrière elle la porte du bordel s'ouvrit et la vieille maquerelle cria :

— Va-t'en, te dis-je. Ne reste pas ici, sinon je t'enterre vivante.

Et, reconnaissant Théodora, elle la salua de la tête, et expliqua :

— Elle apporte la maladie dans ma maison.

Théodora enleva son collier, ses boucles d'oreilles, ses bracelets, ses bagues, et les donna à la femme en disant :

— Va vite chez le bijoutier à La *Lune dorée* sous le portique d'Orient du forum de Constantin. Demande le jeune Basile et dis-lui que tu viens de ma part. Il te fera donner de l'argent en échange des bijoux et t'aidera à quitter la ville au plus tôt. Que Dieu te bénisse !

La pauvre créature s'enfuit tandis que Théodora foudroyait du regard la maquerelle.

Dans la maison d'Acacios, la Mère était sortie. Sa fille en fut déçue.

Libanios arriva à midi, les yeux brillants, un sourire flottant sur le visage. Elle attendit, gourmande, de connaître l'événement qui lui procurait tant de joie, en éprouvant d'avance le bonheur. Un bijou ? Une semaine sur le Bosphore ? Un invité de marque ? Un vin nouveau ? Le sénateur s'installa sur la chaise, mangea un fruit, barricadé dans sa satisfaction. Elle ne pouvait plus attendre :

— Qu'est-ce qui te fait tant plaisir ?

— Ma femme est invitée à déjeuner par l'impératrice. Un déjeuner entre intimes. C'est la confirmation de la bienveillance du couple impérial pour ma famille. Il y a quatre générations, un ancêtre de mon épouse était le cousin germain d'un ancêtre de la divine Ariane. L'impératrice reçoit rarement car elle est fatiguée. L'âge évidemment. Je l'ai aperçue plusieurs fois lors des rares cérémonies où elle accompagne l'empereur. Elle est très bienveillante.

Il parla, parla de ce monde inconnu : le Grand Palais, le couple impérial, les liens entre les vieilles familles, les terres achetées. Il continua :

— Lorsque l'empereur est venu chez moi...

Chez moi ! Mot terrible ! Ainsi chez elle, il n'était pas chez lui. Il se prêtait un moment, dans ce lieu sans racines, sans passé.

— Et moi ? demanda-t-elle brusquement.

Arraché au fil de ses pensées, il proposa :

— Toi, je t'emmène en escapade la semaine prochaine. Nous irons en Lydie. Je dirai que je dois surveiller mes vignes.

Elle l'embrassa.

— Parfois je m'inquiète inutilement, dit-elle.

Il la dévisagea sans comprendre.

Ce fut délicieux ce voyage au printemps. Partout la terre se couvrait de fleurs, dans les arbres, dans les plaines, sur les coteaux arides. Chaque nuit, dans une autre demeure, un autre lit, ils imaginaient un autre amour, tout neuf, à inventer. Elle s'intéressa à tout, à la culture de la vigne, à la vie des paysans, à l'organisation administrative, se taisant cependant quand l'injustice sociale lui mordait le cœur. Loin de Constantinople, Libanios retrouva sa légèreté, son insouciance, perdit la lassitude grognon qu'engendrait chez lui la contrariété. Pourtant, quand elle s'absentait, elle le retrouvait méditatif et préoccupé. Elle lui passait la main devant les yeux en riant :

— Où es-tu ?

— Je ne sais plus où j'en suis, disait-il en la prenant sur ses genoux.

Avec les festivités de Pâques, Libanios dut participer tous les jours aux pieux cortèges de la Semaine sainte. Il fut ensuite chargé d'accompagner le prélat de Rome jusqu'à Cyzique où un navire l'attendait, pour lui éviter les tumultueux courants du détroit des Dardanelles. Avant de partir il assura sa maîtresse que trois semaines sans elle valaient mille carêmes ensemble, la couvrit de cadeaux, de tendresses, de promesses, autant que fille pût rêver.

En son absence, aux heures réservées aux femmes, Théodora se rendit plus longuement aux bains de Zeuxippe, dont elle appréciait la somptueuse décoration : statues de bronze, de marbre, de pierre représentant les grands hommes de l'Antiquité, allégories de la philosophie, de l'éloquence et de la poésie. Un matin, entrant avec la tranquille superbe que confère l'amour dans la salle de repos où des femmes nues bavardaient sur des divans bas, elle reconnut Antonina. Celle-ci était allongée près de son fils Photius, âgé de quatre ans, qui jouait avec une toupie.

— Salut, Antonina. On te voit rarement depuis quelque temps.

Antonina, sensible à cette provenance, expliqua :

— Mon mari va mourir. Je crains à tout moment qu'il ne rende son dernier souffle et il repousse de jour en jour le dernier sacrement. Le malheureux ! S'il se présentait devant Dieu sans être lavé de ses péchés ! À cause de lui je suis obligée de renoncer à des soirées importantes, comme les tiennes. Ainsi tout se passe bien avec ton sénateur ?

— Toujours. Nous ne pouvons vivre l'un sans l'autre.

— Que dit sa femme ?

— Elle est invitée par l'impératrice. C'est son plus grand mérite. Je l'ai déjà aperçue. Elle n'est vraiment pas belle. Elle a certainement contracté une maladie, car sa peau se boursoufle comme une peau d'orange. Ses narines sont étroites à ne plus pouvoir respirer et son regard si terne que ses yeux paraissent couverts de poussière.

— Tu exagères un peu.

— À peine ! dit-elle en riant. Et toi, que feras-tu quand ton mari sera dans les mains de Dieu ?

— Je me débrouillerai.

Théodora fit une petite moue étonnée de tant d'assurance.

— Tu viens ? proposa-t-elle.

— J'ai déjà pris mon bain de vapeur. Je t'attendrai.

Théodora entra dans la salle tiède où une trentaine de femmes nues, jeunes et moins jeunes, maigres ou fortes, splendides ou ingrates, allongées, assises, barbotant dans l'eau, bavardaient. Étaient-elles aimées ? se demanda-t-elle. Et comment ? Elle s'attendrit sur les petits garçons qui circulaient entre les jambes féminines ou dodelinaient sur leurs poitrines puis chercha des yeux une connaissance. Devant elle, de dos, une femme et trois filles, assises sur la margelle, agitaient leurs pieds dans l'eau. Soudain elle entendit :

— Théodora !

Elle allait tourner la tête, lorsque la femme assise devant elle se dressa, le visage contracté d'arrogance. C'était l'illustrissime ! Aussi sèche mais moins affreuse qu'elle ne l'avait décrite.

— Levez-vous, les petites, et suivez-moi ! ordonna l'épouse de Libanios à ses trois filles.

— Mais pourquoi ? demanda la plus jeune. Nous venons juste d'arriver.

— Pour éviter les mauvaises fréquentations.

Théodora s'enflamma comme une torche.

— C'est moi que tu crains ? Crois-tu que je vais te mordre ?

La patrice, avec dédain, répondit :

— Je crains pour mon époux le plus cruel des maux :

celui qui lui ferait quitter la route étroite et ardue du Seigneur.

— Accuse-toi plutôt de ne pas savoir le garder dans ce pieux chemin !

La patrice faillit en perdre le souffle et murmura :

— Seigneur, aie pitié de moi, une putain m'insulte !

Les yeux de Théodora brillèrent d'un éclat menaçant. Elle attrapa les cheveux de l'insolente et la tira violemment vers la piscine.

— Bois l'eau de ce bassin comme ton mari boit la jouissance des putains.

Les filles s'accrochèrent à leur mère pour la retenir, Théodora ne lâcha pas prise, les matrones crièrent pour soutenir l'un ou l'autre parti, tant et si bien que, curieuses du vacarme, les femmes de la salle de repos se précipitèrent aux nouvelles. Jugeant immédiatement la situation dangereuse, Antonina courut vers Théodora et lui serra le bras si fort qu'elle lâcha sa proie. La patrice et ses filles s'enfuirent, des baigneuses applaudirent, d'autres s'indignèrent dans un tumulte de commentaires.

— Partons, maintenant, conseilla Antonina.

Dans le vestiaire, Théodora ne décolérait pas :

— Elle m'a traitée de putain ! Et elle, qu'est-ce qu'elle serait sans sa fortune ? Sèche et dure comme le désert de pierre.

Malgré sa fierté frondeuse, Théodora souffrait. Le mépris de la patrice avait rouvert, d'un coup de poignard, la blessure de l'humiliation.

Antonina, en habillant Photius, expliqua :

— N'essaie pas d'affronter les puissants, ils nous feront toujours baisser la tête.

— Pourquoi toujours ?

— Ils se sentent différents, supérieurs. Il faut les flatter, comme des ânes, pour les attacher.

— Les attacher ? Mais comment ?

— Ils craignent pour leur réputation. Quand tu as compris cela, et que tu connais un de leurs secrets, tu les tiens en laisse.

— Ce sont des stratagèmes inutiles quand on s'aime.

Antonina dévisagea avec surprise sa compagne.

La colère s'installa en terrain conquis chez Théodora. Elle envahit son corps, rougit ses muscles, contracta sa gorge, enserra son cœur dans des griffes de rapace, rabâcha dans son esprit les mêmes mots, les mêmes insultes. Narsès ne put rien pour lui venir en aide, trop convaincu que cette liaison n'avait pas d'avenir.

Dix jours plus tard, l'humeur changea avec la rapidité d'un vent contraire. Pour le deuxième mois consécutif, Théodora n'avait pas ses règles. Un enfant ! Un enfant de Libanios les lierait pour toujours. Elle lui ferait acheter une maison, une vraie maison où il serait aussi « chez lui », avec une famille et un descendant, un fils certainement. Elle espérait tant être enceinte qu'elle s'inventait des nausées, jugeait ses seins gonflés et serrait plus fort sa bandelette de poitrine.

En attendant la visite chez le médecin, elle accompagna Antonina à l'enterrement de son mari, délivré de la souffrance après s'être repenti de ses péchés et avoir reçu le dernier sacrement.

Dans l'église Sainte-Irène, des pleureuses à gages, accompagnées par une foule en noir, déclamaient des poèmes funèbres entrecoupés de prières. Le petit Photius sanglotait par intermittence, ne pouvant se maintenir longtemps dans la pensée du chagrin. Puis famille et amis vinrent donner un dernier baiser sur le front froid du défunt, le cercueil fut fermé et emporté dans le cimetière proche. Tandis que les fossoyeurs le recouvraient de terre et que le prêtre lisait des psaumes, Théodora ne détachait pas sa pensée de ses cuisses.

Comme il faisait très chaud, elle ignorait si, sous sa tunique, les fines rigoles qui serpentaient sur la peau étaient celles de la sueur ou de l'inquiétant liquide rouge. Le regard fixé sur le sol, elle scrutait la terre et ses chevilles de peur d'y repérer une tache qui sonnerait le glas de son espérance. Préoccupée par cet unique sujet, elle salua avec indifférence la stèle sur laquelle était écrit *Florentianos, de bienheureuse mémoire, garde impérial, fidèle.*

Le lendemain, un esclave lui apporta une lettre de Libanios.

Je reviens mercredi et m'arrêterai dans la maison sur le Bosphore deux jours avant de rentrer à Constantinople. Rejoins-moi. Je t'attends. Libanios.

Ils se retrouvèrent avec égarement. Le dauphin cabriola de bonheur de retrouver sa maîtresse, et le perroquet, dressé par l'intendant qui se lassait d'entendre toujours « Noé », répétait : « J'aime Théodora. » Théodora n'osa pas annoner son état au sénateur avant d'en être certaine. Elle était si pleine de la joie future de cette nouvelle, si remplie d'elle-même et de l'enfant qu'elle portait, qu'elle s'attendrit sur les alternances de frénésie et de songerie de son amant, expliquant les unes par les semaines d'absence, et les autres prochainement comblées par la naissance d'un fils.

VI

Quelques jours plus tard, en fin d'après-midi, Théodora revint, joyeuse, dans la maison de l'ours calciné, bientôt rejointe par le reste de la famille. La Mère s'effondra lourdement sur une chaise :

— Quelle chaleur ! Dieu doit être fâché contre les Romains pour nous envoyer une canicule pareille. Théodora, puisque tu es là, sers-nous de l'eau. Mais tu as un drôle d'air. Qu'as-tu ma fille ?

— Je suis enceinte.

— Jésus, Marie, Joseph, comment as-tu fait ? En es-tu certaine au moins ?

— Le médecin vient de me le confirmer. Il a deux mois.

— Tu es une vraie poule pondeuse, constata Cosimo. Que feras-tu de celui-là ? Le garderas-tu comme le précédent ?

La Mère jeta sur sa fille aînée un regard réprobateur.

— Ne parle jamais de ce bébé... Cette histoire doit rester secrète. La pauvre petite, enceinte à quatorze ans sans être mariée !

Puis, se tournant vers Théodora :

— De qui est-il ?

— Libanios.

— Tu en es sûre ?

— Certaine.

Un silence s'installa que rompit Cosimo en s'adressant à sa mère.

— Tu n'aimais pas le père du précédent, l'Arabe, mais il a reconnu le bébé et l'a ramené dans son désert. Je me demande comment réagira le sénateur.

La mère poursuivit le fil de ses pensées :

— Théodora, tu devrais épouser Ouranios. Il te prendra avec le bébé. Songe que tu ne seras pas toujours jeune. Tu as déjà dix-sept ans ! À ton âge, j'étais mariée depuis trois ans déjà.

— Justement, je ne souhaite pas mener une vie comme la tienne.

— Ma fille, on prend la vie que le Seigneur nous donne. Le péché d'orgueil te jouera de vilains tours.

Théodora croqua une olive en riant.

— Tu n'as aucune raison de t'inquiéter. Libanios adoptera l'enfant. S'il est beau il fera partie des pages de l'empereur et recevra une belle éducation. Et je vivrai sagement pour qu'il soit fier de sa mère.

— Et moi, dit Cosimo, j'entrerai au couvent pour remercier Dieu de cette conversion !

— Cessez vos disputes, s'énerva la mère. Toi, Théodora, préviens le sénateur le plus tôt possible. Sans doute part-il vers sa résidence d'été.

— Il accompagne sa femme dans leur maison sur la mer Noire, mais reviendra passer l'été avec moi. J'organiserai une fête pour le lui annoner.

— Va maintenant, te dis-je. N'attends pas, il aura certainement besoin de s'habituer à cette idée. Allez, dépêche-toi.

Théodora prit juste le temps de se coiffer et partit vers la première colline. Le trajet, pourtant familier, qui longe l'hippodrome jusqu'à l'Augustéon, puis s'engage derrière Sainte-Irène vers l'Acropole, lui parut fort long tant elle était impatiente d'annoner qu'un enfant, un garçon certainement, viendrait resserrer un lien si visiblement noué par la Providence. Il aurait la fossette de son père, son regard attentif, sa voix douce, mais les yeux de sa mère, changeants comme le ciel et son inflexible volonté.

La maison de Libanios était plongée dans les ombres du crépuscule lorsque Théodora monta les escaliers des terrasses. Elle souriait déjà, certaine de l'expression juvénile que la joie répandrait sur le visage de son amour et s'arrêta à une centaine de pas du fronton. Devant la maison, plusieurs esclaves ployaient sous les coffres d'ébène qu'ils déposaient dans des chariots et Libanios allait de l'un à l'autre donnant des ordres pour le voyage et surveillant le chargement. Théodora demanda à un serviteur de le prévenir de sa venue. Libanios la rejoignit d'un air préoccupé.

— Que t'arrive-t-il ?

— J'ai une nouvelle importante à te dire.

Elle rayonnait de bonheur et fit attendre sa réponse.

— Dépêche-toi. Je n'apprécie pas que tu viennes ici.

Alors elle annonça :

— J'attends un enfant de toi.

Le sénateur prit un air absent, lointain, affreusement lointain. Elle pâlit.

— Cela ne te fait pas plaisir ?

Libanios resta la bouche ouverte sur une parole introuvable. Théodora vint à son secours :

— Tu l'adopteras ! Ce sera un garçon, j'en suis sûre.

Le sénateur resta silencieux. Elle le voyait se retirer, comme ces étoiles qui, en été, se précipitent au loin vers l'horizon. Elle comprit qu'il luttait contre la crainte des querelles conjugales, des problèmes financiers, des commentaires, des réprobations, des moqueries, un mur de difficultés à vaincre contre lesquelles il faudrait du courage. En avait-il suffisamment ?

Triste, très triste, il caressa la joue de sa maîtresse plusieurs fois, avec tendresse.

— Mon joli cabri, cet enfant sera plus heureux dans la grande et chaleureuse famille de l'hippodrome.

Théodora sentit ses jambes flageoler. Ses yeux le dévisageaient impitoyablement.

— Ne me regarde pas comme cela. Tu me fais peur, dit-il.

Devant le silence obstiné de la jeune fille, il chercha d'autres mots pour effacer sa cruauté.

— Ce fut merveilleux. Je n'avais jamais connu cela auparavant.

Comme elle le regardait toujours fixement.

— Plus tard, tu comprendras... Tu pourras garder le mobilier de l'appartement.

Il avait l'air accablé, soudain vieilli comme un homme dont la vie intense et joyeuse est derrière lui. Une fois encore il lui caressa la joue.

— À l'avenir, sois plus prudente.

Et il remonta vers sa maison de marbre.

Théodora s'enfuit en courant, trébucha sur les marches, bouscula sur l'Augustéon des passants qui firent le signe de croix. Devant l'hippodrome, son voile tomba dans la poussière. Le portier le ramassa et cria :

— Théodora !

Mais elle continua à courir pour échapper au malheur, monstre griffu et vorace qui la poursuivait depuis l'Acropole. Dans la maison de sa mère, elle se précipita sur son lit et cacha son visage dans un coussin.

Elle resta toute la nuit, sans bouger, clouée par la douleur. Rejetée, elle avait été rejetée. Des images d'une silhouette précipitée du haut d'une falaise ou basculée dans la mer du pont d'un navire, ou écrasée sous les roues d'un char, donnaient corps à ce mal innommable. Elle aurait voulu l'évacuer dans des larmes, mais la douleur avait tout asséché. Elle s'endormait par moments, puis, réveillée par un élancement du cœur, se rappelait le désastre.

Au matin elle s'assit sur le lit, muette. Anastasia lui apporta du lait et une pomme.

— Cosimo est partie pour le pain de l'annone, dit-elle pour ramener sa sœur à des préoccupations anodines.

Théodora but machinalement, les yeux fixes.

— Je reste à la maison, poursuivit la cadette. C'est moi qui file la laine ce matin. Appelle-moi si tu as besoin de quoi que ce soit.

Théodora resta hébétée. Elle entendit sa mère parler à voix basse, des pas plus nombreux qu'à l'habitude dans la pièce d'à côté. Le soir, quand on ouvrit la fenêtre sur la relative fraîcheur, elle s'intéressa aux bruits de la ville : sabots des chevaux, grincements des roues, et soudain surgit l'espoir, le lancinant espoir, que ces bruits seraient celui d'un cavalier, d'un serviteur, apportant une lettre urgente, où Libanios s'excuserait. Il avait été trop surpris, il était lent à réagir, mais il reviendrait, il adopterait l'enfant. Comment en douter ? Sa dernière phrase, « À l'avenir, sois plus prudente », était un signe de tendresse, d'attention, de prévenance.

Pendant plusieurs jours, se levant à peine, elle attendit que sa douleur se transforme en tristesse. Elle pleura enfin. N'importe quand. Sans même le savoir. Un trop-plein de chagrin qui s'écoulait librement. Elle se levait pour les repas, écoutait sans entendre la conversation familiale, puis essayait de lire *L'Assemblée des femmes*, d'Aristophane. Au bout de cinq minutes elle était épuisée, et de grosses larmes tombaient sur le parchemin.

— Où est Narsès ? demanda-t-elle un jour à sa mère.

— Mon enfant, je lui ai refusé ma porte. Il a sur toi une influence néfaste.

Elle était trop abattue pour discuter. Petit à petit la pensée s'écarta de son chagrin et ce qu'elle découvrit était sombre, très sombre. Entre sa vie récente qui s'était écroulée, et sa vie ancienne qu'elle avait dédaignée, elle n'avait plus de lieu, plus d'identité. Elle se sentait flottante, amarrée nulle part, errante entre deux mondes : celui qu'elle avait quitté, celui qui l'avait rejetée. Elle n'avait plus de projets à partager et se demandait s'il y avait une place pour elle sous le soleil et dans le cœur de Dieu. Qui était Théodora ? Rien. Ni pantomime ni maîtresse adulée, seulement mère d'un futur enfant qu'elle maudissait.

Sur les injonctions répétées de sa mère, « Sors ma fille, le grand air te fera du bien », elle se dirigea vers l'hippodrome, habituellement désert les derniers jours de juin, quand les rayons du soleil, se réverbérant depuis longtemps sur les gradins de marbre, rendent l'air étouffant. À son étonnement, des dizaines de badauds se tenaient sur les marches pour regarder une femme gigantesque aux longs cheveux roux, qui dépassait en hauteur et en largeur la taille, pourtant admirable, des excubiteurs de la garde impériale.

La géante arrivait d'Antioche, ville connue pour sa beauté, mais n'avait jamais rencontré une presqu'île aussi couverte de monuments que Constantinople et particulièrement un hippodrome aussi rempli de merveilles. Les yeux qu'elle avait bizarrement petits tournaient dans ses orbites à une vitesse prodigieuse en déambulant dans l'arène entre les chefs-d'œuvre du monde antique : louve romaine de Romulus et Remus, obélisques de Haute Égypte, colonne aux trois têtes de serpent du temple de Delphes, quatre chevaux bondissants en provenance de Chio au-dessus du Katishma, statues d'Hercule, de Vénus, d'Hélène, dauphins de Neptune, neufs de Castor et Pollux, héritage grec et païen ramené dans cette Rome chrétienne choisie par Dieu pour préparer, dans l'Empire romain, son royaume sur terre.

Puis la géante fit la quête auprès des citadins assis sur les gradins, récoltant ici et là un follis de cuivre, mais dès qu'elle aperçut les habits de soie de Théodora, rares en ce lieu populaire, elle l'apostropha de sa voix rocailleuse :

— Oh, noble dame, tu as certainement dans ta riche demeure, un endroit où je puisse me reposer quelques jours après un long voyage.

Un homme éclata de rire :

— La demeure de la noble dame est le lit d'un amant. D'un sénateur même ! D'où viens-tu donc pour ignorer les femmes de l'amour ?

La géante devint aussi rouge qu'une pomme,

bafouilla quelques mots incompréhensibles. Théodora aurait voulu lui répondre avec gentillesse, mais des sanglots l'étouffèrent. Elle donna une pièce d'argent sans pouvoir articuler un mot. La géante, ravie, s'enfuit avec son trésor.

La foule applaudit et cria :

— Vive Théodora !

Elle se força à sourire, quoique des pleurs couvrissent ses joues. Elle s'aperçut qu'elle existait encore, donnait de la joie, recevait de la chaleur, et se reprocha d'avoir délaissé l'hippodrome et ses amis pendant sa liaison avec Libanios. Elle n'avait pas osé lui imposer ses relations, elle en avait eu honte, et de cette honte maintenant elle se sentait coupable. Elle ne recommencerait plus à sacrifier son enfance à la sotte arrogance des nobles.

Ouranios, prévenu de sa présence, la rejoignit timidement.

— Te voilà ! Je suis heureux de te voir.

Le trouble le rendit bavard :

— Je vais te montrer mon nouveau char ! Il est peint de belles feuilles bleues et jaunes ! C'est beau ! Et j'ai des chevaux qui viennent d'arriver de Cappadoce. C'est mon oncle qui les a élevés, alors tu penses s'ils ont été bien soignés ! Veux-tu les voir ?

— Je voudrais te voir sur ton char.

— Il fait trop chaud pour les chevaux. Demain matin, si tu veux.

Puis ils montèrent sur le promenoir déambuler entre les statues de cochers, de monstres, de nains, de bossus, de l'eunuque qui portait sur sa poitrine l'inscription menaçante : *Celui qui me changera de place mourra étranglé !* Sous la chaleur, la lumière était blanche, écrasant les reliefs des collines, les couleurs des coupoles, la hauteur des colonnes. Il parla de ses victoires, de ses défaites, des petits événements du petit peuple de l'hippodrome. Il l'assura qu'aucune de ses faciles conquêtes ne l'avait remplacée, qu'il l'attendait toujours.

D'avoir retrouvé ses racines redonna à Théodora de l'énergie. Elle confia à ses sœurs le soin de vendre les meubles, tentures, objets de l'appartement de son ancienne vie. Elle ne voulait plus les voir, et ses sœurs n'auraient qu'à demander conseil à Basile qui connaissait tous les marchands de la ville. Puis il fallut bien se décider à réfléchir au sénateur.

Avait-il menti ? Avait-il joué la comédie de la passion ? C'était impossible. Mais le bonheur qu'elle lui avait fait découvrir ne contrebalançait pas la colère d'une femme riche, le jugement de ses pairs et de l'entourage de l'empereur. Pourtant elle n'acceptait pas la décision de son amant. Elle la jugeait servile. Rien, si ce n'est sa faiblesse, ne l'empêchait de la garder auprès de lui. Il ne courait aucun risque : le statut de patrice est inamovible, sa fortune n'aurait pas été remise en cause, sa pieuse femme n'aurait pas divorcé. Aussi, de jour en jour, le ressentiment se mêla à la douleur. Elle en vint à mépriser celui qui s'était montré craintif, s'était couché comme un chien devant l'ordre établi. Elle vomit cette lâcheté développée dans le milieu clos des privilèges. Quand elle était fatiguée de haïr, elle souffrait de l'absence de Libanios, du vide laissé par son corps, sa voix, son regard, et elle se détestait d'en souffrir.

Une nuit, elle s'éveilla sous l'emprise d'une impulsion puissante. Une vengeance, seule une vengeance rétablirait de l'ordre dans ce monde injuste, la soulagerait de l'affront. Ensuite, elle se ferait avorter.

Elle entreprit son projet avec toute l'impétuosité, toute l'intelligence exacerbée par sa passion. Son plan se déploya en un éclair. Libanios reviendrait dans la capitale le 20 du mois de juillet pour participer à une réunion avec l'empereur, car il avait obtenu, grâce son obstination à elle, la responsabilité d'une commission. Pour son retour, les représailles seraient prêtes.

Dorénavant tendue vers un seul but, comme l'arc qui va décocher sa flèche, prête à bondir sur ce qui entraverait son dessein, elle agit vite. Concentrée, dure, implacable, elle prépara méticuleusement son ouvrage. Le lendemain elle se rendit au théâtre et proposa au directeur un spectacle exceptionnel pour le 20. C'était un gros homme jovial qui déborda de contentement.

— Bonté divine ! Si je m'attendais à ça ! Notre Théodora qui nous revient ! Bien sûr, ma petite, je te donnerai la salle, et je le ferai savoir dans toute la ville. Qu'est-ce que tu vas nous inventer cette fois-ci ?

— C'est un secret.

— Ne me dis rien. Sinon j'en parlerai à tout le monde. Je dirai simplement que Théodora va présenter un spectacle tenu secret ! Merci mon Dieu, merci !

Puis elle se rendit à *La Lune dorée*, où le jeune Basile se précipita pour la servir :

— Salut, Théodora. Tu tombes bien. Nous venons de recevoir une topaze grosse comme un œuf de caille. Veux-tu la regarder ? Ne serait-ce que pour l'admirer !

— Basile, je voudrais que tu me rendes un service qui n'a rien à voir, pour une fois, avec les bijoux.

— Volontiers, dit-il en rougissant de plaisir.

— Apporte-moi une oie.

— Une oie ?

— Oui, une oie. Tu m'as dit que ta mère en élevait dans son jardin.

— Qu'en ferai-je ?

— Tu l'apporteras dans la maison d'Acacios, mardi prochain. Et n'ouvre pas des yeux grands comme un calice d'évêque, je te la rendrai. Ne t'inquiète pas.

Basile resta désemparé. Que faire avec une oie si ce

n'est la manger ? Certes, il était normal qu'une personne aussi belle ait des caprices imprévus, mais celui-là était à peine croyable. Et que dire à sa mère ? Elle ne possédait qu'une oie, nourrie pour le jour de l'an, destinée à être dégustée avec des lentilles. Que donnerait-il comme explication ? Il lui faudrait mentir et il détestait cela. Il s'en excuserait auprès du bon Dieu. Oui, il dirait que le brodeur de soie avait besoin d'un modèle pour broder des oies sur le manteau d'une patrice. Sa mère le croira certainement. Et en tournant toutes ces complications dans sa tête, il descendit les ruelles étroites qui conduisaient à sa maison, au fond d'un petit potager.

Au jour prévu, Basile apporta l'oie dans la maison de l'ours calciné.

— Tu as tenu ta promesse, déclara Théodora. Je te promets à mon tour de n'acheter que chez toi les bijoux qu'on m'offrira. Maintenant tu peux t'en aller.

Toutefois, préoccupé par le sort du volatile, l'apprenti bijoutier ne s'éloigna que de quelques pas et surveilla son bien à travers la fenêtre qu'Anastasia referma. La maison était petite, l'oie jeune et vigoureuse, et, avec une infatigable énergie, elle voleta des lits aux coffres, tira sur les tentures, bouscula les images pieuses de l'oratoire, renversa la lampe à huile sur laquelle était écrit : *La lumière du Christ brille pour tous*. Théodora et Anastasia essayaient d'immobiliser le volatile, la mère jurait en syriaque, et des badauds s'attroupaient devant la maison d'Acacios. La situation s'aggrava avec l'arrivée de Cosimo, furieuse de découvrir que des curieux s'esclaffaient devant sa demeure. Elle entra en trombe dans la maison et ouvrit grande la fenêtre en disant à l'oiseau :

— Allez, file, dépêche-toi. Cette maison n'est pas une basse-cour !

— Si elle s'échappe, je te tuerai, déclara Théodora.

— C'est Dieu qui décide de la fin de nos jours ! Oiseau, viens par ici ! Quelle imbécile, cette oie !

La Mère vint fermer violemment la fenêtre. De l'extérieur, on vit les deux sœurs s'empoigner, la Mère tenter de les séparer tandis qu'Anastasia caressait doucement l'oie qu'elle avait amadouée sur ses genoux.

Enfin les trois filles dégagèrent le grand coffre de bois, en sortirent leurs vêtements, mirent le volatile à l'intérieur et fermèrent le couvercle. Théodora ouvrit la fenêtre et s'adressa aux curieux :

— Ne restez pas là, il n'y a rien à voir.

— Ton oie, elle va mourir de faim, dit un homme.

— C'est ce qu'il faut, dit Théodora. Ce n'est que le début du spectacle.

À contrecœur, les gens s'éloignèrent. Basile resta un moment pour s'assurer que le calme revenait bien dans la maison troublée et partit à son tour, fort tracassé. À quel avenir l'oie était-elle destinée ?

Poursuivant son plan avec une inflexible rigueur, Théodora se rendit à la maison de Libanios sur l'Acropole et chargea un eunuque de prévenir son maître du spectacle qu'elle ferait en son honneur lors de son retour, le mardi 20. L'épreuve la plus difficile concernait la rencontre avec Narsès. Elle fut brève, sur le pas de la porte de la bibliothèque.

— Narsès mon ami, j'ai des choses très importantes à te dire. Mais je ne peux te les confier maintenant. Je t'en parlerai mercredi prochain. Tu apprendras d'ici là que je présente un spectacle mardi au théâtre. Je te demande de ne pas y venir.

Et comme l'eunuque s'apprêtait à contester, elle précisa d'un ton sec :

— Tu n'aimes que les pièces classiques qui sont tombées en désuétude et dédaignes les bouffonneries qui plaisent dorénavant aux Romains. Il est tout à fait inutile que tu viennes.

Il allait insister mais se tut, voyant les yeux de son amie se remplirent de larmes.

— Je t'en supplie. J'aurai tellement besoin de ton aide, après.

Elle s'en alla.

Narsès traversa la bibliothèque à pas lents et se dirigea vers sa chambre pour réfléchir. Tout l'avait intrigué, choqué, peiné dans le discours de Théodora. Son ton enflammé, sa voix impérieuse, son regard brûlant et finalement ses larmes. Il souffrait surtout qu'elle lui ait donné un ordre et qu'elle pleurât. Car devant cette grande douleur – nul doute que sa relation avec le sénateur la blessait encore –, il trouvait intolérable qu'elle s'éloignât de lui, l'empêchant de la consoler et de la conseiller. Elle n'était plus la jeune fille obéissante, reconnaissante, qui apprenait à lire, mais une force bousculant tout sur son passage. Même lui. Cette mise à l'écart le rendait profondément malheureux. Se rendrait-il au théâtre ? Elle ne le souhaitait pas, elle le redoutait même. Devait-il respecter cette supplique ? Pouvait-il demeurer dans l'ignorance de ce qu'elle ferait, se contenter des récits contradictoires des uns et des autres. Pour justifier sa décision, il eut recours à la théorie des philosophes grecs pour qui, malgré la différence des écoles, seule la connaissance permet d'inspirer une action juste et droite, et décida de voir de ses propres yeux la performance de la pantomime.

Le vent soufflait fort ce soir-là, la poussière qui s'élevait des ruelles piquait désagréablement les yeux et le trajet jusqu'au théâtre des Blachernes, au fond de la Corne d'Or, proche de la muraille de Théodose, lui fut pénible. Lorsqu'il arriva au théâtre de nombreux chars étaient alignés dont celui de Libanios et la salle était pleine à craquer. Il se faufila dans un coin sombre, à côté de clercs cherchant l'anonymat, dissimulés sous leur manteau de bure.

Le spectacle commença par les aventures d'Ardalion, vieillard frivole qui essayait gauchement de séduire trois pulpeuses jeunes filles, puis Sannio le grimacier joua la rencontre du pauvre paysan avec l'intraitable employé des impôts. Par une machinerie nouvelle, on vit apparaître des fantômes qui firent réellement peur et provoquèrent quelques pâmoisons. Enfin arriva une oie se dandinant gauchement comme à son habitude, qui leva une tête effarée en entendant les éclats de rire. Alors Théodora apparut, vêtue d'une ceinture dorée, et s'approcha de l'animal en chantant :

— Liliba, suce pour ton plaisir, Liliba, viens voler mes délices, Liliba, prends-moi vite !

La liaison avec Libanios ayant été fort publique, les spectateurs firent vite le rapprochement entre le nom de l'oie et celui du sénateur. Narsès ferma les yeux de consternation. Il pressentit le pire. Le pire advint.

La mime se coucha sur le dos, puis se jeta en arrière les jambes largement écartées.

Un jeune garçon du théâtre lança habilement, juste entre ses cuisses, une poignée de grains d'orge qui se collèrent à la peau rose et humide et s'accrochèrent aux poils. L'oie, affamée après quarante-huit heures de jeûne, se précipita pour dévorer les graines. La nourriture était bonne, relevée par un parfum de femme, et elle picora longtemps. Le jeune garçon à nouveau envoya de l'orge, et l'oie à nouveau festoya.

Narsès, debout dans son coin obscur, vacilla d'émotion. La découverte inattendue, troublante, interdite de l'intimité si précieuse de Théodora se mêlait à l'indignation que cette intimité fût dévoilée à tant d'indifférents et dans une situation aussi indigne.

Les spectateurs, eux, retenaient leur souffle et tant que

l'oie dévora sa pâture, le silence fut total. Lorsque Liliba fut rassasiée et se tourna vers une écuelle d'eau, Ouranios hurla :

— Bénis soient ta mère et ton père.

Comme une rivière longtemps endiguée se déverse en tourbillon, des fous rires, des applaudissements, des cris retentirent. Des jeunes gens tapèrent dans leur main, en répétant :

— Liliba, Libanios, Liliba, Libanios !

Tranquille et souriante, Théodora lécha longuement le bec de l'animal qui, repu, s'assoupit dans ses bras. Sa vengeance était accomplie. Bientôt, toute la Ville rirait du sénateur Libanios.

Les rumeurs vont vite. Lorsque, le lendemain matin, Basile rapporta piteusement le volatile à sa mère, celle-ci répliqua, indignée :

— Tu peux la garder. Jamais je ne mangerai une oie qui a picoré le cul d'une comédienne.

Le lendemain, à l'heure de la sieste, Théodora attendit avec appréhension Narsès sur les berges du Loup. Dès qu'elle l'aperçut, elle sut qu'il avait assisté au spectacle : ses lèvres fines étaient encore plus minces, ses yeux, ordinairement si vivants, fixaient un point invisible. C'est à peine s'il la regarda.

— Tu t'es conduite d'une manière scandaleuse. Je te trouvais exceptionnelle, capable de sortir du milieu du cirque, de mener une vie honnête et cultivée, mais tu es accrochée à ton passé, tu finis toujours par montrer ton derrière, par te livrer à des provocations honteuses...

— N'en fais pas des cauchemars, interrompit-elle. Un sexe de femme, c'est très banal. C'est entendu, j'ai échoué avec Libanios et je me suis vengée comme j'ai pu. J'agis peut-être de manière excessive, mais j'agis. Toi tu n'oses rien, tu restes collé à tes archives, à tes souvenirs, à tes échecs comme un vieillard à sa mémoire d'enfant. Crois-tu que les portes s'ouvriront toutes seules ? Que nos ambitions se réaliseront par enchantement ? Même Dieu dut envoyer son Fils pour changer le cœur des hommes.

— Tu me fais peur. Tu te précipites dans les abîmes comme un animal sauvage, sans tenir compte de rien ni de personne.

Théodora releva sa tunique et marcha pieds nus dans la rivière presque asséchée. Puis, adoucie par la fraîcheur de l'eau, elle respira fort et se tourna vers l'eunuque.

— Je t'ai fait de la peine. J'en suis désolée. Mais je ne regrette rien. Maintenant puis-je te parler d'autre chose ?

— Si tu veux, dit-il d'un ton boudeur.

— J'attends un enfant. De Libanios.

Narsès changea d'expression et s'assit dans les fougères. Quand il réfléchissait son visage acquérait une noblesse et une humanité qu'une fois de plus Théodora admira. Elle sortit du ruisseau, essuya ses pieds avec des feuilles, et s'installa près de son ami.

— Je ne veux pas le garder.

— C'est un meurtre, dit-il calmement.

— Cet enfant ne représente rien pour moi, plus exactement il représente ma sottise, ma naïveté, mon humiliation, mon chagrin. Car il durera encore longtemps mon chagrin. Comment veux-tu que je m'attache au bébé de la douleur ?

— Tu seras chassée, exclue de la communauté des chrétiens.

— C'est le fruit d'une erreur de jugement. L'accepter, ce serait reconnaître à Libanios...

— Ce serait défier Dieu, se conduire comme le démon. Et quoique les femmes soient plus faibles devant la tentation, elles peuvent, tu peux lutter, aussi bien qu'un homme, dans le domaine de la vertu. Veux-tu renoncer à la vie éternelle avec Dieu ?

Théodora leva vers Narsès un regard douloureux :

— Dieu qui me voit et me comprend aura pitié.

Narsès continua de sa voix calme

— Pourquoi Dieu t'aimerait-il plus qu'une autre ?

Théodora se leva brusquement :

— Tu ne vaux pas mieux que Libanios. Aussi sûr de toi, de tes principes, de tes croyances. Crois-tu qu'avorter soit une décision facile ? Ignores-tu le danger de cette pratique ? Pour le moment j'ai besoin de compréhension, non de critiques. Nous nous reverrons plus tard.

Narsès la regarda s'éloigner sans réagir. Certes il était envahi par la tristesse, l'anxiété d'une rupture définitive, l'inquiétude pour la vie humaine et spirituelle de la comédienne, mais il avait conscience d'avoir dit ce qu'il pensait. Parfois il considérait que sa franchise avait nui à sa réussite, mais il était convaincu que cette cohérence avec lui-même valait plus que tout autre bien. Il s'étonna pourtant de la vivacité de sa propre réaction. La transgression de l'interdit religieux n'en était pas la seule cause, mais aussi l'indignation qu'on puisse refuser et détruire une chose aussi précieuse qu'une semence d'homme.

Pour avoir été franc, il n'en était pas moins bouleversé et sa nuit fut agitée de réflexions pénibles. Théodora sentait le soufre de l'enfer. Comment osait-elle s'opposer aux commandements de Dieu, se précipiter dans le crime et s'exclure de l'éternité bienheureuse promise aux chrétiens ? Comment ses excès, regrettables mais tolérables dans la société, osaient-ils braver la loi divine ? Pourquoi cheminait-il à ses côtés sur la route de l'impiété ? Il prit peur de s'être attaché à une créature capable du pire. Il se rappela que la pantomime ne pouvait être celle annoncée par la Providence. D'ailleurs la défection de Libanios prouvait que cette Théodora-là n'était point destinée à marcher sur des chemins couverts de perles.

Après des heures de tourment, épuisé par la débâcle de ses raisonnements, il sortit de sa chambre. L'air était tiède, les étoiles scintillantes, la terre fraîche sous ses pieds nus, un chat se frotta contre sa tunique, et la réalité lui parut inoffensive après sa plongée dans l'obscurité de l'âme. Il regretta ses pensées, il rougit d'avoir songé à abandonner son amie, la femme qu'il aimait, parce qu'elle était tentée par le Diable à cause d'une trop grande douleur. Il se rappela qu'aujourd'hui était le jour du Seigneur et décida de se rendre à la messe prier la Très Sainte Vierge en l'église Notre-Dame-des-Blachernes, au fond de la Corne d'Or. La grande horloge proche de Sainte-Sophie, bien éclairée par une torche, ouvrait les volets de la vingt-deuxième heure, et il se hâta, car la messe se célèbre à l'aube.

La marche sous les portiques le long de l'estuaire chassa les dernières dérives de la nuit. Il analysa la situation avec l'intelligence réaliste qui le caractérisait. De la Providence divine, il n'avait pas à juger. Dieu lui avait envoyé ce rêve étrange, lui avait fait rencontrer Théodora, et il n'était pas en son humble pouvoir de connaître les desseins du Père. Il se sentit responsable de cette jeune vie prête à s'engouffrer dans le mal dont ses prières pouvaient peut-être la détourner.

L'église était à moitié pleine, les habitants de ce quartier lointain et résidentiel étant partis vers leurs demeures d'été. Il se tint debout, près de l'autel, près de la Très Sainte Vierge, pour la supplier d'arracher son amie au péché. Il promit de jeûner toute la semaine, de prier longuement tous les jours, de donner la plus grande partie de son maigre salaire à l'église, pourvu que Marie, la maternité sainte, prenne sous son aile le salut de la pantomime et de son enfant.

VII

« Cet enfant sera plus heureux dans la grande famille de l'hippodrome. » Théodora se répétait la phrase de Libanios comme une condamnation à mort. Elle ne garderait pas plus longtemps dans son ventre une part de cet homme qu'elle détestait. Pour l'évacuer, elle sauta avec obstination comme la danseuse de Spartes en s'accroupissant, elle prit des bains de siège dans une décoction de graines de lin, de fenugrec, de guimauve et d'armoise, elle porta toute la journée un tampon imprégné d'abortifs – giroflée blanche, cardamome, soufre, absinthe, myrrhe en parties égales –, potions coûteuses pour lesquelles elle vendit deux de ses manteaux de soie. Finalement, dans la grande chaleur de midi, quand hommes et bêtes se tiennent assis ou allongés à l'ombre des arbres et que le diacre de l'église Sainte-Irène frappe la sixième heure sur des lames de métal accrochées à un orme, elle marcha d'un pas vif sur la chaussée déserte et s'engagea dans la maison d'Antonina.

Elle découvrit son amie au premier étage, en train de donner à un jeune homme d'une quinzaine d'années la tunique et le manteau de son défunt mari.

— Voilà sa ceinture, sa lance, et je te donne aussi son casque d'or avec la rouge aigrette et son bouclier d'or. Mais je garde le collier... en souvenir.

Le jeune homme avait de beaux yeux clairs, une expression franche et directe.

— Je te remercie beaucoup. Je ne sais...

Antonina fit mine de ne pas voir l'étonnement et le bonheur du garçon.

— Souviens-toi que mon mari fut un bon et honnête soldat. J'espère qu'au moment venu, tu seras digne de lui.

Et, se tournant vers Théodora :

— La paix sur toi.

Le jeune homme caressa la tête du petit Photius qui jouait avec un cheval d'argile, salua les deux femmes et partit.

— Qui est-ce ? demanda Théodora.

— Il s'appelle Bélisaire. Il vient de Germanie et veut servir dans l'armée. À son âge, il est déjà aussi grand et fort que mon mari. Celui-là est certainement au ciel, car il était la bonté même. Que Dieu le garde.

Antonina remplit deux verres de vin, et posa sur la table des poissons salés, une miche de pain et deux tranches de pastèque.

— Assieds-toi et mange.

— De quoi vas-tu vivre ? demanda Théodora, surprise par la générosité de son hôtesse.

— Je récupère ma dot. Mon père était un cocher très apprécié. Il gagnait bien et comme tous les auriges ne payait pas d'impôts.

Et elle ajouta de sa belle voix sensuelle :

— À mon âge, je ne compte pas rester seule longtemps. Assieds-toi donc, tu as un air bizarre. Si je peux t'aider, je le ferai volontiers.

— J'attends un enfant. Du sénateur Libanios. Il refuse de l'adopter.

— C'est normal. Tu es comédienne.

Théodora s'énervait chaque fois qu'on lui présentait comme une vérité évidente et inamovible ce qu'elle considérait comme une injustice. Toutefois elle garda son calme et se contenta d'annoncer :

— Je ne veux pas le garder. Il paraît que tu sais où aller.

— Oui, je connais la Matrona de la treizième région.

— La sorcière !

— Elle n'est pas plus sorcière que moi. Elle se contente de faire ce qui est interdit. Cela nécessite un certain secret, considéré comme mystérieux et engendrant les commentaires les plus absurdes et les plus alarmants. Elle demande deux sous d'or. C'est cher, mais elle prend des risques.

— Moi aussi.

— Réfléchis bien. Si tu te décides, nous pourrons y aller demain matin. Ces choses-là ne doivent pas traîner et tu t'y prends un peu tard.

— Que feras-tu de Photius ?

— Il m'attendra ici.

— Tu le laisses seul, si petit ?

Antonina s'esclaffa :

— Je ne laisserai pas un enfant m'attacher comme un âne à un pieu.

Le lendemain, Théodora et Antonina, se dirigèrent vers la faiseuse d'anges. La Matrona demeurait en haut de la colline surmontant le faubourg des Sykes[1] de l'autre côté de la Corne d'Or. La montée était raide et des odeurs fétides parcouraient les ruelles tièdes et sans air. Théodora marchait vite. Elle avait hâte que l'intervention fût terminée, elle avait hâte surtout d'échapper aux craintes qu'elle tentait vainement d'étouffer : celle d'une blessure durable dans son corps et d'une souillure indélébile de son âme qu'aucune prière, qu'aucun don à l'Église ne saurait effacer. Antonina peinait davantage dans la côte et s'arrêtait de temps à autre. C'était l'occasion de faire des commentaires sans aucun rapport possible avec la situation présente pour chasser de l'esprit de sa compagne les scrupules habituels.

— Mon défunt mari voulait que nous habitions par ici, pour éviter les bruits du centre de la Ville. Mais j'ai toujours refusé. Autant partir en exil que de vivre éloigné du Palais Sacré. Sans compter que ces bateaux

1. Actuellement Galata.

qui font la traversée de la Corne d'Or d'une rive à l'autre sont toujours bondés. J'y ai bien réfléchi : une colline en plein soleil tout l'après-midi c'est agréable en hiver, mais insupportable en été. Crois-tu qu'il aurait été plus heureux ici ?

— Nous arrivons bientôt ? demanda Théodora en se retournant.

— C'est là, dit Antonina en montrant une maison de bois et d'argile, dont l'apparence proprette et banale rassura la jeune fille.

La Matrona, une petite femme rondouillarde, aux bras et jambes musclés et aux yeux secrets, avait une voix de médecin, tranquille et réconfortante.

— Salut Antonina.

D'être reconnue agaça la jeune femme qui serra les lèvres de dépit, ce qui n'échappa point à la faiseuse d'anges.

— Je n'oublie jamais un visage, expliqua-t-elle. Puisque je ne t'ai jamais revue, je pense que tout s'est bien passé. Cette fois-ci, c'est pour la petite ?

Et sans attendre de réponse, elle tendit sa main ouverte dans laquelle Théodora déposa deux sous d'or.

La pièce centrale était comme la maîtresse de maison, confortable et rassurante : des coussins couverts de lin, des nattes de couleur, des fleurs.

— Je compte sur ta discrétion, dit-elle en regardant Théodora durement dans les yeux. Je risque, enfin je pourrais risquer un jour, ma vie pour les grands services que je rends. Es-tu bien décidée ?

— Je le suis.

— Alors viens avec moi.

Derrière la pièce centrale était dissimulé, au milieu de feuillages touffus, un appentis en torchis, dont le toit était recouvert de branchages. Théodora blêmit. Sur une longue table de bois étaient disposées des pinces ternies, des sortes de cuillères à long manche, deux couteaux, une fourchette à deux dents. La Matrona jeta sur la table un drap où les traces de sang n'avaient pas disparu au lavage.

— Enlève ta tunique et allonge-toi ici, déclara-t-elle.

Théodora s'étendit et la Matrona fit un signe de croix sur le ventre qu'elle palpa ensuite longuement.

— Il a presque trois mois, le petit. Ce ne sera pas facile.

Puis elle fit avaler à la mime un breuvage de couleur violette fait de fœtus de poulet, destiné à tromper les humeurs du corps lors de l'extraction qu'elle commença aussitôt. Théodora sentit le métal froid et dur s'avancer sur sa peau intérieure, délicate et chaude, sensible au moindre effleurement. Soudain, dans un mouvement incontrôlé et brutal, elle se raidit, tendit tous ses muscles en criant :

— Arrête ! Je veux partir ! Arrête tout de suite !

La violence de cette réaction inattendue déconcerta la Matrona qui fit des gestes maladroits. Théodora hurla de douleur.

— Arrête immédiatement !

La Matrona retira sans ménagement son instrument de travail, Théodora gémit, glissa sur le sol et s'enfuit. Antonina ramassa ses vêtements et jeta un coup d'œil d'incompréhension à l'avorteuse.

— Ne me ramène plus des écervelées, déclara celle-ci, mécontente. Elles peuvent nuire à ma réputation.

Sans répondre, Antonina se hâta vers la place, chercha Théodora des yeux et la trouva tremblante, encore nue, dissimulée contre le tronc d'un orme.

— Es-tu folle de sortir ainsi ! Habille-toi !

La tunique fut vite enfilée, mais Théodora garda l'air épouvanté.

— Qu'est-ce qui t'a pris ?

— J'ai senti un serpent qui entrait dans mon ventre, un serpent à la peau glacée, aux écailles dures. Il montait jusque dans ma poitrine, dans mon cou et sortait par ma bouche en chuchotant : Maintenant tu es à moi, tu es une damnée !

Théodora parlait si fort que sur le pas de leur porte ou penchés à leurs balcons, les voisins s'empressèrent de regarder la scène.

— Rentrez chez vous, mangeurs de commérages ! leur cria Antonina.

Certains d'entre eux firent le signe de croix. D'autres murmurèrent :

— Sorcière !

— Que le Diable vous emporte pour vos méchantes paroles, rétorqua Antonina.

Au même moment l'avorteuse sortit de sa maison, un grand voile sur la tête, les mains jointes, murmurant des prières en se dirigeant vers une église proche. Les curieux, impressionnés par la dévotion de leur voisine, rentrèrent sagement chez eux.

— C'est une sainte, murmura une femme.

Théodora délira de fièvre pendant des jours malgré les nombreux médecins qui s'agitèrent à son chevet. On fit même appel au médecin de la famille impériale. Tous ces docteurs coûtaient cher, sans compter les drogues rares que chacun prescrivait et la Mère dépensa presque tout l'argent du mobilier de Libanios. Si les méthodes pour soigner la malade différaient d'un médecin à l'autre, ils étaient tous d'accord sur le diagnostic : le bébé était vivant, mais la matrice de la parturiente gravement endommagée.

D'abord réjoui par la survie de l'enfant qu'il attribua à Très Sainte Vierge, Narsès s'alarma de l'état stationnaire de la malade et de l'inefficacité des traitements. Peu lui importait dorénavant que Théodora marchât un jour sur des chemins couverts de perles, il l'aimait et n'imaginait plus sa vie sans elle. Devant les limites du savoir médical, il envisagea d'avoir recours à ces signes qu'envoie la Providence sous l'apparence de propos chaotiques. Tels sont les délires, souvent d'inspiration divine, comme le démontrent les discours extravagants de moines connus pour leur grande sainteté.

Une fin d'après-midi, il se rendit à la maison de l'ours calciné, son écritoire à la main et rencontra la Mère, épluchant des légumes assise devant sa porte.

— Te voilà encore l'eunuque ! dit-elle avec un rictus d'exaspération. Tu ne lui as pas fait assez de mal ! Pourquoi viens-tu ici ? Il ne te suffit pas de lui avoir mis dans la tête des idées qu'elle n'aurait jamais dû connaître.

Elle baissa la tête, pour enlever une poussière dans son œil, à moins que ce fût une larme.

— Pauvre petite ! L'ambition lui a fait perdre le bon sens. Elle s'est certainement imaginé des choses, des choses invraisemblables avec ce Libanios. Je le lui ai répété souvent : les sénateurs ne sont pas pour les comédiennes. Il y a des lois qui interdisent qu'on s'aime, eux et nous. Et toi tu la maintenais certainement dans l'illusion.

Elle regarda Narsès des pieds à la tête avec indignation.

— Tu as même voulu lui apprendre à lire ! Autant mettre le soc devant les bœufs ! Lire est une occupation pour les femmes déjà nourries et vêtues par un homme riche. Ne reste pas ici, je t'interdis de la voir.

Puis elle grommela pour elle-même le proverbe :

— *Si tu as un eunuque, tue-le ; si tu n'en as pas, achètes-en un pour le tuer.*

Et elle propulsa sa corpulence à l'intérieur de la maison.

Narsès revint au milieu de la nuit silencieuse, lorsque la fenêtre de la chambre était ouverte pour accueillir la fraîcheur. Il s'installa sur une caisse en bois qui traînait par là, ouvrit son écritoire et attendit que Théodora soliloquât pour en écrire les propos. Il eut de la chance, Théodora parla beaucoup et à peu près distinctement.

Dès que le ciel blanchit, il se dirigea vers la Porte Dorée pour consulter Isadora la Boiteuse, experte en paroles confuses. Elle l'installa, à l'ombre d'un hêtre, pour terminer les exercices et les breuvages nécessaires à sa voyance, et cette attente, alors que la vie, là-bas, luttait contre la mort, parut à l'eunuque interminable.

La pièce était toujours aussi encombrée de tissus, coussins, objets hétéroclites, et la chaleur, en été, y était suffocante. Tous deux s'assirent et Narsès lut les délires qu'il avait consignés.

— Le propos est trop désordonné pour être décrypté, déclara Isadora. Je vais chercher à partir du mot qui revient le plus souvent : « serpent ». Là est le cœur de la maladie.

Elle jeta des graines rouges sur la table aux dessins géométriques puis recommença. La même disposition en ligne se reproduisit, chevauchant les trois mêmes ronds.

— Elle est attaquée par un serpent, trois le terrasseront, conclut-elle.

— Où trouverais-je trois serpents ? Qu'en ferais-je ?

Isadora soupira :

— Tu es toujours aussi borné. Gratte-toi un peu la cervelle et trouve-les au cœur de la liberté.

Puis elle adopta son visage de morte. Narsès comprit que l'entretien était terminé et s'éclipsa après avoir déposé cinq follis.

L'urgence de trouver un sens aux propos énigmatiques de la Boiteuse précipita les pensées de Narsès dans la confusion. Avec peine, il retrouva le calme nécessaire à la réflexion. Pendant l'heure de marche – la *mésé* est longue de la Porte d'Or au Milliaire d'Or –, il tourna et retourna le mot liberté, se remémorant les textes grecs et latins y faisant référence, sans trouver de solution. Mais les progrès de la pensée ne se font pas toujours en ligne droite. À trop taper sur un clou, on défonce le mur, à trop répéter un mot, on efface sa signification. Il arrive pourtant que plus tard, par hasard ou plus certainement par une logique secrète, un élément, sans rapport apparent avec le problème précédent, permette de dévider rapidement le fil de la compréhension.

Il en fut ainsi pour Narsès. En arrivant au Milliaire d'Or, point de départ de toutes les routes de l'Empire, il s'arrêta, désemparé, malheureux, et laissa ses yeux errer de Sainte-Sophie au Palais Sacré, du Palais à l'hippodrome. L'hippodrome ! Là était la solution ! Que n'y avait-il pensé plus tôt ! Là s'étaient réfugiées les anciennes libertés romaines, depuis que les citoyens, progressivement démunis de leur droit de vote et de leur pouvoir de décision, étaient contraints de se soumettre à un empereur d'autant plus puissant à Constantinople qu'il était l'Élu de Dieu et n'avait de compte à rendre qu'à lui seul. Dans l'hippodrome cependant, les citoyens avaient l'occasion de s'adresser aux empereurs, de les acclamer, de les injurier, éventuellement de s'insurger. Là seulement battait encore le cœur de la liberté. Là aussi se trouvaient trois serpents.

Désarmer l'hostilité de la Mère à son égard prendrait beaucoup trop de temps. Aussi Narsès se rendit-il chez Ouranios, qui, après un moment de surprise, fut facile à convaincre. Seule lui importait la vie de sa « fiancée », et, le soir même, il se dirigea vers la maison de l'ours calciné. C'était la fin du dîner, au milieu de la table la lampe à huile éclairait les trois visages silencieux de la Mère et des deux sœurs. Sans entrer dans des explications sujettes à discussion, l'aurifie déclara simplement :

— Salut ! Ne vous dérangez pas. Au milieu de la nuit je viendrai prendre Théodora pour la guérir. Portez-vous bien.

L'autorité émanant de ce grand corps, de surcroît prestigieux, et la résignation engendrée par l'échec de la médecine, firent que ni la Mère ni Cosimo, si promptes à discutailler, n'opposèrent de refus.

Au cœur de la nuit, le cocher emmena dans ses bras Théodora jusqu'à la porte la plus proche de l'hippodrome où il retrouva Narsès qui avait apporté une échelle. Sur la *spina*, parmi de nombreux monuments, se dressait une haute colonne, dite colonne serpentine, car sur son fût s'enroulaient les corps de trois serpents dont les têtes aplaties s'évasaient au sommet, dardant leurs yeux vifs et leurs dents aiguës. Installée devant le temple d'Apollon à Delphes, la colonne avait été déplacée par Constantin.

Les têtes serpentines se trouvant à plus de quatre mètres de hauteur, Ouranios grimpa sur les barreaux de l'échelle, la malade dans ses bras. Arrivé près des reptiles, il dit avec ferveur :

— Fais un effort, Théodora. Touche la bouche du serpent et tu guériras.

Il l'aida à lever son bras tandis que Narsès accompagna le geste d'une voix solennelle :

— Oh, serpents, dressés par les Grecs après la victoire de Salamine sur les Perses, sachez vaincre le mal une nouvelle fois. Par la grâce de Dieu.

Théodora guérit lentement, mais guérit. Les médecins exigèrent qu'elle restât allongée ou assise pour préserver l'enfant et elle-même. Anastasia s'occupa de sa sœur avec une prévenance de tous les instants. Basile vint jouer aux échecs après sa journée de travail, Narsès, accepté depuis la guérison de Théodora, lui apprit à écrire. Le petit peuple de l'hippodrome se rendit à tour de rôle à son chevet tandis que Chrysimallo et Indaro venaient raconter les cancans de la capitale.

Un après-midi, Indaro annonça :

— Imagine-toi que la femme de Libanios attend un enfant, ce qui divertit beaucoup les sénateurs. Je le sais par le secrétaire d'un illustre avec qui j'ai passé la nuit. Ils disent que cela fera des jumeaux à Libanios : le tien et celui de sa femme ! C'est vraiment amusant.

Chrysimallo, plus fine, la regarda en fronçant les sourcils pour lui intimer de se taire, mais Indaro, saisie par le virus du commérage, ne désarma point.

— Il paraît que les illustres et les autres te trouvaient autoritaire et orgueilleuse. Tu t'étais crue quelqu'un alors que tu n'étais rien. Tu ne savais pas lire et tu apprenais en cachette pour ne pas avoir l'air ridicule.

— Que disent-ils d'autre ? demanda Théodora d'une voix faussement enjouée.

— Ils disent aussi que tu aurais englouti la fortune du sénateur, si tu avais pu. Et que tu l'aurais tué de fatigue si cela avait continué, tant tu es insatiable dans le plaisir.

Chrysimallo interrompit la comédienne :

— Va lui chercher à boire, tu la fatigues avec toutes tes histoires.

Et lorsque Indaro se fut éloignée, elle ajouta :

— Elle exagère toujours, c'est un moulin à rumeurs.

— J'aime autant savoir.

Lorsque Théodora se retrouva seule, elle laissa la flèche des médisances s'enfoncer dans son cœur. Ainsi elle provoquait l'ironie des puissants, réjouissait leur stupide vanité ! Ah ! Combien elle les haïssait ! Combien elle espérait un jour se venger, les jeter à ses pieds, comme saint Georges le fit du dragon. Plus cruelle était l'idée que Libanios ait continué à aimer sa femme pendant qu'elle était sa maîtresse ! Mensonges ! Duplicité ! Plus jamais elle ne vivrait dans l'illusion. Plus jamais elle ne donnerait aux hommes sans mesure et sans crainte son corps, sa tête, son cœur. La spontanéité transparente de ses rapports avec Ouranios, la passion émerveillée avec Libanios appartenaient au passé. Le temps en était révolu. Devant elle, s'étendait l'inconnu et quelques certitudes : la fidélité de ses amis de l'hippodrome qu'elle ne délaisserait plus, l'amitié complice de Narsès dont elle avait appris l'inquiétude et le dévouement.

Au printemps suivant, en 516, naissait une fille. On l'appela Eudoxie. Narsès fut le parrain et Chrysimallo la marraine. L'eunuque se sentit très responsable de l'enfant, dont il avait contribué à la survie, sinon à la conception. Dès qu'elle fut remise, Théodora la confia à une nourrice en vendant ses derniers bijoux. Elle avait autre chose à faire qu'à s'occuper d'un bébé.

Elle se retrouvait au point de départ, avait pris un mauvais chemin qui, après maints détours, la ramenait à la maison. Pas tout à fait la même cependant. Elle avait découvert et adoré la vie luxueuse, les toilettes, la bonne chère, le vin rare, la vaisselle raffinée, les jardins, les réceptions, la servilité des quémandeurs. Elle était bien décidée à retrouver cette vie-là. Quant à l'enfant, elle n'en attendait rien. Il lui rappelait trop son humiliation, sa maladie, sa douleur.

Elle reprit sa vie de comédienne et inventa un nouveau personnage moins érotique que le précédent. Elle joua une bonne fille qui faisait sans cesse des maladresses et gâchait tout ce qu'elle entreprenait. Très grimée, le visage expressif, Théodora accomplissait avec gaucherie les tâches, le plus souvent futiles, que son maître, Ardalion, le vieillard frivole, sollicitait sans cesse. En vain essayait-il les soufflets, les coups de balai, les crises de colère, rien n'améliorait la balourdise de la servante. Si bien qu'à la fin, le vieillard, exaspéré, pour lui donner du bon sens, lui versait un grand seau d'eau sur la tête. Théodora mimait le désespoir et les larmes, tandis que sa tunique trempée et bien ajustée dévoilait ses formes gracieuses. Un jeune homme particulièrement exalté s'exclama :

— Fruit du péché ! Grâces te soient rendues !

Le surnom resta au spectacle qui s'appela dorénavant « le fruit du péché » et entra dans le répertoire classique des bouffonneries théâtrales.

Un soir la pantomime, prise d'une quinte de toux, demanda d'une voix suppliante :

— Qui offrira une tunique sèche à la pauvre mime ?

— Moi, s'écria un bonhomme grand, gras, la voix sirupeuse.

— Fais vite ou je vais m'enrhumer, répliqua-t-elle coquettement.

Le bonhomme, du nom de Pothos, rejoignit immédiatement la comédienne derrière la scène pour ne plus revenir dans la salle.

C'était un marchand de richesse récente et commerciale. Il demeurait près de la longue chaîne qui fermait, en cas de danger, l'estuaire de la Corne d'Or, d'où il pouvait surveiller la navigation. Dès qu'il apercevait un bateau perse apportant de la soie grège d'Inde, il demandait à être reçu au Palais Sacré par le comte du commerce qui, seul, avait le droit d'acheter le précieux tissu aux Perses avant de le redistribuer aux marchands en gros de la ville ou aux ateliers de confection du Palais. Comme l'empereur Anastase et son entourage défendaient la religion monophysite, Pothos, monophysite lui-même, était rapidement reçu et abondamment servi. Son air bonhomme trompait ses interlocuteurs qui le croyaient naïf et borné, jusqu'au moment où la discussion s'engageait sur les prix et la quantité de marchandise à acheter. Alors ses yeux devenaient aussi durs que l'airain des portes du palais et son argumentation aussi serrée qu'un cordage de grand-voile.

Quelque temps après leur rencontre, il proposa à la

pantomime de la prendre comme concubine. Elle accepta. Non point que le bonhomme fût irrésistible, mais il était gentil, très fier d'elle, riche, connaissant beaucoup de monde au palais et dans le milieu des marchands. Elle avait compris – l'avenir lui donnerait tort – que l'amour seul ne fait pas tomber les barrières sociales. Dorénavant elle devait, comme Antonina, se faire un réseau de relations dans tous les milieux pour sortir de sa condition.

Pendant sa première intimité avec Pothos, elle pleura sans cesse, silencieusement. La similitude des gestes qu'elle avait jadis accomplis avec tant d'émotion réveillait le souvenir des étreintes passionnées avec le sénateur. En même temps la vie reprenait ses droits, ouvrait de nouvelles perspectives. Pothos n'accorda aucune importance à ces larmes, n'en parla pas. Fût-ce par respect, fût-ce par indifférence, le silence de Pothos ce premier jour installa leur relation dans une modalité qui ne changerait plus. Chacun mènerait sa vie personnelle avec ses secrets et ils partageraient confiance, solidarité, amusement, dans la société et le quotidien des jours.

VIII

Le marchand de soie installa Théodora au forum de Théodose près de ses entrepôts de stockage, dans un grand appartement situé au premier étage avec balcon donnant sur la place. Elle voulait que l'ameublement soit aussi raffiné que dans la demeure de Libanios, mais Pothos refusa catégoriquement les mosaïques, les peintures aux murs, les coffres en bois d'ébène, les vases de jade, n'offrant sans limites que la soie. Théodora obtint cependant, en flattant ce parvenu né en Palestine dans une modeste famille de pêcheurs, d'avoir une salle à manger à la romaine avec des lits, comme chez les nobles de vieille ascendance.

Délivrée des contraintes qu'elle s'imposait pour ne pas déplaire à Libanios par des conduites qu'il jugeait populacières, Théodora plaisanta à nouveau avec les artisans, les boutiquiers, les gens du peuple et retrouva sa popularité. En même temps, elle organisa des dîners attirants. Renonçant à paraître trop cultivée, elle offrit à ses invités, avec l'aide d'Indaro et de Chrysimallo, gaieté, spectacles, cuisines exotiques, liberté de ton et de paroles.

Certaines personnes haut placées refusèrent, par des missives sèches, les premières invitations, par solidarité avec le sénateur et mépris pour les hôtes. Mais comme ces dîners étaient des lieux de gaieté où s'échangeaient de surcroît beaucoup d'informations, petit à petit les hommes les plus variés, marchands, dignitaires, étrangers, et parfois membres de l'Église, s'y retrouvaient avec plaisir, appréciant la diversité et la qualité de la compagnie.

Narsès participait parfois à ces festivités. Il ne se sentait pas remplacé auprès de Théodora par ce gros homme inculte, même s'il déplorait qu'elle n'eût pas une vie plus digne de ses mérites. Il parlait peu, buvait peu, écoutait beaucoup. Comme son regard pétillait d'intelligence, Indaro répétait à qui voulait l'entendre que la castration fait briller les yeux » et Pothos respectait en lui le « savoir ». Les soupers de Théodora furent bientôt l'objet de rumeurs qui leur attribuaient des jouissances d'autant plus prodigieuses qu'elles étaient ignorées.

Le reste du temps Théodora retournait rire à l'hippodrome, discutait avec les marchands de la ville, se rendait aux bains, se promenait avec Narsès, et avec lui évoquait encore l'amant qui avait provoqué tant de passion et tant de fureur. Le deuil, cependant, n'était pas terminé.

Un après-midi, tandis qu'elle jouait aux échecs avec Basile, elle sanglota soudain. Entre deux spasmes, elle balbutia :

— Je cherche à l'oublier, je voudrais le chasser de mon esprit, qu'il me laisse tranquille maintenant. Mais je n'y arrive pas, je n'y arrive pas... Excuse-moi... Nous jouerons une autre fois.

Et elle disparut dans la foule du soir.

Avec l'arrivée du printemps, elle passa de longues heures à contempler le forum de son balcon, au grand agacement de Pothos qui lui reprochait de s'exhiber.

— Je ne m'exhibe pas, j'étudie, répondait-elle.

Elle étudiait en effet. En face se dressait le palais où étaient reçus et logés les ambassadeurs étrangers. Pour les réceptions, on déplaçait les orgues, les représentants des factions, les troupes de parade et Théodora apprenait par cœur le cérémonial des cortèges, qu'ils soient à dominante civile ou religieuse. Elle découvrit les nuances significatives des différents vêtements de l'empereur, le choix des musiques, l'utilisation des cierges. Elle apprit aussi à reconnaître les Barbares : Anglo-Saxons aux cheveux peints en rouge et aux jambes nues, Hongrois aux robes bordées de grelots d'or, Varègues de Russie enveloppés de fourrure, Bulgares au crâne rasé, aux vêtements de peau et chaîne de cuivre autour du corps, Arabes à la tunique flottante, Francs, Huns, Arméniens, Arvars, tous qui revenaient du Palais Sacré avec des bâtons d'argent, des diadèmes, des chaussures relevées d'ornements d'or, des chlamydes de soie blanche avec le portrait du basileus sur le tablion et autres cadeaux honorifiques.

Elle étudiait et elle songeait. À proximité de celle de

Théodose, la statue de Josué l'engageait à réfléchir sur la renommée. Narsès lui avait raconté que Josué, successeur de Moïse, avait fait entrer les Hébreux en Terre Promise en faisant tomber au son des trompettes les murailles de Jéricho, puis qu'il fit massacrer sans exception tous les habitants de la ville, bœufs, brebis et ânes inclus. Après un moment d'étonnement devant tant de cruauté, elle comprit l'accord secret qui lie la foi extrême à l'extrême violence et que ces outrances menaient parfois à la gloire. Cette constatation lui fit plaisir. Elle y trouva confirmation que le déchaînement de ses propres colères n'entravait pas, loin de là, les ambitions qu'elle se fixait.

La vie mondaine que menait Théodora était presque aussi brillante que celle menée avec Libanios, et elle était de surcroît plus enjouée et plus variée. Mais la courtisane voulait davantage : être reçue par l'impératrice, comme la femme de Libanios. La joie que celui-ci avait montrée à cette occasion l'avait blessée, et les blessures se cicatrisent plus vite quand l'amour-propre obtient satisfaction. Elle décida de s'en ouvrir au marchand après une soirée honorée par le comte des écuries. Tous les invités et les serviteurs étant partis, elle jeta des coups d'œil scrutateurs sur Pothos, encore couché sur son lit de table, qui la dévisageait avec des yeux gourmands. Le désir lui donnait une expression espiègle et implorante comme un enfant sollicitant un cadeau. Elle se promena nonchalamment dans la salle, tenant devant elle une icône du Christ qu'un évêque lui avait offerte.

— Mets cela dans l'oratoire et viens près de moi, « fruit du péché », réclama le marchand.

Il avait gardé ce surnom en souvenir du premier soir où il l'avait rencontrée. Elle souffla sur une lampe car il aimait l'odeur que les mèches exhalent en s'éteignant. Dans la pénombre, elle s'assit loin de lui, au bout du lit.

— Tu veux me faire languir, gémit-il.

Elle lui chatouilla la plante des pieds, qu'il rétracta en poussant un grognement.

— Mon gros sanglier, dit-elle en riant. J'ai pensé...

— Ce n'est pas l'heure de penser. Allez, approche-toi.

— J'ai pensé, reprit-elle, que tu pourrais demander à une de tes relations de me faire inviter par l'impératrice. Tu sais combien je souhaite entrer dans le Palais Sacré.

Une lueur d'amusement pétilla dans les yeux du marchand, comme un enfant qui aperçoit son adversaire au jeu de cache-cache.

— Coquine ! Tu fais marcher le bon Pothos qui ne te refuse rien.

— Alors, tu es d'accord ?

Le bonhomme changea d'expression.

— Tu sais bien que cela est impossible.

Pothos se releva pour s'asseoir et mit des coussins derrière son dos pour être en bonne position de défense. Théodora s'installa à côté de lui et l'embrassa sur le bout du nez.

— Il grogne, mon sanglier bougon.

Le sanglier la prit dans ses bras pour l'attirer contre lui, mais elle résista :

— Alors, tu es d'accord ?

— Tu n'y songes pas, dit-il d'un ton encore câlin.

— Pourquoi n'y songerais-je pas ?

— Ça suffit maintenant. Souviens-toi d'où tu viens !

Elle réprima son orgueil et se frotta à lui comme une chatte.

— Si je ne venais pas d'où je viens, je ne serais pas dans tes bras.

— C'est vrai. Là, tu fais preuve de bon sens !

— Je peux aussi me trouver dans le salon de l'impératrice.

Il n'osait pas se mettre en colère, espérant une nuit langoureuse.

— Enfin Théodora, réfléchis un peu, ce n'est pas un lieu où tu puisses pénétrer.

— Eh bien moi, je ne suis pas un lieu où un gros bonhomme comme toi puisse pénétrer, répondit-elle.

Et elle se leva brutalement, se rendit dans sa chambre et s'enferma avec le verrou.

Se sentir insultée par ce vulgaire marchand, fils de pêcheur, était un comble ! Il entrait bien, lui, dans le Palais Sacré pour discuter de ses affaires ! Pourquoi pas elle ! Pourquoi les femmes, toujours, seraient plus mal traitées que les hommes ! Sentant gronder en elle la révolte, elle contempla Josué, au milieu du ciel étoilé, triomphal sur sa colonne.

Quand Pothos revint le lendemain, il trouva porte close.

— Ouvre, méchante !

— Non.

Il tempêta en vain. Au bout d'une semaine il menaça :

— Si tu n'ouvres pas, je change de courtisane. Tu partiras d'ici et retourneras chez ta mère.

— Je pars tout de suite, si tu veux.

D'une voix vaincue, il expliqua :

— Je ne peux pas demander qu'on te reçoive pendant le carême. C'est un moment de recueillement.

Elle rit :

— Grâce à moi, tu fais enfin un carême chrétien : abstinence et continence !

Deux semaines après Pâques, Pothos put enfin annoncer :

— Écoute bien, mon lapin, l'impératrice Ariane te recevra mardi prochain, à la quinzième heure, avec ses dames de compagnies et quelques femmes de fonctionnaires. J'ai l'invitation.

Théodora se précipita sur le parchemin signé à l'encre rouge et lut :

Sa Majesté Ariane, impératrice des Romains, convie Théodora dans la salle Auguste, le mardi 22 avril, à la neuvième heure.

Dès le lendemain, tous les commerçants de la *mésé*, du Milliaire d'Or au forum des bœufs, et le personnel de l'hippodrome furent au courant de la prestigieuse invitation. Théodora promit de tout raconter en détail, la décoration, les chambellans, le cérémonial et bien sûr l'impératrice. Narsès essaya de calmer son exaltation.

— Ne te fais pas de fausses idées. Il ne s'agit que d'une réception protocolaire. Tu devras t'incliner devant l'impératrice et ensuite les chambellans te placeront au fond de la pièce, derrière toutes les dames importantes. Tu ne seras qu'une de ces invitées que la vieille impératrice, pour des raisons diverses, est obligée de recevoir, et que cela ennuie profondément. Ne t'imagine pas que tout le monde s'émerveillera de ta présence et que tu feras une entrée triomphale.

Elle éprouvait pourtant un sentiment de triomphe. Par son obstination, elle obtenait, comme une femme de haut dignitaire, que s'ouvrent les portes de la Chalcée.

Le mardi 22 avril au matin, tous les serviteurs étaient sur le pied de guerre, car la maîtresse de maison essayait toutes ses tenues, les rejetaient, les faisaient à nouveau recoudre, repasser, et ils avaient hâte que la journée soit finie.

À la septième heure, la Mère arriva avec Eudoxie. Elles s'installèrent dans la salle où se tenait habituellement Théodora quand elle recevait ses amies, meublée assez simplement de trois divans bas couverts de coussins, de tentures aux portes, d'un coffre en bois de hêtre. Le sol était en bois, recouvert d'un beau tapis de soie, sur lequel trois petites tables supportaient des lampes à huile. Eudoxie, qui commençait à marcher, alla de l'une à l'autre et renversa une lampe.

— Quelle idée d'amener Eudoxie aujourd'hui ! s'indigna Théodora. Ce n'est vraiment pas le jour !

— La nourrice est malade. Je la décharge un peu. Tu n'es pas trop émue, mon enfant ?

— Énervée, surtout. On dit que Sa Majesté est très bienveillante. Je serai quand même très intimidée. Je n'oserai pas parler.

— Il existe donc quelqu'un qui t'empêche de parler !

— Mère ! répondit Théodora indignée, la basilissa est élue par Dieu.

La Mère installa Eudoxie sur un divan et détailla la pièce.

— Toutes ces soies que je n'avais pas vues ! Comme il est gentil avec toi !

— Je dois réclamer, réclamer sans cesse. C'est usant. Il m'a refusé une robe rose sous prétexte que cette couleur est trop proche de la pourpre, couleur que portent l'empereur et les dignitaires.

— Ne te plains pas ma fille, tu vis comme une illustrissime.

Théodora montra deux petites boucles d'oreille rondes.

— Voilà ce qu'il m'a donné. Des boucles d'oreille de mendiante. Il dit que ça suffira. Qu'il ne doit point avoir l'air trop riche.

— Il a raison. Cet homme a du jugement. Ce n'est pas comme toi.

— Je n'ai peut-être pas de jugement, mais j'entre au Palais impérial.

La Mère hocha la tête comme si elle regrettait que le cours des choses se passât ainsi.

— Basile ! annonça une esclave.

Basile entra avec un petit paquet. Eudoxie courut

aussi vite que ses petites jambes le lui permettaient pour se jeter dans ses bras.

— Ta fille m'aime, dit le gamin, ravi.

— Elle a de la chance, elle a beaucoup de papas. Ce n'est pas comme moi, soupira Théodora.

— Qu'est-ce que tu viens faire ici ? demanda la Mère au jeune garçon. Ce n'est pas le moment de déranger ma fille.

— Au contraire, dit Basile en remettant Eudoxie sur le divan, mon patron accepte de prêter, de prêter seulement, ces pendentifs pour la visite au Palais.

Et il montra deux longues chaînes d'améthystes et de perles, que Théodora accrocha immédiatement à ses oreilles devant un miroir de bronze.

— Que c'est beau ! murmura-t-elle.

— C'est beaucoup trop beau, déclara la Mère. Pour qui te prends-tu ? Pour une propriétaire d'immenses terres en Asie ? Tu provoqueras de la jalousie.

— C'est normal que je sois plus belle que la vieille impératrice.

— Mais il y aura aussi des femmes nobles qui seront furieuses de te voir ainsi briller.

— Raison de plus pour les humilier.

— Ma fille, dit la Mère d'un ton lent et digne, souvent tu oses entreprendre des projets dont je n'aurais pas eu l'imagination et auxquels je finis par m'accoutumer, mais là, je suis certaine que tu as tort. Les puissants aiment manifester de la condescendance.

— Alors qu'ils trouvent quelqu'un d'autre que moi pour condescendre, dit Théodora en se souriant dans le miroir.

Elle s'approcha de sa fille, qui avait les mêmes grands yeux sombres :

— Comment trouves-tu ta maman ? lui demanda-t-elle.

Eudoxie essaya d'attraper les boules qui brillaient

autour du visage lorsqu'on entendit résonner les simandres de toutes les églises.

— Va voir ce qui se passe, s'impatienta la mère.

Basile alla sur le balcon, vite rejoint par Théodora. Sur le forum, des femmes en pleurs dénouaient leurs cheveux et poussaient de pathétiques gémissements. Des moines apparurent dans leur longue robe de bure marron, les portes des magasins se fermèrent.

— Je descends me renseigner, dit l'apprenti bijoutier.

Il revint, la tête basse.

— Alors, que se passe-t-il ?

— L'impératrice est morte.

La Mère s'effondra sur un divan. Théodora enleva lentement les longs pendentifs tandis que les larmes lui montaient aux yeux. Eudoxie, affolée par ce silence prolongé, se mit à hurler.

L'empereur Anastase ne se consola point de la perte de sa femme à qui il devait l'Empire, puisque, veuve du précédent empereur, elle l'avait promu basileus des Romains en l'épousant. Il sombra dans un grand abattement. La faction des Verts, assurée de la protection du Palais, donna libre cours à ses turbulences et à ses exactions. Dans ce climat troublé, chacun cherchait les signes annonciateurs de l'avenir. Les astrologues, les déchiffreurs de songes, les prophètes, les haruspices pour les païens encore nombreux faisaient fortune à partir de présages funestes annonçant l'Antéchrist, la famine, l'épidémie, l'inondation de Constantinople.

L'agitation dura toute l'année 517 et au début de l'année 518. Les supputations allaient bon train sur le futur successeur de l'Auguste âgé de quatre-vingt-cinq ans. Anastase n'avait pas d'enfant, et, en aurait-il eu, cette filiation n'eût pas été déterminante. Les empereurs byzantins n'étaient pas nommés en fonction de leur appartenance à une famille privilégiée, la notion de sang royal n'existant pas, ils étaient choisis par Dieu, élus par le Sénat, acceptés par l'armée et acclamés par le peuple. Le pouvoir absolu qui était le leur s'inscrivait dans un vaste plan d'économie divine. Car le royaume de Dieu sur terre, prédit par le prophète Daniel et l'évangéliste Jean, devait s'établir dans l'Empire romain, dernière grande monarchie universelle.

Toutefois le choix de Dieu ayant besoin de la participation des hommes, nombreux étaient ceux qui ourdissaient l'élection de leur favori. Le pape[1], depuis Rome, étendait son influence pour que l'empereur soit orthodoxe, tandis que les monophysites œuvraient pour que le futur empereur soit un adepte de leur religion. Aussi les réceptions du forum des Bœufs se transformèrent-elles insensiblement en réunions politico-religieuses.

Tandis qu'elle marchait en compagnie de Narsès sous le portique des Troades, longeant, au sud de la ville, la mer de Marmara, Théodora soupira :

— Je suis lasse de Pothos et ses amis. Ils ne font plus que comploter. Le gros marchand craint pour son avenir et devient d'une jalousie féroce. Il a toujours compté ses sous, maintenant il compte mes infidélités. Il lui faut des provisions de tout : provision de soie, provision de vertu.

Un char l'éclaboussa et elle sauta sur le côté. Le temps était pluvieux, la mer grise, les passants rares à affronter les rafales.

— J'aime ce vent, dit Narsès en humant l'air, tandis que sa tunique virevoltait autour de ses jambes.

— Je vais peut-être changer de vie, annonça-t-elle

1. À cette époque, avant le schisme de 1054 qui établit la séparation de l'église orthodoxe, le pape, comme évêque de Rome, n'avait pas de pouvoir hiérarchique et juridique sur les autres patriarches, mais il avait une priorité d'excellence, en tant que successeur de saint Pierre.

d'un ton badin, certaine de faire sursauter son compagnon.

Narsès s'arrêta en effet pour l'interroger du regard. Elle sourit, amusée et prit son temps pour répondre.

— Parmi les invités de Pothos, il y a un homme qui ne me quitte pas des yeux. Il me suit comme un chasseur sa proie. Mais il ne propose jamais de coucher avec moi. Cela me change de l'ordinaire et me flatte d'une certaine façon. Un soir, il m'a dit : « Le moment viendra où tu ne me quitteras plus. » Quelle assurance ! Il a certainement de bonnes raisons pour y croire !

— Qui est-ce ?

— Il s'appelle Hécébolos. C'est un fonctionnaire.

— Méfie-toi de lui.

— Tu le connais !

— Oui. Quand je vais aux bains de Zeuxippe, il vient souvent s'asseoir près de moi et régulièrement me pose des questions sur ta vie, ton enfance. Je suis peu bavard comme tu sais, et je réponds brièvement. Mais, chaque fois, il me demande : « A-t-elle d'autres amants que Pothos ? » Me demander cela, à moi, un eunuque, est d'une grande indélicatesse, dit Narsès en esquissant un sourire.

— Je ne vois pas de mal à une telle question. Je t'ai dit qu'il m'aimait. C'est normal qu'il apprécie ses chances.

Ils arrivèrent au port du quartier d'Eleuthère où aboutissait la rivière du Loup. Les mâts des grands bateaux ronds dansaient sous le vent. Immobile, la statue d'Eleuthère, portant une corbeille sur l'épaule et une pelle à vanner le blé, rappelait qu'ici accostaient les bateaux qui apportaient d'Égypte la précieuse céréale.

— Marchons jusqu'au port de l'empereur, dit Théodora.

— C'est encore loin.

— Cela ne fait rien, j'aime cet escalier de marbre qui

monte jusqu'au palais. Continue à me parler d'Hècébolos.

— Il montre parfois un entêtement buté qui me le rend suspect. L'autre jour, aux bains de Zeuxippe, deux jeunes gens s'exerçaient à la lutte, comme ils en ont coutume en cet endroit, et l'un deux, maladroitement, recula et tomba sur Hécébolos. Le mal était léger. Mais les yeux du fonctionnaire devinrent d'une fixité effrayante et il se mit à taper violemment le garçon en répétant : « Maladroit. Tu n'es qu'un maladroit. Il faut punir les maladroits, ils n'ont pas droit de cité. » Autour de nous, chacun le dévisagea avec réprobation et deux hommes des bains vinrent le calmer. Je le crois dangereux.

— À mon avis, tu exagères, dit Théodora, conciliante. Tu es toujours sottement jaloux de mes amoureux. Je le comprenais pour Libanios car je l'aimais autant que moi-même, mais être jaloux des autres, c'est absurde. D'ailleurs tu devrais aimer ceux qui m'aiment.

— J'aimerai celui qui te méritera. Ton côté courtisane n'est pas celui que je préfère.

Les bribes de chants religieux d'un couvent se mêlèrent aux gémissements des rafales et aux cris d'ivresse des oiseaux qui planaient au fil du vent.

— Je te le répète : méfie-toi de cet homme, insista Narsès.

— Moi, je te répète qu'il ne me demande pas de coucher avec lui. Je trouve cela intriguant et flatteur. Certainement il m'apprécie pour des motifs sérieux.

Narsès soupira :

— Ta vanité est sans limites. Elle te jouera de mauvais tours.

— Ton scepticisme aussi. Nous verrons ce que le destin réserve à nos deux charmantes personnes.

En 518, pendant le joyeux mois de juillet, éclata un orage si terrifiant que les Romains crurent arrivée la fin du monde et que beaucoup s'enfuirent à l'intérieur des terres. Les vagues déchaînées s'abattaient avec fracas, les nuages étaient si épais et si sombres que le jour paraissait la nuit. Des éclairs en forme de serpents à plusieurs têtes découpaient le ciel comme des épées de feu dans un tumulte infernal. Pendant huit jours, les citoyens se terrèrent au rez-de-chaussée des maisons, portes et fenêtres fermées malgré la moiteur de l'air, jusqu'à ce qu'un dernier éclair, plus assourdissant que les autres, s'abatte sur le Palais Sacré. Puis ce fut le silence, insolite, vite alarmant. Petit à petit, des groupes sortirent de leur refuge et se dirigèrent vers la place de l'Augustéon. On se taisait, comme à l'église, devant ce signe évident de la colère du ciel. Puis des chuchotements et des cris circulèrent sous les portiques : dans le Palais, l'empereur était mort.

La mort d'Anastase provoqua dans la ville des ovations de joie. Des cortèges se formaient en brandissant la croix et en suppliant :

— Seigneur, donne-nous un empereur orthodoxe ! Seigneur Dieu, donne-nous un empereur de la foi droite.

Impatientes de connaître le futur basileus, Théodora et ses amies se rendirent sur la place de l'Augustéon. Une foule considérable attendait la décision des sénateurs qui devaient choisir l'Élu de Dieu. Mais comment connaître le choix divin, quand il n'y a plus d'impératrice veuve pour proposer un nouveau mari, ni d'empereur pour désigner son successeur ? Sur la place, les Romains s'impatientaient, tandis que, dans la salle du trône, dignitaires, sénateurs et patriarche palabraient sans se mettre d'accord. Aussi, dès le lendemain, deux corps militaires, les Excubites et les Scholes, décidèrent de prendre la situation en main. Mais avec des buts totalement opposés. Aussi les nouvelles annoncées sur la place étaient-elles contradictoires, aggravant l'énervement et l'inquiétude de la population. Les rumeurs qui venaient de l'hippodrome signalaient que les Excubites, dirigés par Justin, avaient fait monter sur le bouclier un certain Jean, pour le couronner. Celles qui provenaient du Palais indiquaient que les Scholes avaient installé sur le lit impérial, dans la salle des Dix-neuf Lits, Patrikios, pour le couronner également. Ce désaccord poussa les Excubites à se précipiter furieusement dans le Palais, leur double hache sur l'épaule, afin d'enlever Patrikios et imposer leur prétendant. De ce combat, l'assistance n'aperçut que des soldats qui ressortaient blessés, jusqu'à ce que l'un d'entre eux s'écrie :

— Jean a été choisi.

On remerciait déjà Dieu, lorsqu'on apprit l'opposition des eunuques des appartements impériaux. Ils refusaient de donner à Jean le collier et la couronne, insignes indispensables à l'obtention du pouvoir. Devant toutes ces difficultés pour élire un empereur, la foule s'affola. « Dieu abandonne les Romains » répétait-on de tous côtés et la panique devint telle que beaucoup tombèrent à genoux ou se ruèrent dans les églises.

Fût-ce l'effet des prières de toute une ville, les sénateurs, après une nuit de délibération, proposèrent comme Élu de Dieu, Justin, le comte des Excubites. Celui-ci, fort étonné des desseins de la Providence, saignant encore d'une lèvre fendue pendant l'échauffourée du palais, fut emmené dans l'hippodrome pour recevoir l'acclamation de l'armée. Comme un raz-de-marée, les citadins envahirent le cirque jusqu'aux statues du promenoir, où s'installèrent, faute de place, Théodora et ses amies, bientôt rejointes par Narsès.

Au pied de la tribune impériale, sur la plate-forme, devant les dignitaires, les soldats, le patriarche, Justin fut élevé sur le pavois et reçut le collier du commandement en chef de l'armée. Puis avec leurs boucliers, les soldats firent une « tortue », derrière laquelle le patriarche posa la couronne sur la tête devenue divine de Justin et revêtit son corps de la chlamyde pourpre.

Les acclamations des factions saluèrent rituellement le seizième empereur de l'Empire romain d'Orient. Théodora s'énerva :

— Je vois mal d'ici. Il a l'air vieux.

— Il a soixante-huit ans, expliqua Narsès. C'est un soldat qui vient de Dacie, en Illyrie. Le latin est sa langue d'origine.

— Je ne sais pas le latin. L'impératrice est-elle là ?

— Je ne pense pas. Mais il y a certainement ses deux neveux, Germanos et Justinien.

— C'est agaçant. Impossible de les identifier à cette distance.

— On a changé de patriarche, celui-là est tout petit ! s'étonna Indaro.

— Il doit être orthodoxe, répondit sentencieusement Chrysimallo.

— Qu'est-ce que l'empereur attend pour choisir sa faction ? s'impatienta Théodora.

— Il est certainement éberlué par cette élection, suggéra Narsès. Il n'a pas eu le temps de trouver son écharpe.

Un chambellan lui en tendit une. Elle était bleue. Théodora hurla de joie comme la moitié de l'hippodrome.

On fit la fête dans Constantinople toute la nuit. On dansa, on remercia Dieu, on remplit les églises, on défila avec des cierges et le soleil se leva sur une ville encore bruyante de musique et de prières.

À l'aurore, Théodora rejoignit le forum de Théodose et aperçut les tentures de soie de son appartement pliées dans un chariot. Au même moment, deux hommes vigoureux sortirent de la maison, chargés de coussins et de petites tables.

— Voleurs ! Vous n'avez pas honte de profiter de la proclamation du nouvel empereur pour cambrioler. Remontez tout immédiatement !

— Nous obéissons à Pothos. Il est là-haut !

Théodora se précipita au premier étage et découvrit le marchand en train de ranger la vaisselle d'argent dans un coffre.

— Monstre !

— Ah ! Tu es là ! dit-il avec regret.

Et se tournant vers elle :

— Comme tu le vois, je ferme. Ne dis rien, c'est inutile. Je suis trop impliqué dans le milieu monophysite de l'empereur Anastase. Il y aura certainement des persécutions.

— Tu crois vraiment que l'empereur va s'intéresser à un vulgaire marchand comme toi ?

— Oui. Tu as toujours sous-estimé mon importance. La soie, c'est de l'argent, beaucoup d'argent pour qui peut en acheter et en vendre. Je pars pour l'Asie avec ma famille.

— Tu resteras longtemps là-bas ?

— Le temps que la situation se calme. J'ai des stocks de soie pour quatre ans.

Théodora connaissait le regard d'airain de Pothos et savait que mourir à ses pieds ne changerait rien à ses décisions.

— Et moi, qu'est-ce que je deviens ?

— Toi, tu continueras à jouer la comédie. C'est ce que tu fais le mieux. Il ne faut pas avoir trop d'ambition. Continue de jouer avec le vieillard Ardalion. C'est une très bonne idée ce personnage qui ne fait que des sottises. Et puis occupe-toi de ta fille. Une fille a besoin de sa mère.

Il s'approcha d'elle. Un moment son regard s'adoucit.

— Je penserai à toi. Tu me manqueras.

Il glissa dans la petite main dix sous d'or et sortit.

Théodora s'assit sur le plancher, l'esprit engourdi de stupeur. À la place du tapis s'étendait un grand rectangle clair. Les attaches des tentures marquaient de sombre les encadrements des fenêtres et des portes. Les icônes, seules rescapées avec les habits de soie, jetaient dans la pièce déserte un reste d'éclat coloré. Sur le forum s'élevaient les cris de joie des partisans des Bleus, et les chants de grâce des chrétiens orthodoxes.

Abandonnée. Elle était encore une fois abandonnée. Elle en avait de la peine. La vie partagée, même sans passion, crée un attachement, une connivence à défaut de complicité. Elle s'était habituée au gros marchand. Avec quelle facilité les hommes abandonnent une femme qu'ils ont plus ou moins aimée !

Il lui faudra à nouveau réinventer sa vie. Mais à l'avenir elle prendra des dispositions pour ne pas dépendre des caprices masculins. Elle songera à se marier et à s'assurer financièrement contre l'abandon. Après tout, cet événement l'obligeait à prendre des décisions qui s'avéreraient peut-être positives.

— Je connaîtrai d'autres joies, se dit-elle pour s'encourager.

Avant de partir, elle envoya un sourire d'adieu à Josué qui avait longtemps attendu la victoire.

IX

Cosimo et Anastasia dormaient encore lorsque Théodora entra dans la chambre, les bras chargés de tuniques et de manteaux.

— Ah ! te voilà, dit Cosimo. La vie de courtisane est finie !

— Je suis contente que tu reviennes, déclara Anastasia. La maison est plus gaie avec toi.

— Pothos m'a laissé mes tuniques, mes manteaux et mes sandales. Vous pourrez les mettre quand vous en aurez besoin. Quelle idée de ne pas fermer les volets quand le soleil se lève, dit-elle en plongeant la chambre dans l'obscurité.

— Seigneur, pitié, murmura Cosimo. Elle est toujours aussi autoritaire.

— Viens manger quelque chose ! cria la Mère.

Théodora la rejoignit dans la pièce commune où elle filait la laine et s'assit pour manger du pain et du fromage.

— Ma fille, je te l'ai toujours dit, reviens à la maison, près de l'hippodrome. C'est là ta vraie famille. Et épouse Ouranios. Il est gentil, il tient à toi. Comme le divin Justin soutient la faction des Bleus, Ouranios aura beaucoup de récompenses en bons sous d'or. Écoute les conseils de ta mère. Elle sait ce qu'est le malheur. Quand ton pauvre père est mort et que la misère frappait à la porte...

— Mère, je sais, interrompit Théodora. J'ai besoin de réfléchir, alors tais-toi un peu.

— Depuis quand est-ce que je t'empêche de réfléchir ?

D'indignation, la Mère cassa son fil et maugréa :

— Une fille, ça devrait avoir confiance en sa mère.

Pour garder une contenance, elle devisa sur la situation de l'Empire :

— Je me réjouis que Dieu ait élu un simple paysan qui se souviendra de son enfance et comprendra les misères du peuple. Certainement le divin Justin saura maintenir à leur place les illustres et les riches...

Théodora n'écoutait plus. Elle regardait sa fille qui,

dans le lit de sa grand-mère, dormait encore et dont la bouche, le nez, l'ovale des joues rappelaient Libanios. Cette vision lui fut intolérable, surtout cette expression douce qu'elle connaissait si bien et dans laquelle elle ne voyait plus que mollesse et lâcheté.

— Maman, je te remercie de t'occuper de ma fille. Je sais que je suis une mauvaise mère, mais je ne peux pas agir autrement.

La Mère eut un petit sourire de satisfaction.

— Que comptes-tu faire maintenant ? demanda-t-elle radoucie.

— Je ne sais pas encore. M'éloigner d'ici, sans doute.

— Où ? Comment ?

— J'irai m'occuper de chevaux en Cappadoce, chez l'oncle d'Ouranios.

La Mère fit tournoyer le fuseau énergiquement pour passer ses nerfs.

— Ta vie est ici. Dans la campagne, tu mourras d'ennui.

— Maman ! dit Eudoxie en se réveillant et en tendant ses bras.

Théodora s'approcha sans l'embrasser.

— Tu t'es bien amusée cette nuit ?

— Oui. Tu vas rester à la maison maintenant ?

— Je ne sais pas encore. À tout à l'heure.

Elle sortit. En chemin, elle aperçut, ici et là, des monophysites que des gardes venaient arrêter pour les conduire en prison. Pothos ne s'était pas trompé en prévoyant des changements brutaux concernant la politique religieuse. Certainement des remaniements surviendraient dans l'attribution des charges et des emplois. Prudence et patience s'imposaient donc.

Les jours suivants, elle se promena dans la ville, se mêla aux petits groupes qui commentaient les événements, fit répéter leurs scènes à ses amies, fréquenta longuement les bains, évitant ceux de Zeuxippe qui lui rappelaient de mauvais souvenirs.

Pourtant le souci creusait comme une taupe sa bonne humeur de façade. Quelle existence inventer ? Il n'était plus question de continuer une vie de courtisane semblable à celle menée avec Pothos. Elle en avait épuisé les avantages et les limites et redoutait la perspective de s'enfermer, comme tant d'autres femmes, dans un statut répétitif. Et, malgré son tempérament optimiste, elle avait à lutter contre des vagues d'anxiété qui se prolongeaient de jour en jour.

Une fin de matinée, à l'heure où le travail s'arrête dans les ateliers de luxe du Forum, et que chacun grignote les mets proposés dans les tavernes, elle rencontra Grosse-Tête.

— Je te cherchais, dit-il.

— Tu m'as trouvée, dit Théodora en riant. Veux-tu partager mon fromage et mon pain ?

— On dit que la récolte de blé en Égypte est très bonne et que nous aurons à manger cet hiver.

Habituellement Théodora s'amusait des méandres de la conversation du mendiant qui tournait longtemps autour du sujet dont il voulait parler avant de l'aborder. Mais en ces temps incertains elle devenait impatiente :

— Est-ce pour m'annoncer cette heureuse nouvelle que tu me cherches ?

— Non. C'est pour te prévenir qu'Hécébolos, un fonctionnaire que tu voyais chez Pothos, vient d'être nommé gouverneur.

— Comment le sais-tu ?

— Je l'ai rencontré cet après-midi aux bains et l'ai entendu parler à son voisin.

— En quoi cela me concerne-t-il ?

— Il a dit : « Je vais demander à Théodora de venir avec moi. » Alors je suis sorti très vite pour te l'annoncer.

Théodora croqua énergiquement une bouchée de pain.

— Tu es l'homme le mieux renseigné de la capitale ! La police devrait utiliser tes talents.

— Il assure même qu'il n'a pas touché une femme depuis qu'il t'a rencontrée.

— Pas une femme ! Tu trouves cela normal, toi, Grosse-Tête ?

Le mendiant balança tristement la tête :

— On n'a pas toujours des occasions.

Théodora lui donna deux gros baisers sonores.

— Je te donne juste un follis car je n'ai plus d'argent en ce moment. Et reviens me raconter ce qui se passe dans la Ville.

— Compte sur moi, la très belle.

Maîtresse en titre d'un gouverneur était une situation enviable, à condition d'obtenir le mariage. Hécébolos s'intéressait à elle depuis si longtemps que cette ambition paraissait réalisable. Et souhaitable. Elle prendrait alors sa part des responsabilités officielles, recevrait les hôtes de passage, serait belle, élégante, crainte même ! Sur cet avenir radieux, par superstition, mieux valait se taire et prier.

Deux jours plus tard, Hécébolos frappa à la porte de la maison calcinée.

— Salut ! dit-il. Je me nomme Hécébolos, gouverneur.

La Mère enleva aussitôt son tablier, passa un chiffon sur la table où elle épluchait les légumes, y déposa un plat de fruits et proposa à l'invité l'unique chaise de la maison. Il s'y installa.

— Théodora est-elle là ?

— Elle est partie chercher de l'eau au puits. Elle revient tout de suite.

Le gouverneur attendit sans proférer un mot. La Mère s'assit sur un tabouret et reprit son ouvrage en l'examinant attentivement. Le gouverneur avait une bonne trentaine d'années, un visage maigre, anguleux, qu'aucun sourire n'égayait.

— Il y a certainement des changements au palais, dit-elle, pour amorcer la conversation et s'informer en même temps. On dit que le divin Justin est mal accueilli par les nobles ! Je le crois volontiers. Ils sont tellement arrogants. Nous en avons eu l'expérience, avec le père de la petite, si mignonne pourtant. Ah ! Te voilà enfin...

Théodora, une cruche sur l'épaule, feignit la surprise :

— Hécébolos ! Tu viens divertir ma mère ?

— J'ai à te parler.

Elle prit son temps pour poser la cruche sur la table, chercher trois bols, proposer de l'eau, déplacer un tabouret pour s'asseoir. Hécébolos la dévisageait avec fixité, comme un insecte attiré par la lumière. De son ton habituel, monocorde et direct, il annonça :

— Je connaissais l'empereur Justin quand il dirigeait le corps des Excubites. Comme je suis orthodoxe, il m'a nommé gouverneur de la Pentapole d'Afrique.

— C'est très loin, l'Afrique, s'effraya la mère.

— L'Afrique ! répéta Théodora, déçue. C'est un pays très sec !

Hécébolos garda un air imperturbable.

— La Pentapole d'Afrique s'appelle aussi la Cyrénaïque. C'est une des deux Libye. Cyrène se trouve près de la mer. Je désire partir avec Théodora.

Hécébolos se tourna vers la jeune fille :

— Tu es ce que j'ai rencontré de plus étonnant. Tu vivras avec moi, dans une belle maison, avec des serviteurs, des esclaves, de beaux habits, des bijoux.

— Tu y resteras longtemps ? s'inquiéta la pantomime.

— Non. Je reviendrai dans deux ou trois ans à Constantinople où j'aurai une fonction importante au palais. Justin me l'a promise.

— Quand partiras-tu ?

— Bientôt. Au début de l'année nouvelle.

— Elle doit se marier auparavant, déclara la Mère.

— Nous le ferons là-bas où personne ne la connaît et où je serai le représentant de l'empereur. J'attends ta réponse, dit-il en se tournant à nouveau vers Théodora.

Il se leva, s'inclina et sortit.

— Je préfère Ouranios, s'empressa de commenter la Mère.

Théodora réfléchit en silence. Certes l'homme était rigide, ne laissait pas espérer un amant tendre et drôle, mais elle avait assez ri, et, après avoir été abandonnée deux fois, elle était sensible à la persévérance du prétendant et à l'avenir qui s'ouvrait devant lui. La constante gravité du gouverneur rendait sa présence austère, mais lui conférait un sérieux, une solidité, auxquels la pantomime était sensible.

Dès le lendemain, elle se rendit chez Antonina, aux conseils éclairés.

— Salut, dit Antonina. J'emmène Photius à l'église pour qu'il apprenne à lire. Il a huit ans maintenant ! Ce n'est plus un enfant. Accompagne-moi, nous bavarderons.

Le garçon avait une expression fragile malgré un regard décidé et salua en souriant.

Théodora parla d'Hécébolos, et ajouta :

— Il tient tellement à moi qu'il n'a pas touché une seule femme depuis qu'il me connaît.

— Es-tu certaine qu'il est normal ? demanda Antonina, de sa voix troublante qui contrastait avec ses yeux malins.

— Je ne serai à lui que lorsque nous serons à Cyrène. Je suis devenue méfiante.

Antonina eut un petit rire bref – elle n'en avait point d'autre – avant de résumer la situation :

— Tu es mime et courtisane, et, comme tu es ambitieuse, tu veux changer de position. Ce n'est pas facile. J'ai connu cela. Le meilleur moyen est de se marier. Pas avec un dignitaire, puisque cela nous est interdit, mais avec un homme qui ne soit pas illustre et qui puisse le devenir. Si Hécébolos est disposé à t'épouser là-bas, cela en vaut la peine.

Théodora avait encore de la jeunesse au cœur et la froide argumentation d'Antonina lui renvoya une image pertinente mais désagréable d'elle-même.

— Je n'ai pas encore envie de l'épouser. Je le connais trop peu. Il est très rigide.

— Moi, j'ai eu la chance de me marier avec Florentinos, Dieu ait son âme, car il était gentil et malléable comme le petit-lait. C'est important, un homme malléable. Viens-tu aux bains avec moi ?

— Non. Je dois retrouver Narsès.

— Finalement, c'était une bonne idée cet eunuque. Je n'y aurais pas pensé.

Sur les berges du Loup, relativement fraîches en ce mois de juillet caniculaire, Narsès faisait les cent pas, fredonnant une chanson populaire. Dès qu'il aperçut son amie, il la rejoignit, le regard pétillant d'allégresse.

— J'ai une bonne nouvelle à t'annoncer. Les eunuques monophysites ont été renvoyés, alors j'entre au Grand Palais.

Théodora l'embrassa pour le féliciter.

— Le comte des Largesses Sacrés, reprit Narsès, qui m'avait souvent demandé des renseignements à la bibliothèque, m'a proposé un poste de secrétaire dans le service du Trésor. L'emploi est modeste, mais il est en rapport avec l'administration de l'Empire. Que la vie est imprévisible ! Un autre empereur était élu, et je restais copiste jusqu'à mon dernier jour.

— Ma vie aussi va changer. Hécébolos est nommé gouverneur de la Cyrénaïque. Il m'emmène avec lui. À mon tour je m'intéresserai à l'Empire.

Le visage de Narsès se décomposa.

— Ne pars pas, ne pars pas avec cet homme. Il ne t'aime pas. Il ressemble à un oiseau de proie du Caucase qui enlève son butin pour le dévorer.

Elle garda son humour.

— J'aimerais bien qu'il ait des ailes, il me paraîtrait plus léger.

— Je ne plaisante pas.

— Antonina m'a dit...

— Antonina est un oiseau de proie, elle aussi. Mais elle est plus souple et plus intelligente. Lui a une raideur de cœur qui me fait peur pour toi.

— Tu préfères que je reste ici, courtisane de l'un, puis courtisane de l'autre. Là-bas, il m'épousera.

— Il y a d'autres hommes qu'Hécébolos.

— Aucun ne te plaira. À t'entendre tu es la seule personne digne de ma confiance. Les autres ont tous des défauts. Sauf Ouranios, le pauvre ! Mets-toi donc un peu à ma place. J'en ai assez de jouer la comédie ! J'en ai assez d'être une courtisane qu'on jette comme une feuille d'artichaut.

— Qui te dit qu'il ne te jettera pas comme une feuille d'artichaut ?

Elle lui lança un regard exaspéré et déclara sèchement :

— Je ne pars que deux ou trois ans. Je reviendrai. Nous serons amis comme avant. Ne fais pas de drame pour une courte absence.

Narsès arpenta nerveusement le bord de la rivière qui n'était, en été, qu'un mince ruisseau. Et, se parlant à lui-même autant qu'à son amie, il expliqua :

— Le jour où je t'ai rencontrée, j'avais fait un rêve. Un petit singe se dressait devant moi, fit le signe de la Croix et devint aussi grand que la Porte Dorée. De cette surprenante hauteur, il me dit : sache reconnaître sur elle la protection de la sainte Providence. Isadora la Boiteuse a interprété ce songe. La protégée de la Providence était de la constellation du singe, s'appelait Théodora et un jour marcherait sur des chemins couverts de perles. J'ai vite compris que ce n'était pas toi, mais tu m'avais déjà conquis.

— C'était moi ! Les comédiens sont sous la constellation du singe et je pars avec un gouverneur. Quand il reviendra dans la capitale nous serons mariés, il obtiendra une dignité importante, nous aurons une belle maison, peut-être un palais et je te prendrai comme chambellan.

Et comme l'eunuque restait silencieux, elle ajouta :

— Je sais que tu ne l'aimes pas. Mais aucun homme ne m'a attendue comme celui-là.

Elle lui jeta un sourire enfantin, délicieux sous ce regard grave, comme pour se faire pardonner.

— D'ailleurs que sais-tu des femmes avec les hommes, et des hommes avec les femmes ?

— J'en sais un peu. Les Anciens ont beaucoup écrit sur le sujet.

— Les livres ne sont pas la vie.

Lorsqu'elle partit, il songea que le sort ne lui était jamais entièrement favorable. Cette joie, si grande, d'entrer au Palais Sacré, s'accompagnait d'une immense tristesse : le départ de Théodora. Il avait vu se transformer la jeune fille aux aspirations incomprises en une femme déterminée et intelligente. Il craignait que la raideur d'Hécébolos provoquât des réactions excessives et dangereuses.

***

Les fêtes du nouvel an furent particulièrement somptueuses. Justin avait trouvé le trésor bien rempli par son prédécesseur et fit cadeau au peuple de victuailles en abondance et de divertissements splendides. Ouranios gagna toutes les courses de chars et reçut beaucoup de sous d'or car l'empereur soutenait la faction des Bleus. Il acheta, à bon prix, au fond de la Corne d'Or, près de Notre-Dame-des-Blachernes, un petit palais appartenant à un dignitaire monophysite qui, dès les premières persécutions, avait fui dans ses terres asiatiques. Le dernier jour de la semaine de fêtes, l'aurige y donna une grande réception.

Théodora découvrit avec des sentiments mêlés la façade de marbre rose, les deux petits frontons représentant l'un le jugement dernier, l'autre la résurrection, bref un palais presque aussi beau que celui de Libanios ! Quel paradoxe ! Il ne tenait qu'à elle que cette élégante demeure soit aussi la sienne, mais, après avoir connu les raffinements de l'esprit et du cœur, comment lier sa vie à un brave cocher dépourvu de culture et d'ambition ? Préoccupée par cette contradiction, par le risque qu'elle prenait à choisir un avenir incertain, elle s'éloigna dans le jardin pour admirer le paysage.

La vue était remarquable. Située en haut de la sixième colline, la demeure surplombait toute la Corne d'Or. Il était bien d'or cet estuaire, en ce soir de septembre, où le soleil couchant peignait le fleuve et ses rives de la couleur des icônes.

Lorsque Théodora rejoignit les invités, Ouranios accourut la serrer dans ses bras.

— Je t'attendais pour que la fête commence.

Aussitôt l'orgue de la faction des Bleus, installé sur une estrade, entonna un air joyeux et les serviteurs apportèrent sur les tables des récipients de terre, modelés pour l'occasion en forme de tête de chevaux. On s'esclaffa de l'originalité des pots qui proposaient légumes, viandes, poissons, épices, fromages, fruits, vins de toutes les régions de l'Empire. Lorsque les esprits furent suffisamment égayés, l'orgue se tut, et à la tête d'un cortège apparut le démarque des Bleus. Derrière lui, des amis de l'hippodrome tiraient et poussaient un chariot sur lequel reposait une forme volumineuse dissimulée sous un drap. Dès que le chariot s'arrêta, Antonina s'approcha, jeta alentour un regard triomphant et déclara avec emphase :

— Pour Ouranios, fierté de notre capitale, de la part du très divin empereur Justin.

Et, d'un geste énergique, elle ôta le drap pour découvrir la statue de l'aurige, le fouet dressé, le menton fièrement relevé, les jambes puissantes, le corps splendide. Ouranios avait les larmes aux yeux.

— C'était mon rêve, mon rêve, répétait-il.

— Bientôt, ajouta Antonina, ta statue sera dressée sur le promenoir de l'hippodrome. Je te l'avais promis.

Antonina embrassa l'aurige incomparable et rejoignit Bélisaire. Théodora se demandait qui était le plus admirable, du cocher ou de l'intrigante qui avait obtenu la statue et qui reposait maintenant sa tête sur l'épaule d'un jeune et bel officier. Car Bélisaire était devenu, à dix-neuf ans, un soldat superbe, au port altier, au visage rayonnant de cordialité.

— Comment fait-elle, à trente-quatre ans, pour envoûter un si beau jeune homme ? demanda Indaro à voix basse. Je suis certaine qu'elle utilise des philtres magiques.

Et, se tournant vers Théodora :

— Demande-lui, toi qui la connais bien.

Le poète des Bleus s'avança devant l'aurige et déclama :

— Ô toi, Ouranios, qui jette ton char dans l'arène / Comme Dieu chaque matin le soleil sur l'univers / Et qui tourne comme l'astre de lumière...

Le poète fut interrompu par les criaillements d'une oie que Basile apportait dans ses bras.

— C'est pour toi, Théodora. Elle a faim ! Je ne lui ai rien donné à manger depuis hier.

— Pour moi ?

— Oui, pour ta jolie forêt. C'est une tellement grande joie.

Théodora sourit :

— Mes amis, je ne joue plus avec une oie.

On insista :

— Pour Ouranios !

— Pour le nouvel empereur !

— Celui-là aurait bien besoin de se faire remplacer par une oie, car il ne doit plus pouvoir faire grand-chose, déclara à haute voix Indaro avec un certain succès.

— Mes amis, reprit Théodora, mes chers amis, je vais bientôt partir pour la Cyrénaïque. Je pars avec le gouverneur Hécébolos. Il est temps que je mène une vie plus tranquille. Nous nous en irons dans quelques jours. Mais je reviendrai vite. L'empereur a promis à Hécébolos une fonction importante au Palais.

Hécébolos s'avança d'un pas raide, s'agenouilla devant Théodora et lui baisa les pieds. L'assistance hésita entre le rire et le respect. La fine Théodora mit vite fin au malaise en déclarant :

— Hécébolos achète l'oie de Basile et nous la mangerons cette nuit.

***

La brume se dissipait à peine lorsque Théodora vint dire adieu à Narsès sur la place de l'Augustéon, car il ne voulait pas assister au départ dans le bruit et l'agitation.

— Sois sage, dit-il en faisant semblant d'ajuster le voile sur les cheveux de la pantomime.

— J'essaierai.

Ils se regardèrent en silence, lui s'efforçant de sourire, elle les yeux brillants d'espoir.

— Je te confie Eudoxie.

— Je m'occuperai d'elle, je te le promets.

Puis il ajouta :
— La nuit tombe tôt, là-bas.
— Je t'écrirai. Surtout ne m'oublie pas, dit-elle en riant. Tu es mon seul ami.
Elle l'embrassa et partit rejoindre sa famille sans se retourner. En la voyant disparaître, Narsès frissonna de froid. En un éclair il revit en Arménie le petit garçon qui appelait en hurlant ses parents pendant que les marchands le poussaient dans une carriole.
« On survit à beaucoup de chagrins », songea-t-il.

Le bateau pour l'Afrique était un des derniers à s'aventurer sur la mer avant le printemps suivant. Sur le quai, le poète ne manqua pas cette occasion d'intervenir :
— Toi qui pars sur les rives d'Afrique, / Telle Cyrène dans les bras d'Apollon, / Comme la nymphe de l'Attique / reviens-nous avec un garçon.
La mère, Anastasia, Eudoxie pleurèrent.
— Je ne suis pas morte, s'étonna Théodora. Je m'installe dans une vie digne.
— J'aurais préféré que tu te maries avec Ouranios plutôt que d'aller chez ces barbares, commenta la Mère.
— Ces barbares font partie de l'Empire des Romains.
Théodora embrassa mère, fille, sœurs, amies, et tous ceux de l'hippodrome qui se trouvaient là. Hécébolos s'impatienta :
— Le bateau va partir, Théodora, dépêche-toi.
Elle continua à faire de grands gestes d'adieu en montant sur le pont, sous le regard fixe du gouverneur. Les marins levèrent les voiles et le bateau quitta le port.
La capitale de l'Empire civilisé se fondit bientôt dans une ligne sombre à l'horizon, mais Théodora l'emportait avec elle. Elle n'oublierait rien, ni les portiques, ni les places, ni les maisons, ni les habitants. Elle n'oublierait pas non plus les joies et les douleurs. Elle ne partait pas

pour oublier, mais pour revenir, mariée, respectée, pour que tout lui soit donné en même temps, la Ville et la considération.

Un mois plus tard, car les vents furent favorables, elle découvrit la côte libyenne. Elle était plate, désespérément plate, d'un jaune pâle uniforme.

— C'est partout plat comme cela ? s'inquiéta-t-elle.

— Certainement, répondit Hécébolos. Derrière s'étend le désert.

Dans le cœur de Théodora passa, comme un battement d'aile, le regret de son départ et la nostalgie des collines verdoyantes. Mais l'arrivée dans le port d'Apollonia lui redonna bonne humeur. Des hommes à la peau mordorée jouèrent en l'honneur des arrivants du tambour et de la flûte. Un fonctionnaire s'inclina, fit un discours long et flatteur. Dans les palmiers, un singe grimpa et s'assit gravement pour se gratter les cuisses. Elle n'avait jamais vu de singe.

Le couple fut conduit vers un char qui les emmena à Cyrène, à dix milles dans les terres. La maison était aérée et joyeuse. Une enfilade de cours, l'une couverte, l'autre entourée de portiques, précédait un vaste jardin. Fontaines, tamaris, fleurs égayaient les espaces. Les murs, les sols, les plafonds étaient décorés de mosaïques ou de peintures aux couleurs vives. Sur les cours, donnaient les chambres aux dimensions étroites, tandis que la grande salle à manger, aux parois ocre et rouges, s'ouvrait sur toute sa longueur. Théodora songea que la maison promettait gaieté et bonheur, d'autant plus que le gouverneur serait souvent dans les bureaux officiels qui s'élevaient cinq cents pas plus loin.

Dès le lendemain, avec l'autorité de celle qui deviendra la maîtresse du lieu, Théodora décida de l'aménagement des pièces, certes décorées mais vides. Accompagnée de deux servantes elle s'en fut acheter soieries et tapis. Cyrène se révéla bien décevante, terne et triste. Certes, de belles demeures plus ou moins entretenues bordaient les rues, des statues se dressaient toujours sur les forums, mais les fastes du temps passé étaient révolus. Les boutiques étaient clairsemées, mal achalandées, et la population très calme. À la lisière de la ville, des maisons de pisé s'élevaient dans une végétation pauvre, quelques chèvres broutaient une herbe rare et au-delà s'étendait à perte de vue le désert, accablant de monotonie. Elle pensa au Christ qui, dans cet environnement sinistre, n'avait rencontré que le Diable. Son esprit superstitieux frémit à cette suggestion. Elle commanda aussitôt au cocher de revenir à la maison.

— Je n'ai pas trouvé les tissus dont j'ai besoin, expliqua-t-elle à Hécébolos pendant le déjeuner. J'irai à Apollonia. Dans les ports, on trouve toujours ce que l'on cherche.

— Ne descends pas te mêler au peuple dans les boutiques. Reste dans ton char et envoie tes servantes. Je veux avoir pour épouse une femme que l'on respecte.

Le mot merveilleux d'épouse chassa la rudesse de l'ordre, et, le jour suivant, elle se rendit au port. Le dernier bateau avant l'hiver venait d'arriver. Sur les quais, des étalages de fortune proposaient de la vaisselle, des tissus africains, égyptiens, perses, certains donnés en paiement de taxes, d'autres acheminés par caravanes. Le char de Théodora s'arrêta devant un étal un peu plus fourni que les autres et elle demanda à sa servante de descendre pour lui présenter les différentes étoffes. La servante, une Noire qui comprenait mal le grec, obéit lentement et maladroitement. Impatientée, Théodora la rejoignit, déplia elle-même les étoffes, en choisit trois et s'apprêtait à remonter dans son véhicule, lorsqu'elle aperçut un serviteur d'Hécébolos, arrêté quelques pas plus loin sur son âne.

— Que fais-tu là ? demanda-t-elle.

— Le maître m'a dit de te suivre pour te protéger en cas d'incident.

— Il ne peut rien arriver dans un lieu aussi morne. Va-t'en ! Je n'ai aucun besoin de toi !

Pendant le trajet de retour, Théodora s'indigna de l'outrecuidance du gouverneur qui la faisait surveiller comme une criminelle. Elle se fit déposer au palais officiel qu'elle traversa à grands pas, et fit irruption dans le bureau d'Hécébolos, sans tenir compte du fonctionnaire qui s'y trouvait déjà.

— Tu me fais surveiller ! Je te préviens que je ne le supporterai pas davantage ! Si tu continues, je ferai enlever ton esclave pour le jeter à la mer.

Sans tenir compte de sa maîtresse, Hécébolos continua à s'adresser au fonctionnaire.

— Je disais qu'en ce qui concerne l'adultère, on fera fouetter...

— Faut-il que je te fouette aussi pour que tu t'aperçoives de ma présence ?

Il releva la tête vers la femme en colère :

— C'est entendu. N'en parlons plus ! N'en parlons plus !

Et il dicta en latin à son subordonné.

Théodora s'en alla en claquant la porte. Cet homme aussi impassible qu'une statue la déconcertait. Comment savoir ce qu'il voulait, ce qu'il pensait ? Pourquoi avait-il insisté pour l'emmener avec lui ? Qu'attendait-il d'elle ? Jusqu'ici, les hommes qu'elle avait rencontrés ou aimés manifestaient des désirs clairs et des conduites compréhensibles, fussent-elles douloureuses à supporter. Mais celui-là restait une énigme, et comme tel se chargeait lentement du danger lié à l'inconnu. Aussi fut-elle soulagée de le voir, pour la première fois, pénétrer dans sa chambre au milieu de la nuit. Dans ce domaine, elle s'avançait victorieuse. Il entra, une lampe dans chaque main pour éclairer la pièce. Elle se leva nue pour l'accueillir. Sans bouger il l'examina de la tête aux pieds.

— Tu me regardes comme un animal bizarre, dit-elle.

— C'est que je n'en ai jamais vu de semblable.

— Je suis une femme ordinaire, avec des cheveux, une bouche, des seins et un derrière.

— Tu n'en fais pas le même usage que tout le monde.

Il la jeta sur le lit, la prit frénétiquement en silence, puis se retira. Tous les soirs qui suivirent il revint, et Théodora finit par considérer comme une corvée déplaisante le contact de ce corps pressé, violent et muet.

*
* *

Pendant un an, Narsès n'entendit plus parler de Théodora. Fidèle à sa promesse, il alla chaque semaine chercher la petite Eudoxie, toujours heureuse de se précipiter dans ses bras. Il l'emmenait sur le promenoir de l'hippodrome, où, à force de les voir passer, la main dans la main, en rires et en tendresses, les badauds appelaient Eudoxie « la fille de l'eunuque ». Cela faisait beaucoup rire. Narsès avait du mal à concevoir qu'un malheur comme le sien puisse provoquer tant d'hilarité. Trouve-t-on les aveugles, les sourds, les muets, si divertissants ? Parfois, son agacement était tel qu'il comprenait que les rares, parmi les siens, qui arrivaient à des postes élevés, manifestassent tant d'arrogance et de mépris. Car à force d'être traités comme des êtres étranges, ils ne ressentaient plus aucune compassion pour ces êtres sexués qui les avaient rejetés.

La poste, privilège impérial, ne permettait pas aux citadins ordinaires de communiquer facilement, et peu de nouvelles arrivaient de Cyrénaïque, région bien calme et pauvre à côté de la riche et turbulente Égypte. Enfin un bateau, en provenance de Libye, apporta plusieurs feuilles de parchemin accrochées sur le côté les unes aux autres. Les messages du cœur, comme les secrets d'État, se lisent dans un lieu retiré, et Narsès attendit impatiemment de se retrouver seul.

De Théodora à Narsès. Cyrène.

Narsès, excellent ami, la vie n'est pas aussi agréable que je l'espérais. D'abord ce pays de Cyrène est très ennuyeux, très froid pendant ce mois de janvier, et paraît-il très chaud l'été. Il est impossible de se promener en dehors de la ville, car tout autour s'étend le désert. Hécébolos montre une grande rigidité dans ce qu'il m'autorise ou m'interdit, car la femme d'un gouverneur doit être irréprochable. Comme je te l'avais dit, j'avais espéré partager avec lui les soucis et responsabilités de la province. Mais il a écarté mes propositions en me disant : « Tout ce qui est au-dehors, Dieu l'a confié aux hommes ; tout ce qui est à la maison, aux femmes. »

Je ne sais pas si je l'épouserai au printemps. Peut-être repartirai-je quand la navigation reprendra. Je me demande pourquoi je n'arrive pas à vivre comme je le souhaite. Est-ce la volonté de Dieu ? Est-ce que j'ai des ambitions répréhensibles ? Suis-je responsable des déceptions que j'endure ? Tu me manques. Il n'y a personne ici avec qui parler sincèrement car tout le monde craint le gouverneur qui est très autoritaire.

La seule compagnie agréable est celle de mes servantes, trois Africaines noires, une Goth et une Italiote. Elles parlent toutes le grec avec de drôles d'accents. Nous jouons ensemble des comédies d'Aristophane, fabriquons les décors et cousons les costumes. Nous avons présenté L'Assemblée des femmes *à Hécébolos et ses adjoints. Lorsque j'ai salué à la fin, il a répété sa phrase préférée :*

« Dieu ne pourra pas supporter plus longtemps ce spectacle. »

J'ai acheté un petit singe qui ne me quitte pas. J'aimerais bien être aussi libre que lui.

Il me tarde que le printemps arrive et que le soleil réchauffe mon cœur.

J'espère que tout va bien pour toi au Grand Palais. Porte-toi bien.

Théodora.

***

L'hiver touchait à sa fin. Théodora ne songeait plus au mariage. Malgré ses efforts pour supporter la rudesse et plus encore l'étroitesse d'esprit du gouverneur, sa surprise s'était transformée en indignation, l'indignation en répulsion. Elle détestait Hécébolos. Cependant, pour éviter la suspicion, elle dissimulait sa haine de son mieux afin de réaliser son projet : s'enfuir. Dès que la navigation reprendrait, elle s'en irait à Antioche, dans le pays dont sa famille était originaire, la Syrie. Là, elle inventerait à nouveau une existence digne et riche avant de revenir à Constantinople.

Dès la fin du mois de février, elle se rendit fréquemment au port d'Apollonia pour se renseigner sur la reprise de la navigation. Début mars, elle apprit que le premier bateau vers l'Orient quitterait le port le surlendemain. Elle en versa des larmes de joie. Partir ! Quitter ce pays, cet homme, ouvrir le livre de l'avenir, en feuilleter les plaisirs et les surprises, envisager à nouveau une vie conforme à ses désirs.

De retour à Cyrène, son char fut bloqué dans la rue centrale par un attroupement. La foule fut vite repoussée par des gardes afin de laisser passer un homme et une femme assis chacun sur un âne. Deux esclaves fouettaient leurs dos et leurs nuques en y inscrivant de grandes zébrures rouges. Les malheureux longèrent le char suivis par des citadins surexcités.

— Qu'ont-ils fait ? s'enquit une servante.

— La femme est mariée et a commis l'adultère avec l'homme. Le gouverneur vient de les condamner à mort.

Toute la colère que Théodora réprimait depuis des mois gronda soudain comme un volcan. Se croyant déjà partie, oubliant toute prudence, elle éclata le soir au cours du dîner :

— Pourquoi as-tu condamné à mort la femme ? Ce n'est pas la coutume à Constantinople. Tu n'avais qu'à laisser le mari choisir le sort de son épouse. Mais tu méprises les femmes, tu veux les asservir, les piétiner, leur arracher le goût de vivre...

Hécébolos se leva, cramoisi de fureur :

— Malheureuse qui défend les pécheurs. Tu aimes ça, le péché. Tu aimes qu'on te farfouille partout. Que ce soient les hommes ou les animaux, tous te donnent du plaisir, de ce plaisir honteux que l'Évangile condamne. Cela fait des années que je surveille ta lubricité, que je poursuis le démon que tu es. Je me disais : un jour je posséderai ce monstre et le châtierai comme il le mérite. Je reconnais m'être laissé séduire par la douceur de ton ventre qui devint un linceul pour mon âme. Mais j'ai prié et Dieu dans sa miséricorde a su transformer mon plaisir en dégoût. Maintenant tu vas sortir de l'abjection.

Théodora sentit le toit s'écrouler sur sa tête, consciente de sa totale impuissance à conjurer la catastrophe. Il l'enferma dans une chambre froide et nue, chassa ses servantes qu'il remplaça par une vieille esclave venue de Germanie, ne sachant pas un mot de grec mais connaissant le latin pour avoir servi de longues années dans une famille romaine. Après de lugubres journées d'abattement, grâce à cette vitalité optimiste qui perdurait dans les plus grandes difficultés, Théodora commença à préparer l'avenir. D'abord pour vaincre l'ennui, elle décida d'apprendre le latin, la langue officielle de l'Empire. Ensuite et surtout, elle se fit une alliée de la vieille esclave qui obtint d'un secrétaire du palais officiel qu'il lui donne les papyrus et parchemins devenus inutiles. Ainsi Théodora eut des textes à lire et se tint au courant de ce qui se passait autour d'elle. Elle trouva dans l'étude du latin, des moments de bonheur.

Le pire se déroulait le soir lorsque Hécébolos lui rendait visite. Le regard exalté, la voix haineuse il déclarait :

— Cela te manque, un homme. Tu voudrais ma verge, misérable, mais tu ne l'auras pas. Pourquoi prendrait-elle la peine de te donner du plaisir, pourquoi iraitelle s'abîmer dans un endroit pareil !

En même temps son désir montait, gonflait, et il se jetait sur la jeune fille les yeux exorbités. Elle se débattait comme une forcenée, le griffait, le mordait, jusqu'à ce qu'elle fût vaincue par son partenaire. En partant, il se retournait d'un air dégoûté :

— Dieu ne pourra supporter plus longtemps ce spectacle.

Un soir, elle le mordit si cruellement à l'oreille, que le gouverneur saigna abondamment.

— Tu es possédée par le Malin, conclut-il. Si tu ne t'amendes pas, je te livrerai au sorcier.

Elle fut terrifiée, car devant le pouvoir des sorciers, aucune volonté humaine, aucune intelligence ne peut lutter. À la perspective d'être précipitée dans les griffes du diable et de connaître un supplice éternel, elle fit des cauchemars où les démons venaient la torturer de blessures et de jouissances.

À force de vivre dans l'affolement, elle tomba gravement malade et demanda à voir un prêtre pour se confesser.

— S'il te trouve diabolique, déclara Hécébolos, je te ferai exorciser.

Le prêtre était bon. Elle lui raconta ce qu'elle endurait, sans rien lui cacher, et lui demanda de l'aider à s'échapper. Il trouva la requête légitime et déclara habilement au gouverneur :

— Elle est folle et apporte le péché avec elle. Chasse-la d'ici.

Ce qui devait être une punition fut une délivrance. Elle s'enfuit vêtue d'une seule tunique et de sandales, et courut à pied jusqu'à Apollonia où elle trouva difficilement un moyen de quitter la Libye.

De Théodora à Narsès. Apollonia.

Très cher Narsès, je dicte cette lettre à un scribe avant de fuir la Cyrénaique. La vie fut abominable. Comme la mer est déchaînée aucun bateau ne prend le large. J'ai si peur que le gouverneur ne me fasse rechercher que je pars maintenant avec une caravane qui se rend à Alexandrie. Prie pour moi.

Théodora.

X

Le chef caravanier, un grand Noir venu du sud, l'installa sur un âne :

— Surtout ne t'endors pas. Ton âne quitterait le convoi et se perdrait dans le désert.

Un bien petit convoi d'ailleurs : trois chameaux, l'un pour le chef, les autres pour les provisions et les marchandises, une quinzaine d'esclaves marchant pieds nus, encadrés par trois surveillants assis sur des baudets. Théodora ne risquait certainement pas de s'assoupir tant la crainte lui labourait le cœur et la faisait se retourner sans cesse pour guetter d'éventuels poursuivants. La perspective d'être ramenée à Cyrène la remplissait de terreur. De toutes les offenses qu'elle avait subies dans son existence, celles infligées par la violence étaient les pires. Elle avait pu surmonter les chagrins, les déceptions, les humiliations, mais devant l'enfermement et la brutalité s'était trouvée sans défense. Jamais, jamais elle n'oublierait que dans un rapport de force, elle avait dû s'incliner.

Le froid tombe vite dans le désert quand les couleurs roses et violettes du crépuscule ressemblent aux teintes délicates des plus fines soieries. Elle grelotta dans son unique tunique et attendit avec impatience le moment de se coucher pour se recouvrir de sable. Enfin, quand la lune argenta l'immense étendue blanche, le caravanier ordonna la halte pour la nuit et fit monter sa tente.

— Viens dormir avec moi pour payer ton âne, lui dit-il.

Elle n'avait pas la force de refuser. D'ailleurs elle aurait plus chaud à l'abri et à côté d'un homme. Par chance il n'était pas pervers, quoique sans délicatesse.

Les jours suivants, elle ne songea qu'à se maintenir sur sa monture, malgré les courbatures du dos et du derrière, malgré le sommeil qui embrumait son esprit et alourdissait ses paupières. Surtout ne pas s'endormir, ne pas perdre la caravane !

Un soir, elle aperçut un feu qui brûlait dans le lointain. C'était le phare. C'était Alexandrie. C'était la liberté.

Le lendemain, lorsque la caravane franchit les remparts blancs de la ville et déambula dans un immense port, Théodora se sentit revivre. Enfin la foule, le bruit, la gaieté, et toutes sortes de gens : petits Noirs très forts, Égyptiens à la peau brune, Grecs, Arabes, Juifs, Italiotes. La plupart parlaient grec, les Noirs avec un accent qui roulait comme un petit tonnerre, les Italiotes en chantonnant. Quoiqu'elle se sentît fort lasse, son cœur souriait de revoir l'abondance propre aux capitales. Sur les quais, s'amoncelaient cristaux, porcelaines, pierres précieuses, soies, ivoires, verreries multicolores, poteries, voiles, or, épices, aromates, sel, vinaigre, vin, miel, dattes, bière, fruits, légumes, poissons, ânes, moutons, esclaves, tapis de Memphis et même du natron pour embaumer les corps. Le caravanier s'arrêta près d'un entrepôt, fit signe à deux hommes de venir chercher les esclaves, et saisit fermement Théodora par le bras.

— Allons dans la maison là-bas, entourée par les palmiers.

Il lui jeta un coup d'œil complice :

— Tu es belle et jeune, tu vaux cher.

À cette nouvelle ahurissante, Théodora se figea.

— Mais avance, s'impatienta le caravanier.

La rudesse du ton la ramena sur terre et sa vivacité reprit le dessus : crier était inutile car l'homme avait certainement des complices et, dans le grouillement du port, le recrutement des femmes devait être coutumier. Toujours fermement tenue par le bras, elle traînait autant que possible, aux aguets, prête à bondir sur la première occasion venue. Celle-ci se présenta sous l'aspect d'un étal d'épices, abondamment achalandé. Dès qu'ils longèrent le comptoir, Théodora s'empara d'un panier rempli de poivre qu'elle renversa sur la tête de son geôlier. Le temps de se débarrasser du récipient, de tousser, de cracher, de se frotter les yeux, la captive s'était fondue dans la foule.

Derrière le port, elle hésita : à droite s'étendait la ville, à gauche une longue chaussée déserte. Elle s'y engagea, car l'urgence était de se cacher, d'éviter les êtres humains et particulièrement les hommes, de retrouver son calme car elle tremblait encore d'effarement. Le bordel ! Le caravanier voulait la vendre au bordel, comme ces malheureuses dans le quartier de l'hippodrome ! Avait-elle échappé à l'âpreté de la vieille maquerelle pour se retrouver prostituée à Alexandrie ! Le Ciel lui avait-il choisi ce lieu de misère comme destinée ? Quelle détresse, quelle ironie que ce voyage vers un mariage honorable pour aboutir dans une maison close ! Qu'ils étaient loin les chemins de perles annoncés par Isadora la Boiteuse !

Lorsqu'elle ne vit plus personne à l'horizon, elle s'assit par terre pour examiner les environs. De part et d'autre de la chaussée s'étendaient deux grands ports : l'un à l'ouest, où la caravane s'était arrêtée, l'autre à l'est, ayant la forme d'une pince de crabe. Au bout de la route, elle aperçut une île, et dans le port de l'Est, le phare, le fameux phare d'Alexandrie, évoqué si souvent par les marins et les voyageurs. Elle ne l'imaginait pas si haut ni si volumineux. Il était blanc comme la pierre du pays et s'élevait sur trois étages reliés par une large rampe. Le feu brûlait sous une coupole surmontée d'une statue qu'elle distinguait mal. Autour du phare se dressaient d'autres statues et des colonnes, dont certaines ressemblaient à l'obélisque de l'hippodrome. Elle décida de se réfugier dans l'île.

L'île de Pharos était abandonnée. Quelques pêcheurs y avaient élu domicile dans des masures de bois. À la première femme rencontrée, Théodora expliqua :

— Je viens de loin et je suis épuisée. Gardez-moi avec vous quelques jours. Je vous aiderai autant que je le pourrai.

— Sois la bienvenue parmi nous.

La famille comprenait le grand-père, le père, cinq jeunes enfants, le frère du père et sa femme. Tous dînèrent d'une bouillie de froment et chacun se coucha sur des nattes dans l'unique pièce de la maison. Allongée près de la belle-sœur, Théodora pleura d'émotion d'avoir retrouvé le babil des femmes, l'humeur changeante des enfants, les cris des bébés, les disputes inoffensives. Après les semaines de grande peur, elle absorba la chaleur familiale comme un breuvage salutaire, et retrouva un sommeil paisible à côté des pêcheurs endormis.

Toutefois elle ne se sentit pas assez forte pour affronter la ville. La vie avec Hécébolos avait creusé une méfiance et une fragilité dont elle ne se remettait que lentement. Aussi resta-t-elle plusieurs mois avec les habitants de l'île, les aidant de son mieux. Elle apprit à réparer les filets, à préparer la terre pour les semences de printemps, elle enseigna aux enfants la pantomime, les lettres et les premiers mots utiles. Dans cette vie pauvre, chaleureuse, pieuse – les braves gens confiaient à Dieu le soin de leur âme et de leur éternité –, elle vivait en marge de son existence, loin de la responsabilité d'inventer son avenir.

Au printemps, elle désira reprendre le cours sinueux de son destin, remercia les pêcheurs et se rendit à Alexandrie.

Alexandrie. De Théodora à Narsès.

Mon excellent ami, je t'écris dans la Taverne de Macédoine, où je demeure dans une toute petite chambre. Je donnerai cette lettre à un marchand qui part demain pour Constantinople. J'ai passé l'hiver chez des pêcheurs de l'île de Pharos et suis venue dans la ville avec l'espoir de trouver des amis et gagner de l'argent. Mais pour des raisons que je ne comprends pas, je suis sans courage et tout le temps fatiguée. Pourtant la ville est belle, et tu l'aimerais certainement. Les rues sont bien plus larges qu'à Constantinople et se croisent à angle droit. Il y a un théâtre et un hippodrome, mais je n'ai de goût pour rien, ni pour manger, ni pour m'habiller, ni pour rire. Parfois, afin de payer ma chambre, je dors avec un homme, sans plaisir. Je passe mes journées à somnoler dans les beaux jardins et me sens maigre, triste et laide avec ce vilain teint que je prends quand je vais mal. Celle que j'étais à Constantinople m'est devenue une étrangère. Je voudrais décider, séduire, amuser comme avant. J'en ai l'idée mais pas la force, car un poids en moi me maintient épuisée. Te souviens-tu, Narsès, comme j'étais gaie ? Mon hôtel est proche des ruines du palais de Cléopâtre. Quand je pense que cette femme eut tant de pouvoir et de séduction, je sens ma vie bien misérable. Aide-moi à revenir, je t'en supplie. Et surtout prie pour moi la Sainte Vierge, car j'ai peur d'être devenue la possession du démon qui m'entraîne vers la mort.

Théodora.

Après la Pentecôte, il y eut fête pour le retour des dignitaires partis chasser les éléphants dans le sud. Poussée par la curiosité et l'excitation générale, Théodora vint s'agglutiner sous les portiques avec les badauds. Près d'elle, assis contre le mur, indifférent à l'agitation qui l'entourait, un homme maigre, vêtu d'un pagne égyptien fort usé, tissait un panier avec des feuilles de palmiers. Malgré son accoutrement misérable, elle reconnut à la grâce de ses gestes, à l'élégance de son maintien, à l'éclat de ses yeux, qu'il était un être civilisé. Plus encore. Il émanait de sa personne une intensité et un calme si surprenants, que, touchée dans la part encore vivante de son âme, Théodora souhaita le connaître. Elle dévisagea l'inconnu avec insistance sans qu'il levât les yeux vers elle. Comme l'homme débrouillait maladroitement un nœud de feuille de palmier, il murmura en syriaque : « Vierge, viens à mon secours. »

— Tu es syrien ? s'empressa-t-elle de demander.

— Je viens d'Antioche.

Il reprit son travail en silence. Une horde de jeunes

gens, parlant fort avec des gestes démonstratifs, passa entre eux. Dès qu'ils se retrouvèrent proches, Théodora insista :

— Tu retourneras bientôt à Antioche ?

— Non. Les persécutions contre les monophysites y sont trop violentes.

Et, brusquement animé par une flamme intérieure, d'une voix exaltée et sombre, il dit :

— Sur ordre de l'empereur Justin, les soldats ont forcé les portes des couvents, exilé, emprisonné, massacré les moines. Je me suis enfui en Égypte pour vivre dans le désert.

À nouveau un groupe les bouscula et poussa Théodora sur la chaussée. Elle rejoignit le Syrien encore une fois :

— Pourquoi faire ?

Comme il ne répondait pas elle répéta :

— Pourquoi aller dans le désert ?

— Pour prier Dieu et faire pénitence de mes péchés.

Devant cet homme qui lui plaisait, elle retrouva un moment son humour et son goût du défi :

— Tu veux, comme dans le désert de Syrie, monter sur une colonne, installer là-haut une petite terrasse, avec un panier et une longue corde pour qu'on t'apporte de l'eau et du pain ?

Il répondit, toujours sans la regarder.

— Non, il y a chez les stylites un côté provocateur que je n'approuve pas. Ils ont une gloire qui me paraît assez vaine. J'ai tressé ces corbeilles pour vivre en attendant de recevoir la bénédiction du patriarche Timothée. Il était souffrant ces derniers jours. Puis je partirai dans le désert des saints !

— Je ne connais pas ce désert.

— Beaucoup de gens s'y rendent cependant. Je veux simplement prier et jeûner pour asservir mon corps et délivrer mon âme.

— Comment t'appelles-tu ?
— Thomas !
— Moi je m'appelle Théodora.
Sa corbeille terminée, l'anachorète se leva en disant :
— Que Dieu te garde.
— Où vas-tu ?
— Voir le patriarche. Il m'attend.
— Je peux t'accompagner ?
— Évite-moi ce tourment.

Les éléphants arrivèrent à ce moment-là et la bousculade frisa l'émeute. Poussée par la foule, Théodora se retrouva coincée contre une des statues d'empereur qui décorent la voie de Canope. Elle regarda d'un air absent les éléphants, animaux plus gros encore que le taureau d'airain qui résonne chaque année près de l'hippodrome, tant la phrase de Thomas : « Évite-moi ce tourment ! » la blessait. Ainsi, elle était devenue un tourment pour un homme ! Avait-elle à ce point changé ? Était-elle devenue laide et pitoyable au point d'être rejetée comme une pestiférée ? Elle se vit errante, inutile, négligée, triste, ennuyeuse et prit peur. Peur d'elle-même. Honte et peur, comme une gifle sur l'âme. Mais comment quitter cette vie lamentable ? Vers qui se tourner dans son effarante solitude ? Elle avait besoin d'aide et Thomas l'avait repoussée. Alors elle songea à Timothée, le patriarche que l'anachorète souhaitait rencontrer. Certainement ce saint homme viendrait-il au secours de la brebis délaissée.

Depuis l'évangélisation de l'Égypte par saint Marc et son martyr dans ce pays païen, une église épiscopale se dressait à Alexandrie. Théodora s'y rendit le lendemain en début de matinée et s'agenouilla devant le patriarche qui la bénit et lui dit :
— Relève-toi ma fille et assieds-toi.

La pièce où se tenait Timothée, dans un bizarre

mélange d'austérité et de profusion religieuse, était encombrée d'icônes, de statues pieuses et meublée de rares sièges en bois ordinaire. Timothée avait une quarantaine d'années, portait une simple tunique sombre, et toute la gaieté de sa personne se concentrait dans ses yeux et sa bouche qui semblait attendre l'occasion de sourire. L'arrivée de la nouvelle pénitente en fut une.

— Te voilà, Théodora ! dit-il d'un ton d'évidence.

— Comment sais-tu qui je suis ?

— Hier, Thomas d'Antioche m'a parlé de toi.

— Il ne m'a même pas regardée et n'aurait su me décrire.

— Si, si, dit Timothée en riant. Un seul regard suffit pour une âme affinée par la lutte contre Satan. Il a tout de suite compris que tu cherchais à réveiller dans son cœur la convoitise, le goût de la volupté et l'esclavage du plaisir.

Théodora blêmit :

— C'est ainsi qu'il a parlé de moi ?

— Oui, répondit Timothée toujours souriant. Il a aussi souhaité avoir autant de zèle pour servir Dieu que tu en as pour séduire les hommes. Il connaît certainement bien les femmes. Sa famille à Antioche est très riche et il menait une vie facile et opulente. Il a renoncé à toutes ces satisfactions pour se consacrer à Dieu.

Puis, devant l'air consterné de son interlocutrice, il rit :

— Mon enfant, ne t'alarme pas de ces propos. Tu ignores à quel point la femme est une terreur pour ceux qui choisissent la vie des anges et intercèdent pour nous auprès de Dieu. Pourtant nous autres, pauvres pécheurs, avons besoin de la prière de ces saints qui cherchent à délivrer leur corps de la faim, de la soif, de la concupiscence et même de la santé pour que leur âme soit sauvée.

Puis, d'un ton attentif et bienveillant, il ajouta :

— Parle-moi de toi, ma fille. D'où viens-tu ? Que fais-tu à Alexandrie ? Que cherches-tu ? Qu'est-ce qui a provoqué cette sourde douleur que je devine en toi ?

Fut-ce de se sentir acceptée, l'évidence de s'adresser à un être qui lui était humainement très supérieur, la nécessité de saisir la première main qui lui était tendue, ou le simple soulagement de retrouver le rire, Théodora livra sa vie sans aucune réticence. Quand elle eut terminé, Timothée hocha la tête, songeur.

— Tu as beaucoup de qualités, ma fille, mais tu te connais fort mal. Tu as mieux à faire que de te détruire avec acharnement. Sais-tu que l'excès est condamné par tous les philosophes et n'a de sens que dans l'amour de Dieu.

— Que dois-je faire ?

— Dieu y pourvoira quand il le jugera nécessaire. Mais tu dois te préparer pour ce qu'il attend de toi. Tu es intelligente, d'une intelligence presque masculine, et tu dois la développer. Souviens-toi de la parabole des talents. Le Christ demande que nous fassions fructifier les dons reçus du ciel, sinon nous serons jetés dehors dans les ténèbres, là où sont les pleurs et les grincements de dents.

L'évêque remplit deux coupes d'eau, en tendit une à la visiteuse et précisa :

— Tu quitteras ta taverne et t'installeras chez une patricienne de grande piété, du nom de Clara. Elle a utilisé sa fortune pour fonder ici un couvent qu'elle entretient.

Timothée écrivit aussitôt quelques mots sur un parchemin, le plia et le tendit en disant

— Donne-lui cette lettre et reviens me voir dans deux jours.

Théodora se leva et demeura debout, hésitante, sans prendre congé. Le patriarche s'en étonna :

— As-tu quelque chose à me demander ?

— Oui. Tu m'as dit que je me connaissais mal. Pourquoi ?

Le patriarche hocha la tête avec regret.

— C'est un peu tôt pour te l'expliquer, mais puisque tu me le demandes, je vais te dire ce que je ressens aujourd'hui. Tu es un être qui a soif, comme dit Notre Seigneur, et tu cherches à assouvir cette soif en possédant les choses et les êtres. C'est une ambition impossible. Les choses et les êtres n'appartiennent qu'à Dieu seul. Que tu sois une femme passionnée n'a rien de condamnable en soi, à condition que ces tumultes soient au service du Père tout puissant. Va, ma fille, et que Dieu te garde.

Théodora sortit légère, remplie de la bienveillance de Timothée et de la manière enjouée dont il l'acceptait tout entière. Elle songeait déjà à leur prochaine rencontre, à ce qu'elle lui dirait, car depuis si longtemps – à dire vrai, depuis qu'elle avait quitté Narsès –, elle n'avait avec personne discuté librement. Cependant, à l'opposé du caractère inquiet et tourmenté de l'eunuque, Timothée rayonnait de joie et de sérénité.

La demeure de la patricienne se dressait trois maisons plus loin. Clara l'impressionna : elle avait dans un visage triangulaire de grands yeux couleur d'eau, presque transparents, et un long corps dont la tunique de laine dissimulait mal la maigreur.

— Je viens de la part du patriarche d'Alexandrie, dit Théodora en tendant le parchemin.

— Sois la bienvenue ici, ma sœur, et que Dieu protège ton séjour dans ma maison.

Elles firent quelques pas dans un couloir sombre.

— Je vis ici, dit-elle en montrant une porte fermée, et tu pourras dormir là.

Elle montra une chambre minuscule comprenant une paillasse sur la terre battue, un tabouret, une petite table et une lampe.

— Je mange fort peu, aussi prendras-tu tes repas avec les sœurs du couvent, juste à côté. Les trois coups de maillet annoncent les repas.

La voix de Clara était d'une douceur qui agaça la nouvelle venue. Elle avait envie de frapper cette suavité destinée à n'importe qui. Elle y discerna de l'indifférence.

Clara eut un petit sourire d'excuse pour expliquer :

— Je prie longtemps le Seigneur chaque jour. Mais si tu as besoin de quoi que ce soit, n'hésite pas à frapper à ma porte.

Le merveilleux moment de légèreté s'embruma et Théodora, lasse, entra dans sa chambrette et s'allongea sur la paillasse, brusquement épuisée.

— Je ne vais pas encore très bien. Quand cette fatigue finira-t-elle ?

Elle aurait voulu en parler immédiatement au patriarche. Mais elle devait attendre deux longues journées avant de renaître dans la gaieté et l'humanité de son sauveur.

Dans le réfectoire du couvent, aux murs et plafonds ocre, elle trouva dix moniales, d'âges très différents, vêtues de tuniques de bure. Elles murmuraient un bénédicité autour d'une longue table de bois brut. La prière accomplie, la plus âgée des sœurs s'approcha de la nouvelle venue et s'inclina légèrement :

— Bénie soit celle qui vient au nom du Seigneur. Prends place autour de la table.

Le repas consistait en une soupe claire, du pain et du fromage, que toutes mangeaient lentement. Théodora espérait obtenir des renseignements sur la vie du couvent, sur Clara et surtout sur Timothée. Mais on dîna en silence, tandis qu'une jeune sœur lisait une épître de saint Paul. Ensuite on se rendit dans une chapelle où furent célébrées complies.

De retour sur sa paillasse, Théodora, étrangère à cet

univers de permanente piété, se sentit rescapée d'un naufrage, mais loin, très loin de la terre ferme.

Deux jours plus tard, elle retrouva enfin la pièce aux murs couverts d'icônes et le merveilleux patriarche.

— Comment se passe ta vie chez Clara, ma fille ?

Elle soupira :

— J'ai l'impression d'être transparente.

Timothée prit un air faussement étonné :

— Elles te reçoivent, te logent, te nourrissent.

— Oui, mais elles ne s'intéressent pas à moi. Elles ne me posent aucune question sur ma vie.

— C'est vrai, ma fille, elles pensent d'abord à Dieu. Et comme elles aiment Dieu, elles aident toute personne qui leur demande de l'aide, d'où qu'elle vienne, parce que c'est une brebis du Seigneur. Et vues du haut du ciel, les brebis d'un troupeau sont très semblables.

Théodora rougit légèrement.

— Contrairement à ce que tu crois, continua le patriarche, elles s'occupent de toi, en priant le Seigneur de te venir en aide. Car que peuvent-elles, pauvres petites sœurs, pour secourir une grande pécheresse comme toi ?

La pécheresse s'énerva :

— Comment le savent-elles ?

Il éclata de ce rire libre qui surprenait et charmait à la fois. Puis regardant dans les yeux la jeune femme :

— Ma fille, que t'importe. Pécheurs nous le sommes tous.

Il cala bien son dos sur la chaise et reprit :

— Demande-toi plutôt ce que tu peux faire pour les aider.

— Rien, puisque Dieu seul peut les aider, bougonna-t-elle. Parle-moi plutôt de toi.

— Tu veux me séduire, moi aussi.

— Non... Non. Mais depuis que Thomas m'a rejetée...

— Des combats dans le cœur des hommes, tu n'es

pas le témoin. Ah, que d'orgueil, que d'orgueil dans ton âme !

Il se pencha vers elle :

— Écoute-moi. Du repos et du calme te sont encore nécessaires. Mais tu as besoin de recevoir des aliments qui te nourrissent. Va écouter Sévère, l'ancien patriarche d'Antioche, chassé par les persécutions du nouvel empereur. Il est l'esprit le plus brillant de notre église et tu apprendras beaucoup en suivant ses sermons et les discussions qu'il anime sur la nature du Christ. Il te prêtera des livres et tu en débattras avec lui.

Timothée était proche, et une légère et bonne odeur d'homme parvint jusqu'à la pénitente dont le désir s'enflamma. Elle fixa les mains larges, croisées sur les genoux, saisie par le désir de les toucher, de les caresser, d'établir un contact physique. Elle n'écouta plus, ses yeux se voilèrent et voguèrent vers des considérations plus charnelles. Soudain le patriarche se leva, et, paternellement, lui posa une main sur l'épaule en la conduisant vers la porte.

— Va en paix, ma fille, et reviens me voir dans une semaine.

Sévère était un homme grand, à la tête puissante, au verbe vigoureux et subtil. Théodora aimait les idées, les arguments, les controverses, et elle trouva du plaisir à suivre son enseignement. Tous les jours elle se rendait à l'église pour écouter l'homélie, ou pour débattre avec les adeptes et les adversaires du théologien monophysite. Étonné par son intelligence, Sévère prit l'habitude de discuter avec elle et de lui faire écrire les conclusions des controverses religieuses. Elle en conçut joie et fierté.

Dans cet entourage pieux, la prééminence de Dieu s'installa progressivement dans son cœur. Les sœurs à la voix tranquille, au sourire doux, lui devinrent plus proches, et elle admira leur renoncement pour la gloire de Dieu et le salut des hommes.

De leur chasteté, elle devina petit à petit certains combats secrets.

Elle n'avait guère de peine à les imaginer, car le sien était d'une violence extrême. Timothée ! Combien de fois se retourna-t-elle sur sa paillasse pendant des nuits blanches de désir ! Combien de fois, devant lui, se tut-elle soudain, étouffée d'ardeur. Avec quel effort, elle apprit à dominer son corps, à le soumettre à des exigences plus hautes, à ne plus obéir à ses pulsions. À sa manière, elle apprit les renoncements qu'exige la préférence du Dieu chrétien. Par contre sa frustration l'engagea dans un chemin de traverse : la jalousie. Elle acceptait de passer après Dieu, mais pas après les autres femmes. Tant de pénitentes venaient voir le patriarche ! Comment se comportait-il alors ? Était-il aussi libre, aussi rieur, aussi complice, qu'avec elle ? La trouvait-il plus intéressante, plus charmante que les autres ? Mais comment oser lui avouer une aussi sotte vanité !

Début août, un esclave de la Taverne de Macédoine lui apporta une lettre, envoyée à cette ancienne adresse.

De Narsès à Théodora.

Constantinople, quatrième année de l'empereur Justin.

C'est avec une grande tristesse, ô ma chère Théodora, que j'ai relu, bien tard, ta dernière missive. Je me suis renseigné sur ton état, qui est un état de mélancolie. C'est une maladie de l'âme que Dieu envoie au pécheur afin qu'il renonce à l'orgueil. Confie-toi à la miséricorde divine et tu retrouveras bientôt la joie. L'ami qui t'apporte cette lettre te donnera de l'argent pour revenir à Constantinople.

Voici quelques nouvelles de la Ville. L'empereur Justin, après son couronnement, est vite tombé dans une léthargie propre à la vieillesse. Il a pris en affection son neveu Pétrus

Sabbatius venu comme lui de Haute Macédoine, et lui a conféré le nom de Flavius Pétrus Sabbatius Justinianus. Maintenant ce neveu l'aide et le seconde dans le gouvernement de l'Empire romain. Je le rencontre parfois car il me demande de l'accompagner à la bibliothèque pour étudier tard dans la nuit. C'est un homme doux et affable, de trente-neuf ans, qui possède une vaste culture. Il me fait l'honneur d'apprécier mon travail. Nommé consul, il donna la traditionnelle fête du consulat le cinquième jour de janvier, et les festivités furent d'une magnificence inconnue jusqu'alors dans la Rome chrétienne. Imagine-toi un combat entre vingt lions et trente léopards dont la force, la beauté, l'habileté témoignèrent de la perfection de la création. Les festins offerts au peuple durèrent trois jours et trois nuits. Des ambassadeurs sont venus de tous les pays du monde. La diversité des barbares m'impressionne toujours et je ne me lasse pas de les examiner : ceux du lointain Orient avec leurs yeux bridés et leur nez écrasé, ceux du Nord couverts de fourrures et de peaux tannées, ceux du Sud au visage sombre et aux larges tuniques de couleurs, ceux d'Occident avec leurs longs cheveux et leurs hauts chapeaux, sans compter les Huns, les Goths, les Hérules, les Perses dont nous sommes familiers. Quand l'empereur s'est levé pour bénir les gradins de droite, puis ceux de gauche, puis la plaine du cirque couverte de roses, les orgues ont entamé une triomphante musique de louanges sur les paroles de « Gloire à Dieu, vainqueur et tout-puissant ». Alors une vague d'émotion parcourut la foule, faisant monter les larmes aux yeux des femmes et remplissant le cœur des hommes de fierté.

Bien entendu ceux qui détestent ce nouvel empereur et sa famille, qu'ils considèrent comme de vulgaires parvenus, se sont indignés que le consul ait dépensé quatre mille livres d'or pour assurer sa popularité. Mais, Justinien est très soutenu par l'Église, car, passionné de théologie, il fait surgir des couvents et des églises partout dans la capitale et ses environs.

Ta famille va bien. J'ai donné à Eudoxie une icône de la Mère du Christ si belle qu'elle n'a certainement pas été faite de main d'homme.

Je crois toujours que la Providence guide tes pas. Reviens vite.

Narsès.

Cette évocation de Constantinople raviva le désir qu'avait Théodora de retrouver son pays. Quatre mois de vie presque monacale avaient approfondi sa foi, modifié ses attentes, clarifié ses pensées, et elle commençait à se lasser d'une existence trop éloignée du monde. Elle s'en ouvrit à Timothée.

— Tu as raison, ma fille, de vouloir repartir, maintenant que tu as retrouvé force et équilibre. Tu n'es pas faite pour une vie contemplative, mais pour une vie active et responsable. Ton âme est volontaire, clairvoyante et pieuse. Je souhaite que tu contribues, à la place qui sera la tienne, à la pacification des rapports entre ces frères chrétiens que sont les monophysites et les orthodoxes. N'oublie jamais mon enfant, ma chère enfant – ah ! que je crains pour toi les tentations de la possession –, n'oublie jamais que Dieu seul doit inspirer tes choix et tes actes. À Constantinople, tu ne seras plus soutenue par l'exemple et la foi de ceux qui t'entourent ici. Tu ne pourras compter que sur toi-même et le Père tout-puissant sera ton unique recours. Va, maintenant, occupe-toi de ton départ et reviens me dire adieu.

La décision du retour une fois prise, Théodora se sentit à moitié partie, tant l'esprit se maintient dans le présent et se complaît dans l'anticipation. Certaines joies étaient attendues qui concernaient les retrouvailles qu'elle se plaisait à agrémenter de détails cocasses, d'autres, les plus exaltantes, les plus inquiétantes aussi, relevaient de l'inconnu, de la vie qu'elle mènerait après les épreuves des dernières années. Il fut décidé qu'elle voyagerait sur un navire accompagnant le transport du blé de l'annone. Aussi se rendait-elle souvent près des greniers de l'État, où les transporteurs mesuraient le froment qu'on déversait ensuite dans de grands bateaux ronds. Ces préparatifs lui parurent bien longs. L'écrasante chaleur d'août, la mauvaise grâce des Égyptiens à livrer presque le tiers de leur récolte à la despotique Constantinople engendraient de longues nonchalances et de fréquentes colères où l'on injuriait à voix basse l'empereur des Romains.

La veille du départ elle se rendit auprès de Timothée. Il avait l'air ému.

— Tu me manqueras, ma fille.

— Je peux t'avouer maintenant que je voulais être ta préférée.

— Tu l'étais. Tu l'es toujours.

Il éclata de rire.

— Je suis content d'avoir réussi à te le cacher.

Et il la serra dans ses bras en murmurant :

— Je prierai tous les jours pour toi.

Le lendemain, dernier jour du mois, Sévère, le patriarche à la parole ardente, et la très pieuse Clara accompagnèrent Théodora sur le port, l'entourant d'affection et lui rappelant combien étaient cruelles et injustes les persécutions commises contre les monophysites. Elle les assura de faire tout ce qui serait en son pouvoir pour protéger les croyants en l'unique nature divine du Christ et pleura de quitter ceux qui lui avaient rendu le goût de vivre et fait comprendre l'immense amour de Dieu pour les hommes.

Des pilotes alexandrins firent sortir les navires par les

passes entre les dangereux récifs du port, puis abandonnèrent le long convoi des gros bateaux à voile aux vents de la mer Méditerranée.

XI

Pendant la traversée, le vent fut capricieux, les voiles faseyèrent et les navires dodelinèrent doucement sur les flots. Cinq longues semaines furent donc nécessaires pour atteindre le détroit des Dardanelles. Comme à l'accoutumée le chenal était encombré, les douaniers d'Abydos tatillons et indolents, et la sixième semaine seulement, le convoi put voguer sur la mer de Marmara. Après les étendues plates du delta du Nil et du désert de Libye, Théodora dévora des yeux le dessin sinueux des côtes, les courbes des collines, le foisonnement des couleurs d'automne. Passée l'île des Princes, elle aperçut Constantinople, attendue avec tant d'impatience, bruissante de souvenirs et d'espoirs.

Dans le port d'Éleuthère, le plus grand de la ville, les citadins acclamèrent bruyamment l'arrivée de l'« heureux envoi » qui leur garantissait le pain pour l'année à venir. Sur les quais, les débardeurs préparaient treuils et chariots, les enfants couraient, les femmes discouraient et, dans ce tumulte, Théodora fut rattrapée par le passé. Si fort est le pouvoir des lieux qu'en retrouvant la vitalité de cette ville au confluent des mondes, resurgit en elle l'esprit grec et syrien, aventureux, intrépide, vif, que la docilité millénaire des Égyptiens et la sérénité des prêtres avaient endormi.

En même temps elle se sentit un peu étrangère dans cette Constantinople de sa jeunesse, théâtre de sa séduction et de ses revers affectifs. Investie par le patriarche d'une mission, mûrie par les épreuves, devenue profondément pieuse, elle cherchait une autre manière d'habiter sa ville. D'ailleurs elle avait vingt-cinq ans ! Et n'était toujours pas mariée !

Repoussant à plus tard les réflexions sérieuses, elle examina les alentours. La ville aussi s'était transformée. Des entrepôts récents occupaient le quai ouest. Sur le flanc de la colline se dressait maintenant un monastère. La rue qui montait jusqu'au forum des Bœufs avait été par endroits élargie et deux maisons de rapport de cinq étages dominaient les traditionnelles échoppes.

Vêtue d'une tunique de lin grossièrement tissée par les religieuses d'Alexandrie, son baluchon au bras, elle erra le long des quais, émue de retrouver l'accent des Romains, les dialogues rapides, et les gestes d'une religion superstitieuse – signes de croix, baisers aux médailles saintes, évocation du Ciel à tout propos –, que la simplicité des monophysites avait rejetés. Soudain elle entendit son nom et aperçut Grosse-Tête qui courait vers elle sur ses épaisses et courtes jambes.

— Sainte Vierge, tous les saints, Théodora, te voilà ! Que tu es belle ! Quel imbécile ce gouverneur de t'avoir chassée ! On te croyait enlevée par un roi barbare ou emportée par la crue du Nil qui noie toutes les maisons là-bas.

Grosse-Tête disparut aussi vite qu'il était arrivé pour se cacher derrière l'étalage d'un marchand d'olives. Sur la chaussée, des cavaliers de la garde du palais, reconnaissables à leur collier d'or et à leur casque à la rouge aigrette, avançaient en criant :

— Circulez, circulez, faites place !

Derrière eux, entourés d'eunuques, roulaient trois chars aux rideaux fermés, tirés par des mules harnachées de franges et de pompons de soie. Les badauds reculèrent en silence devant le riche cortège pour abonder ensuite en commentaires :

— Qu'est-ce qu'il veut comme femme, celui-là ? Il n'est jamais content !

— De belles jeunes filles, fraîches comme le poisson au retour de la pêche, jeunes comme des oisillons qui ouvrent leurs premières ailes ! L'impératrice les fait rechercher dans tout le pays parmi de bonnes familles et Justinien n'en veut pas.

— Pourquoi n'est-il pas marié ? Il doit avoir près de quarante ans maintenant !

— Peut-être qu'il n'en a pas le temps. Il travaille sans cesse. On dit qu'il ne dort jamais.

— Si tu veux mon avis, intervint le vendeur d'olives, il aime les femmes, mais pas le mariage. Avec le mariage, on a toujours la même. Lui préfère changer selon son humeur.

— Ce n'est pas chrétien ce que tu dis là. Le neveu du divin empereur est extrêmement pieux.

Le marchand d'olives fit un geste signifiant que la situation était incompréhensible. Grosse-Tête sortit alors de sa cachette, l'air inquiet :

— Ils sont partis ?

— Oui, dit Théodora en riant. Pourquoi t'es-tu caché ?

— Il vaut mieux mendier discrètement. Car, tu l'ignores sans doute, Justinien ne plaisante pas avec les oisifs. Si on ne fait rien, on est embauché pour les travaux publics, si on refuse, on est chassé de la ville. Il est interdit de ne rien faire. Le travail ne manque pas car le neveu de l'empereur fait construire partout des églises, des couvents, des citernes et des palais !

— Justinien a raison. L'homme est fait pour travailler, dit l'Évangile.

— Je ne te crois pas. Je demanderai à un prêtre qui sache bien lire de vérifier. Maintenant, dit-il en se redressant, je deviens la garde impériale de la reine de l'hippodrome et je t'accompagne jusqu'à ta maison.

La ruelle était sinueuse et raide pour accéder au quartier de l'hippodrome, envahie d'enfants et d'odeurs de poisson. À son extrémité, apparut sur la hauteur une silhouette faisant de grands signes.

— Qui est-ce ? demanda Théodora.

— Basile, il me semble.

Le jeune homme, en effet, était méconnaissable dans un accoutrement des plus bizarres : son visage portait barbe et moustaches tombantes comme les Perses, tandis qu'à la façon des Huns ses cheveux étaient rasés sur le devant et pendouillaient en désordre sur les épaules. Il portait le même caleçon et les mêmes chaussures que ces Barbares, et, comble de ridicule, ses manches bien serrées au poignet, flottaient comme un drapeau jusqu'à l'épaule.

— Pourquoi ce déguisement ? demanda Théodora. As-tu abandonné la bijouterie pour devenir comédien ?

Basile éclata de rire :

— J'ai tout le temps pensé à toi. Tes railleries me manquaient.

— Tu ne m'expliques pas ce costume extravagant !

— C'est la mode. La mode pour les Bleus. J'appartiens à leur faction maintenant.

Et, ouvrant son manteau, il montra une courte épée dissimulée dans sa ceinture.

— Comment me trouves-tu ?

— Fort grandi ! Tu n'es plus un petit garçon amoureux, mais un jeune homme... presque ridicule, dit-elle en riant.

— Pas pour tout le monde. Je vais me marier.

— Décidément, on ne parle que de mariage aujourd'hui. Je la connais ?

— Non. Mais ma mère et mon père sont très contents. Ma future femme adore le jardinage. Je dois te quitter pour porter un bijou à une riche noble. Je suis content que tu sois revenue. Constantinople, sans toi, était un ciel bleu sans soleil.

Lorsqu'il fut éloigné, Grosse-Tête remarqua :

— Les Bleus ont beaucoup de pouvoir avec cet empereur. Si tu veux mon avis, un peu trop.

Les Bleus ! Voilà un moment qu'elle n'avait plus pensé aux factions ! Mais leur évocation réveilla tout son ressentiment contre les Verts, comme si, la veille seulement, elle avait tendu ses bras vers la foule hilare pour entendre : « Vous ne serez pas une grande perte pour la ville éternelle » ; « Cela fera trois putains de moins » ; « Je ferai le gros ours quand vous serez plus grande. »

— Les Bleus n'auront jamais assez de pouvoir, murmura-t-elle.

Le mendiant leva vers elle des yeux étonnés, mais Théodora songeait déjà à l'avenir.

— Dorénavant, Grosse-Tête, je vais avoir besoin de toi.

— Tout ce que tu voudras, noble dame. Je mendierai deux fois plus et nous partagerons ma recette.

— Je ne tiens pas à ce que la garde impériale t'emprisonne. Je veux que tu me renseignes sur ce qui se passe en ville et me répètes ce que les gens racontent. J'ai été trop longtemps absente de la capitale.

— C'est un vrai travail que tu me demandes, gémit Grosse-Tête.

— Je te récompenserai. Je vais saluer ma mère et ma fille. Pendant ce temps, préviens Narsès de mon retour. Dis-lui de me retrouver sur l'Augustéon à la fermeture du palais.

Sur la place, les torches étaient déjà allumées lorsque les fonctionnaires sortirent par petits groupes du Palais. Théodora scruta la porte de la Chalcée en cherchant Narsès des yeux. Elle agita la main dès qu'elle le vit, un peu grossi, l'expression toujours tendue et concentrée, quoique plus paisible. Le visage de l'eunuque se métamorphosa de joie en l'apercevant.

— Ma Théodora, ma Théodora, répétait-il en scrutant les transformations du visage de la jeune femme et en lui prenant les mains. Tu es plus belle qu'avant, le sais-tu ?

— Et toi, comment te portes-tu ? Ne me dis pas que tout va bien, je ne te reconnaîtrai plus !

— Sois rassurée, je ne le dirai pas. Mais tout va mieux.

Ils rirent tous deux de constater que ces années d'absence n'avaient pas entamé leur complicité.

— Viens t'asseoir et raconte-moi tout, dit l'eunuque.

Tous deux s'assirent autour d'un guéridon et Narsès commanda du vin et de la viande séchée. Théodora se sentait joyeuse comme une petite fille.

— Du vin ! Je n'en ai pas bu depuis des mois ! À part celui de la messe qui n'est pas fameux. Quel bonheur de se retrouver ici avec toi. Le croiras-tu ? Je craignais un peu de te revoir.

— Pourquoi donc ?

— J'ai tant changé. Imagine un fer plongé dans le feu du forgeron et martelé de tous côtés. C'est moi. Je suis prête maintenant à être ferrée sur un sabot, mais j'ignore lequel.

— Tu as évolué, mais changé ?... Je ne crois pas qu'un être se transforme. Les circonstances lui permettent d'accomplir plus ou moins ce dont il est capable. Et rares sont les êtres qui ont la chance de révéler tous leurs talents.

— Imagine-toi que le patriarche Timothée craint mon avidité à posséder les choses et les êtres ! Est-ce vrai ?

— Voilà un homme perspicace !

— Pas pour ma mère. Elle le juge indigne d'être évêque, car il me trouve intelligente. Pauvre mère, désespérée car aucune de nous trois n'est mariée. J'avais perdu l'habitude de sa volubilité, qui est vraiment exceptionnelle. J'ai revu ma fille. Elle a le charme de Libanios et grâce à toi sait lire et écrire. Je t'en remercie. Qu'est devenu Ouranios ?

— Après une mauvaise chute, Justin l'a intégré dans le corps des Excubites. Après les angoisses et les dangers de la vie d'aurige, il trouve très reposante celle de soldat du Palais. Il est marié et a des jumeaux. Nous dînons ensemble, de temps en temps, unis par notre tendresse pour toi.

Tous deux discutèrent à bâtons rompus, des uns, des autres, avec l'allégresse de l'amitié retrouvée. Lorsque la plupart des badauds eurent quitté la place, Théodora déclara :

— Parlons sérieusement, maintenant. Es-tu content de ton travail ?

— D'une certaine manière oui, car au ministère j'apprends beaucoup de choses sur le gouvernement de l'Empire puisque tout finit par avoir un aspect financier. Malheureusement le comte des Largesses Sacrées est un homme mou, qui prend de mauvaises décisions. Et comme je suis le plus récent dans son service, il m'attribue ses erreurs quand on les lui reproche. Je passe alors pour un sot, ce que je supporte mal.

Heureusement Justinien, qui supervise toutes les affaires, me fait plutôt confiance. Sinon je vis avec l'impression pénible – tu me diras qu'il s'agit toujours du même regret – de ne pas donner ma mesure, de vivre en deçà de moi-même. Ce sentiment est peut-être partagé par tout le monde, mais je n'en suis pas certain. Et toi, que comptes-tu faire maintenant ?

— Je voudrais que les Romains oublient mon derrière !

— Ce sera difficile !

— Pour le dire autrement, je ne veux plus être considérée comme une pantomime ou une courtisane, car je ne le suis plus.

— Alors...

— Alors je vais vivre pieusement de mon travail, pour être respectée et me marier.

— Bien des choses ont changé ici, mais la loi édictée par Auguste est toujours en vigueur : les comédiennes, esclaves ou prostituées, ainsi que leurs filles, ne peuvent épouser un sénateur ou un haut dignitaire.

Théodora sourit :

— Je ne cours plus après les sénateurs depuis ma relation avec Libanios. Mais il existe des hommes qui ne sont pas encore de hauts dignitaires et qui le deviennent par la suite. Alors l'épouse resplendit de l'honneur et de la gloire de son mari. Nombreuses sont les femmes qui ont ainsi monté socialement avec l'assentiment de tous. C'est ce que j'espère.

Narsès eut un éclat gai dans le regard.

— À quoi penses-tu ? demanda Théodora avec curiosité.

— À la divine impératrice.

— Euphémie ?

— Exactement. On l'a rebaptisée ainsi car son nom d'origine, Lucipine, « petit loup », manquait de dignité. Elle était esclave et fille à soldats dans l'armée. Justin l'a achetée et épousée. Lorsqu'il fut choisi par Dieu comme empereur, une nouvelle décréta que son épouse était en réalité libre de naissance et rien ne s'opposait à ce qu'elle devint la basilissa des Romains. Malheureusement tu n'es pas une esclave, et Justinien est trop certain de devenir empereur pour se marier n'importe comment.

— Je te remercie pour le n'importe comment !

— Comment vivras-tu ?

— Je travaillerai de mes mains, filerai la laine comme

ma mère. Tu m'aideras à trouver une maison tranquille. Je ne supporterai pas de dormir plus de trois nuits entre ma mère et ma fille.

Narsès fronça les sourcils d'inquiétude.

— Tu ne vas pas continuer à vivre comme une recluse. Sinon, autant entrer au couvent.

— Non, non, je compte bien renouer avec d'anciennes connaissances et fréquenter des gens importants. Je veux me marier, t'ai-je dit. Je sais exactement les qualités que devra posséder mon mari : de l'intelligence, de l'avenir, de l'amour, une grande bienveillance envers les monophysites et si possible de la fortune.

Narsès fit une petite moue devant la difficulté de l'entreprise.

Lorsque la lune fut au milieu du ciel, il accompagna Théodora jusqu'à la maison de l'ours et ils se quittèrent heureux de leurs retrouvailles.

Antonina habitait toujours près de Sainte-Irène. Elle embrassa son amie et s'empressa d'ajouter :

— Je sais déjà tout de ta vie à l'étranger. Inutile de me la raconter. Tu as bien fait de revenir maintenant. Bélisaire appartient à la garde de l'empereur. Il est un compagnon de Justinien et partage ses festivités. Là, tu trouveras un mari, où je ne te reconnaîtrai pas. À ton âge, il ne faut plus tarder. J'ai découvert un moyen infaillible de séduire. Il s'agit d'une préparation qui accentue l'odeur naturelle. Crois-en mon expérience : l'odeur est ce qui compte le plus pour attirer un homme. D'ailleurs des savants ont fait des études qui prouvent que celle du corps possède un pouvoir d'attraction supérieure à celle des parfums. Avant de te rendre à un dîner, tu te frotteras avec les herbes que je te donnerai qui feront ressortir la sensualité de ta peau.

Et comme Théodora l'écoutait d'un air distrait, elle se fâcha :

— Ne prends pas ton air de pénitente qui écoute le patriarche Timothée. Tu as un passé intéressant, peu ordinaire, c'est entendu, mais maintenant tu dois songer à ta vie future. La situation nous est favorable en ce moment. L'empereur et Justinien viennent du peuple et s'entourent de gens doués qui n'ont pas de naissance. Bélisaire obtiendra un jour le commandement d'une armée. Mais les nobles sont furieux contre cette famille impériale d'origine paysanne, et vont tout faire pour que le successeur de Justin soit un des leurs. Et le divin Justin vieillit terriblement.

— Narsès m'a pourtant dit que Justinien avait de grandes chances de devenir empereur.

— Si rien ne se met en travers de sa route ! Il n'est pas devin, que je sache, ton eunuque, malgré son air de tout savoir. Quels sont tes projets ?

— Mener une vie honorable et filer la laine.

— Tu mourras d'ennui.

— Je dois assurer ma réputation de femme rangée.

Antonina ne savait que penser d'une telle évolution, mais, cohérente avec elle-même, prête à rendre service à ceux qui lui en seraient reconnaissants, elle déclara :

— Je te ferai inviter à des soupers intéressants. Les femmes doivent s'entraider et nous avons toutes les deux un bon chemin à parcourir.

Théodora, bousculée par l'autorité de son aînée, changea de sujet :

— Et toi, que deviens-tu ?

— Bélisaire m'adore. J'attends un enfant de lui.

— Et Photius ? Il étudie bien ?

— Bélisaire s'en occupe beaucoup.

Théodora pensa que son amie avait encore trouvé un homme malléable, mais n'en dit rien et la remercia de son accueil.

Théodora s'installa dans une petite maison de bois,

sur la quatrième colline, à proximité d'une rue commerçante animée et d'un bain public. La vue était belle : du balcon du premier et unique étage, on apercevait la muraille de Constantin, l'aqueduc de Valens et, au loin, la mer de Marmara.

Pour gagner sa vie, la fille spirituelle du patriarche Timothée fila la laine. Au début, ses doigts se blessèrent à faire pivoter le fuseau d'une main et à presser en fil les rubans de laine cardée. Mais après deux semaines, la peau de ses phalanges durcit et le travail devint d'autant plus aisé qu'elle obtint de travailler les poils délicats des brebis. Pendant ces séances de filature, des femmes du quartier vinrent discuter avec elle, des monophysites clandestins prirent plaisir à deviser théologie en sa compagnie, les amies de toujours, Indaro et Chrysimallo, ainsi que Grosse-Tête la divertirent des rumeurs de la capitale. Avec les visites à sa famille et les rencontres avec Narsès, ses journées furent bien occupées.

L'essentiel cependant était de se marier. Tous les matins, elle priait le Seigneur de lui éviter la vie de célibataire, ou le retour à la vie de courtisane. Grâce à Antonina et à ses anciennes relations, elle était invitée à des soirées, chez des marchands, des fonctionnaires, des militaires, jamais chez les sénateurs qui redoutaient ses excès depuis sa conduite envers Libanios. Avant chaque réception elle s'occupait longuement de sa toilette pour séduire un futur mari. Mais sa position était délicate. D'une part elle repoussait les avances lestes pour ne pas retomber dans sa vie antérieure, d'autre part elle intimidait et parfois effrayait les hommes par sa culture, son ouverture d'esprit, la rapidité de ses répliques, et, quand une entente possible se présentait, l'homme était déjà marié et elle ne voulait plus d'homme marié.

Les premières semaines, elle rentra déçue de ces dîners, tout en gardant l'espoir. Au cœur de l'hiver elle s'inquiéta sérieusement, et sa correspondance avec

Timothée ne suffit plus à lui rendre la sérénité. Pour la réconforter Narsès lui expliqua que sa personnalité était exceptionnelle, et que n'étant ni courtisane ni fille de bonne famille, tout en étant cultivée, indépendante et volontaire, elle n'entrait dans aucune catégorie habituelle de la population féminine. Seul un homme remarquable pourrait s'émerveiller d'une femme comme elle. Ces explications flatteuses l'alarmaient plus qu'elles ne la charmaient, lui faisant redouter, de son inadaptation aux destins féminins traditionnels, un avenir malheureux. Parfois, en colère contre la pusillanimité des hommes, elle fabriquait des poupées masculines avec des fils de laine et leur coupait la tête.

Le printemps revint, la sève monta dans les arbres, les chants dans la gorge des oiseaux, et l'appel de la jouissance dans le corps des humains. Théodora souffrit de la continence. Son ventre criait de solitude et lui donnait des vertiges. Partout dans la ville, elle croisait des hommes, maçons, tisserands, orfèvres, marchands, au corps jeune et vigoureux, certainement prêts à la pénétrer, mais elle s'interdisait la moindre rechute qui en un jour ruinerait un avenir si patiemment préparé. Seule la marche la délivrait en partie de son mal, et elle parcourait la ville, tendue et douloureuse, jusqu'à épuisement.

Un après-midi qu'elle déambulait ainsi dans la capitale, elle longea un chantier d'où un jeune artisan l'interpella :

— Salut, Théodora !

Toujours prompte aux changements d'humeur, et sensible à la popularité, elle approcha en souriant.

— Que Dieu te bénisse. Tu es le petit Paul, le fils de Jean, le teinturier. Tu étais un garnement insupportable qui jouait à glisser sur les escaliers de l'hippodrome. Je me souviens du jour où tu es tombé dans l'Euripe dont tu es sorti sale comme un hippopotame.

Paul, fier d'être reconnu, se tourna vers ses compagnons.

— Je vous le disais, les amis, les filles ne m'oublient jamais ! Et celle-là, c'est la plus belle de la ville.

— Dommage que tu ne montres plus ton derrière ! dit un maçon d'un certain âge.

— Oublie-le, tu seras plus heureux, dit Théodora en riant.

— Quand je me l'imagine, j'ai la zigouillette qui remue.

— À ton âge, c'est une chance, tu peux mettre des cierges à l'église. Que construisez-vous ici ?

— Une église justement. Pour saint Polyeucte.

— Attention, les gars, voilà la donatrice ! s'affola le jeune artisan.

Les hommes se remirent précipitamment au travail. Théodora, en s'éloignant, croisa une litière portée par quatre eunuques en livrée pourpre et argent, qui déposèrent le véhicule près du chantier.

— Théodora, va-t'en immédiatement, dit une voix de femme âgée, derrière les rideaux de soie.

— La ville est à tout le monde ! rétorqua la jeune femme.

— Pas ce terrain qui m'appartient. J'y fais construire une église. Une prostituée comme toi qui attire les démons ne doit pas la souiller.

— À qui ai-je le plaisir de parler ? demanda Théodora d'un ton glacé.

— À l'arrière-petite-fille de l'empereur Théodose, la clarissime Anicia Juliana.

— Que Dieu tout-puissant le console d'avoir une petite fille aussi grossière que toi. Adieu, clarissime, dit-elle avec un fier mouvement de tête.

— Hérétique ! Putain ! Que le diable t'emporte !

Malgré le panache de son attitude, Théodora se sentit profondément meurtrie par l'insolence d'Anicia Juliana. Plus grave encore, elle se rendait compte que tous ses efforts pour mener une vie honorable et pieuse n'effaçaient, ni pour les artisans ni pour les puissants – peu importait que ce fût en bien ou en mal –, le souvenir de ses effronteries passées. Elle se sentit piégée, emprisonnée dans l'image que les citadins avaient d'elle, image qui la condamnait à porter le fardeau d'une Théodora ancienne qui n'était plus. Cette muraille invisible de l'opinion d'autrui, aussi résistante que le double rempart de Théodose qui encerclait la capitale, l'accabla. Si elle ne pouvait secouer la gangue de sa folle adolescence, alors elle était condamnée à la répétition sinistre des jours, et les rêves d'un avenir surprenant s'enfouissaient sous la terre. Cette perspective était odieuse et la colère monta dans son cœur pour l'enfermer dans sa prison rouge. Un peu plus loin se dressait une église. Elle y entra. Mais Dieu avait ce jour-là perdu son pouvoir, la prière son efficacité, tant elle restait happée par le chagrin et l'exaspération, comme au temps de sa répudiation par Libanios. Un jour elle se vengerait, contre qui, elle l'ignorait, mais elle se vengerait pour ne pas étouffer d'amertume.

Il lui fallait un exutoire. Elle songea à l'indolente Chrysimallo qui l'écouterait patiemment, sans vraiment comprendre, et se dirigea vers sa demeure. Chemin faisant, elle traversa la place de l'Augustéon. La nuit était tombée, mais la bibliothèque encore éclairée. À tout hasard, elle frappa dans l'espoir d'y trouver Narsès. Il ouvrit. Sans même le saluer, elle entra comme une bourrasque, et, ne sachant expliquer les causes complexes de son désarroi, choisit le thème le plus abordable :

— Les nobles de cette ville se conduisent comme des bandits ! Tu connais Anicia Juliana ? Elle se croit tout permis parce qu'elle descend de l'empereur Théodose.

Jusqu'à quand les nobles se croiront-ils le sel de la terre ? Qu'ont-ils de supérieur à nous, à part la fortune ? S'imaginent-ils qu'ils vont faire la loi dans l'Empire jusqu'à la fin du monde ? Le Saint-Esprit m'a retenue de sauter dans sa litière pour frapper son visage de guenon !

— On en reparlera plus tard, déclara à voix basse Narsès, visiblement gêné. Pour le moment, je travaille.

Théodora jeta un coup d'œil à la vaste pièce dont les lustres jetaient des clartés mouvantes sur les parchemins et les papyrus. Au fond, un homme lisait, le profil éclairé par une lampe à huile.

— Je te dérange, excuse-moi, dit la jeune femme en l'apercevant. Que le ciel protège ta nuit.

XII

Le lendemain, il fit très froid. Malgré ses trois tuniques et son manteau, Théodora tournait péniblement ses doigts engourdis autour des rubans de laine, tandis que ses pensées tournoyaient autour de ce qu'elle craignait être l'impasse de sa vie. Soudain elle entendit :

— La charité frappe à votre porte.

Elle se leva et entrouvrit la fenêtre.

— Grosse-Tête, que se passe-t-il ?

— C'est très important.

— Monte.

Le mendiant apparut tout essoufflé et, prenant des chemins de traverse selon son habitude, déclara :

— Je grelotte. J'aimerais vivre dans un pays où l'on fait de grands feux dans des cheminées. Cela existe, des cheminées. On me l'a raconté. Ce sont des sortes de coffres ouverts, en pierre, dans lesquels on met du bois qui brûle et qui réchauffe.

Théodora était d'humeur trop morose pour se divertir de tels propos.

— Dépêche-toi de me dire la raison de ta visite.

— Narsès est préoccupé. Tu es venue hier dans la bibliothèque de fort méchante humeur, paraît-il. Or Justinien s'y trouvait. Ensuite le neveu de l'empereur a vite abandonné sa lecture et quitté Narsès sèchement. L'eunuque s'en inquiète et m'a chargé de te prévenir.

— Je t'en remercie.

— Veux-tu d'autres nouvelles ?

— Non. Laisse-moi. Cela suffit pour aujourd'hui.

Elle avait matière à méditer pour toute la journée. Ainsi Justinien se trouvait là ! Qu'est-ce qui lui avait pris d'entrer dans cette bibliothèque comme une furie ! Sans compter qu'après sa longue marche elle avait certainement l'air fatiguée et peu soignée. Elle ne pouvait imaginer une présentation plus défavorable, qui non seulement condamnait toute rencontre future avec le neveu de l'empereur, mais rendait peu vraisemblables ses efforts pour se faire une conduite discrète et réservée. Sa violence, ou son orgueil dirait Timothée, l'entraînait malgré elle dans des comportements excessifs. Ne changerait-elle jamais ? En avait-elle réellement envie ? Devait-elle renoncer à cette flamme intérieure qui la rendait gourmande de la vie ?

Pour relativiser sa déception, elle argumenta autrement. Pourquoi se désoler de son irruption dans la bibliothèque ? L'opinion du neveu de l'empereur n'avait aucune importance, puisque, enfermé dans son palais, débordé de travail, il resterait un étranger, ne la reverrait jamais et pouvait penser d'elle ce que bon lui plaisait.

Puis s'imposa une autre interprétation de la scène. Son attitude était secondaire par rapport à l'événement principal, l'événement de la rencontre, qui, sinon, relevait de l'improbable. L'expérience lui avait montré que, dans un sens ou dans un autre, elle ne laissait pas indifférents ceux qui l'approchaient. Aussi des songeries charmantes voletèrent dans son esprit comme des papillons fugaces, quoiqu'elle s'efforçât d'en arrêter le cours, par crainte superstitieuse de leur pouvoir néfaste.

Après une nuit agitée, elle se rendit le matin chez un prêtre monophysite dont on lui avait annoncé l'arrivée d'Alexandrie. La brume cachait le soleil, un piquant vent du Nord s'infiltrait sous son manteau et elle regretta de ne pas posséder de fourrure. Le prêtre lui donna des nouvelles de Timothée, de Sévère et d'autres amis dans la foi. L'évocation de ses amis d'Égypte l'apaisa.

Elle rapporta sur la quatrième colline les derniers écrits de l'ancien patriarche d'Antioche, et en commença la lecture. Au milieu de l'après-midi, des jeunes gens passèrent en chantant sous sa fenêtre. Huit coups résonnèrent sur la simandre de l'église des Saints-Apôtres. Des sabots claquèrent sur les pavés et s'arrêtèrent sous son balcon. Une voix, chaleureuse et rapide, qu'elle n'identifia pas, demanda :

— Daigne me recevoir dans ta maison, et m'offrir du pain et du fromage piquant.

Théodora se pencha pour identifier le visage du cavalier qui se tenait dans l'ombre.

— Je suis Justinien, annonça-t-il.

— Je te prie de monter.

« Calme-toi », se dit-elle pour refréner l'agitation de ses pensées.

Le temps de remettre de l'ordre dans ses cheveux, Justinien apparut sur l'escalier extérieur. L'homme était plutôt beau, de taille un peu forte mais bien proportionné, le nez droit, le teint agréablement coloré, les cheveux bouclés légèrement grisonnants.

— Veux-tu t'asseoir ? dit-elle en lui proposant l'unique fauteuil recouvert de coussins.

Il s'installa sur une chaise en bois. Elle déposa sur la table, lait et fromage, bien décidée à se comporter avec prudence.

— Excuse ma vaisselle qui est très ordinaire. Tu dois être habitué...

Il chassa cette idée d'un revers de main.

— C'est toi que je suis venu voir.

Théodora resta sur ses gardes. Le ton du visiteur était affable, mais on le disait aimable avec tous. Il rendait visite à une jeune femme de bien modeste origine, mais il acceptait de parler avec tout le monde. La seule curiosité pouvait l'avoir guidé, à moins que ce ne fût son indignation devant la diatribe contre les nobles.

— Les nobles ne sont pas tous aussi méprisants qu'Anicia Juliana, dit-elle sans conviction.

Il répondit avec emportement :

— Se vanter de sa naissance est une absurdité. Nous sommes tous pétris de la même boue et retournerons tous à la même poussière. Mais les vieilles familles, comme elles se nomment elles-mêmes, ne veulent pas le savoir. Leurs membres se glorifient de leur fortune et de leurs ancêtres, oubliant les vertus romaines et l'humilité chrétienne. Je les sens autour de moi comme des requins affamés, prêts à bondir sur la moindre faiblesse, entretenant sournoisement l'ambition de me chasser du pouvoir. Contre leur voracité, j'essaie modestement d'aider l'empereur Justin à se défendre en sa vieillesse.

Justinien se contenta d'une gorgée de lait et d'une lichette de fromage.

— Je mange peu, dit-il en manière d'excuse.

— Tu dois avoir cependant un fort bon cuisinier.

— En effet. Mais je n'ai ni le goût ni le temps d'apprécier ses plats. Sans cesse je réfléchis à la tâche que Dieu m'a confiée. Pour l'accomplir, je travaille jour et nuit dans les soucis et les inquiétudes.

Il la regarda fixement, comme s'il lui demandait son approbation et continua :

— Le gouvernement de cet Empire doit rassembler la grandeur romaine, l'excellence grecque et la révélation du Christ. C'est un moment unique dans l'histoire des hommes dont l'empereur et moi-même sommes responsables pour l'éternité. Il m'arrive parfois de douter...

Théodora scrutait le visage de son hôte imprévu. Le front large, les yeux attentifs, exigeants, autoritaires, suggéraient un esprit cultivé, précis, dominateur, tel que le décrivait Narsès. Mais derrière l'éclat de l'intelligence, elle nota avec surprise un désarroi, presque une imploration, comme on en voit dans les regards d'enfant en quête d'affection à recevoir et à donner.

Justinien se leva, mais, au lieu de s'en aller, déambula de long en large.

— Réunir l'Empire et la foi semble, abstraitement, un projet facile. Mais chaque action, si réussie soit-elle, entraîne une contrepartie néfaste.

— Que veux-tu dire ?

— Tu as entendu parler du royaume des Lazes, que nous nous disputons avec les Perses car il est pour eux un débouché sur la mer Noire, et pour nous un État qui nous protège des provinces belliqueuses du Caucase. Nous avons réussi à évangéliser ce pays, à convaincre son roi d'adorer le Dieu chrétien et de se faire baptiser ici, à Sainte-Sophie. Résultat : les Perses, furieux que les Lazes prennent le parti des Romains, envisagent de rompre le traité de paix et d'attaquer notre Empire. Je préférerais utiliser l'armée à d'autres fins qu'à nous défendre contre les Perses. La complexité des situations me laisse parfois indécis.

— Dieu importe plus que les Perses, déclara fermement Théodora.

Justinien la regarda encore, avec étonnement, puis son regard erra sur le petit oratoire décoré d'images du Seigneur, sur les deux lampes à huile près desquelles étaient entassés des parchemins sur un guéridon.

— Tu aimes lire, dit-il en se dirigeant vers les manuscrits.

Il feuilleta trois ouvrages, puis découvrit les textes de Sévère et fronça les sourcils :

— Tu t'intéresses aux écrits de cet hérétique ?

— J'ai passé plus d'un an à Alexandrie. J'ai pu me rendre compte de l'extraordinaire piété des monophysites et de la puissance de réflexion de l'ancien patriarche d'Antioche. Les persécutions me consternent. Elles m'apparaissent d'ailleurs comme une faute politique. Les provinces d'Égypte et de Syrie souffrent de ce qu'elles considèrent comme du despotisme de la part de l'empereur et regrettent leur indépendance. L'acharnement de leur opposition religieuse n'est pas dû aux seuls arguments théologiques que le peuple ne comprend guère, mais à la volonté de recouvrer la liberté. Or l'Empire a besoin des provinces orientales.

Justinien l'écoutait avec un visible étonnement. Passèrent alors dans la rue des jeunes hommes à la conversation animée. L'un d'entre eux s'exclama :

— C'est le cheval de Justinien. Qu'est-ce qu'il fait chez Théodora ?

— Devine, répondit un autre.

Le groupe s'esclaffa. Théodora rougit. Pressentant la faute que serait une conclusion amoureuse, elle déclara :

— Je ne suis pas une courtisane, quoi qu'on ait pu te dire.

— Peu importe ton passé frivole et tes folles années. Elles ne furent sans doute pas exemptes de douleurs. Dieu t'a choisie et dirigée selon sa volonté pour te rendre telle que tu es aujourd'hui.

Puis, brusquement, il se dirigea vers l'escalier.

— J'espère ne pas t'avoir trop dérangée. Le Palais ouvre à cette heure-ci et le travail m'attend. Je te remercie pour ton accueil.

Il partit, laissant Théodora étourdie d'émotion. Longtemps, elle se demanda : qu'avait-il cherché en lui rendant visite ? Qu'avait-il trouvé en discutant avec elle ? Si l'occasion s'en représentait que devait-elle lui accorder ?

Le lendemain il faisait grand vent et les nuages couraient dans le ciel comme des oiseaux affolés. Sur le forum de Constantin, protégé des rafales par les portiques circulaires, Narsès attendait Théodora qui lui avait fixé ce rendez-vous d'urgence à l'heure du déjeuner. Elle surgit de la *mésé*, poussée par une bourrasque venant de la mer qui fit voler son manteau. Sans même le saluer, elle s'assit et déclara :

— Justinien est venu me voir.

Devant l'air surpris de son interlocuteur, elle précisa :

— Oui, le neveu de l'empereur m'a rendu visite. C'est un bel homme.

— Que voulait-il ?

— Je l'ignore encore. Il possède les qualités dont je rêvais l'intelligence, la culture, la piété et l'argent. Malheureusement il persécute les monophysites.

— Tu n'as rien à espérer d'un futur empereur.

— Il considère que mon passé n'a pas d'importance. Que Dieu l'a voulu tel.

Narsès s'alarma. Il connaissait les erreurs de Théodora lorsque ses sentiments et son orgueil étaient en jeu. Le poids des états affectifs, qui est le propre des femmes, limitait parfois gravement sa lucidité. Il se rappela l'aveuglement volontaire de la pantomime pendant sa liaison avec Libanios, son départ avec Hécébolos, et redouta une aventure aussi affligeante. Ayant toujours préféré la vérité à la complaisance, il n'hésita pas à contrarier la jeune femme :

— Réfléchis un peu. Si tu deviens la concubine de Justinien, quel sera ton avenir ? Il ne pourra pas t'épouser puisque la loi l'interdit et sera obligé d'en épouser une autre. Pas d'empereur sans impératrice. Tu ne pourras rester sa maîtresse quand il sera l'Élu de Dieu, l'égal des Apôtres, souverain dans la foi comme en toutes choses. Alors que deviendras-tu ? Qui osera prendre auprès de toi la succession du basileus ? Et toi, de quel homme pourras-tu te contenter après avoir connu un empereur, de surcroît admirable. Rappelle-toi l'ancien adage de Rome : *La Roche Tarpéienne est près du Capitole*.

Ces remarques raisonnables exaspérèrent la jeune fille.

— Tu voudrais que je me cache dans les blés comme tu le fis enfant par crainte de l'avenir ? demanda-t-elle méchamment. Que je ne saisisse pas l'occasion d'une vie conforme à mes vœux ?

— On ne change pas d'un revers de main le poids écrasant de l'ordre social, des lois et de l'église.

— J'essaierai de les vaincre. J'y mettrai toutes mes forces car cet homme me convient.

Et brusquement, joyeuse :

— Narsès, sois un peu déraisonnable pour une fois, imagine les honneurs, imagine la soumission de ceux qui m'ont humiliée !

— Je t'en prie, Théodora, ne rêve pas.

Elle s'indigna :

— Je suis venue pour que tu me donnes des conseils sur la meilleure manière d'agir, puisque tu connais Justinien, et au lieu de m'aider tu considères que cette visite n'a aucun sens ni pour lui ni pour moi. Qu'en sais-tu ?

Narsès, vaincu, avoua :

— Tu m'as dit un jour que je ne pouvais comprendre

les rapports entre les hommes et les femmes. Tu as raison, aussi je ne te donnerai aucun avis.

Lorsqu'il retourna au Palais, il trouva Justinien dans les bureaux du Trésor qui surveillait la rentrée des taxes douanières avec cette méfiance tatillonne qui lui était coutumière.

Il s'étonna que le même homme, méticuleux et soupçonneux, ait éprouvé le désir de rencontrer une femme fougueuse et excessive. Peut-être ce grand travailleur, passionné de droit, d'histoire, de théologie, insensible à la bonne chère, avait-il senti son cœur se réchauffer auprès de l'énergie, de la vitalité de l'ancienne pantomime. D'autant plus que la jeune femme était cultivée et intelligente, et que ce mélange de réflexion et d'intensité était exceptionnel.

La dernière semaine de l'Avent se passa sans que Justinien revînt. À partir de Noël commencèrent douze jours de grandes festivités. Quoiqu'elle fût invitée par ses amies, sa famille, les groupuscules monophysites, Théodora ne pouvait s'empêcher d'imaginer les habits d'apparat que revêtaient les dignitaires, les somptueux dîners qui, chaque soir, réunissaient à la table de l'empereur douze personnalités représentant les douze apôtres, au milieu d'une centaine d'invités. Car ce qui, jadis, n'entraînait aucune déception étant hors de portée, une fois devenu songerie, voire espérance, devenait manque et frustration.

Elle hésitait toujours sur la conduite à tenir : si Justinien revenait – plût au Ciel qu'il revint – devrait-elle devenir son amante malgré les risques évoqués par Narsès ? Elle aurait voulu en parler avec son cher Timothée, à qui elle avait promis d'aider les monophysites. Comment mieux lui obéir qu'en séduisant l'empereur ? Comment mieux lui désobéir qu'en reprenant une vie de courtisane ?

Pendant ces semaines d'attente, elle protégea son secret, bavardant et riant comme auparavant, sans jamais évoquer Justinien, objet constant de sa pensée. Plus que les remontrances de sa mère, elle redoutait les emballements bavards d'Indaro et de Chrysimallo, les rumeurs extravagantes et les convoitises prématurées. La vie lui ayant appris à supporter la solitude, le poids du secret lui parut léger. Elle trouva même du plaisir à dissimuler, à ne pas se livrer entièrement, à ménager des effets de surprise.

Après le 1er janvier, fête de la circoncision du Christ, les cortèges, les dîners continuèrent jusqu'à l'Épiphanie qui commémore l'adoration des Mages et le baptême du Christ dans le Jourdain. Puis chacun retourna à son travail et ses occupations coutumières. Enfin un soir, à la tombée de la nuit, Théodora entendit les sabots d'un cheval sous le balcon. Son cœur battit dans sa poitrine et elle s'efforça à l'indifférence. Justinien apparut, presque timide, presque gêné.

— J'ai beaucoup réfléchi, dit-il en s'asseyant sur la chaise de bois. Je souhaite te garder auprès de moi.

Sa simplicité déconcerta l'ancienne courtisane, habituée à plus de roueries. Elle répondit avec la même droiture :

— Tu me connais fort peu, cependant.

— Tu existais en creux, en attente, dans mon cœur. Quand je t'ai vue et entendue, tu as rempli ce vide en un instant. Seule la volonté de Dieu peut accomplir un tel miracle.

Il se leva brutalement et déclara :

— Je ne voudrais pas que l'autorité qui est la mienne au Palais Sacré te contraigne à accepter mon amour. C'est une lourde charge que d'accompagner le neveu de l'empereur. Le chemin est rempli d'obligations et de préoccupations. Ton choix doit être libre et je comprendrais que tu préfères une destinée plus paisible. Suffisamment de propos sur mon compte circulent dans la ville pour que tu connaisses ma vie et mes habitudes, consacrées au travail et à la gloire de Dieu. Ce que tu ignorais jusqu'à maintenant, et que j'ignorais moi-même, est le pouvoir que tu as pris sur mon cœur. Je prierai pour qu'il plaise à Dieu que tu répondes favorablement à mon désir.

Il retira une bague de son petit doigt, la lui tendit en disant :

— Quand tu auras pris ta décision, il te suffira de la montrer aux gardes pour me trouver au palais d'Hormisdas, qui, si tu le souhaites, deviendra notre demeure à tous deux.

Très ému, il s'engagea précipitamment dans l'escalier.

Théodora resta immobile sur sa chaise, se replia sur elle-même pour mieux goûter l'intensité de l'instant. Moment rare, présent parfait, où les inquiétudes du passé sont déjà dissipées et celles du futur non encore advenues. Elle admira l'homme capable de dédaigner critiques et mépris pour celle qu'entre mille il choisissait pour compagne. Elle serait digne de ce choix, saurait assumer toutes les charges et contraintes de la fonction qu'il occupait, attendrait la semaine suivante pour donner sa réponse, le temps de mûrir une décision déjà prise et de se faire attendre. Puis elle laissa s'engouffrer dans son esprit des plaisirs foisonnants comme un buisson en fleurs. Le neveu de l'empereur... le neveu de l'empereur la voulait à ses côtés. Tout ce qu'elle avait traversé, attendu, souffert, les méandres de sa vie, avec leurs excès et leurs désespoirs, l'étrangeté de son parcours et de son exigence, trouvait son terme, son sens, son utilité dans cette impériale reconnaissance, dans cet amour si simplement avoué pour une vie partagée. La Providence pansait ses blessures, dissolvait son amertume, effaçait la crainte du futur, ouvrait la porte d'une existence enfin conforme à ses talents et à son ambition.

Après ces réflexions euphoriques, Théodora se prépara pour la prochaine entrevue. Elle en était fort préoccupée sachant d'expérience combien est imprévisible la rencontre amoureuse. L'agrément d'une peau et d'une odeur ne suffit pas. Il y faut la rencontre de deux rêveries solitaires qui s'enchevêtrent, s'accordent, s'épanouissent sans réticence et sans honte. Cet homme, ce bel homme simple malgré son considérable pouvoir, qui l'acceptait tout entière, qui comprenait les aléas de son existence, admirait ses audaces et ses tourments, cet homme-là avec qui elle pourrait être elle-même, comme une plage sans ombre, était celui qu'elle attendait. Mais lui ? Qu'espérait-il ? Que recherchait ce travailleur infatigable, ce scrupuleux qui vérifiait toutes les affaires de l'État ? On ne lui connaissait pas de maîtresses. Elles furent sans doute rares et furtives. Or cette relative innocence intimidait la courtisane. Elle devinait, derrière la façade austère et compétente du presque empereur, un petit garçon qui sommeillait. Or quoi de plus secret, de plus vulnérable que la sensibilité d'un petit garçon ! C'est pourtant à lui qu'elle devra plaire, lui qu'elle devra délivrer de sa pudique réserve.

Le lendemain, elle se rendit au portique sud du forum de Constantin chez le plus célèbre parfumeur de la ville. C'était un vieil homme chauve, d'origine indienne, aux gestes et paroles lentes, au regard méditatif, qu'elle trouva assis en tailleur, près d'un alambic, les yeux fermés, le nez relevé pour de longues inspirations.

— Salut à toi, dit-elle.

— Salut, dit-il en montrant un vieux tabouret. Assieds-toi. Que puis-je faire pour ton service ?

Avec flamme, elle répondit :

— Un parfum rare, unique, que toi seul es capable d'inventer et que tu n'auras jamais distillé jusqu'à maintenant.

L'homme ferma à nouveau les yeux, et resta un long moment silencieux. Théodora, lasse d'attendre, agitait nerveusement une jambe, puis l'autre. Devait-elle tousser, bâiller, tomber pour rappeler sa présence ?

Elle n'eut pas le temps de choisir car le parfumeur se redressa pour déclarer :

— Je songe à un parfum que j'ai respiré une fois, en Inde, mais que je n'ai jamais distillé moi-même. Sa note de tête est la rose, sa note de cœur la citronnelle, et sa note de fond, le jasmin et la cannelle. Je serais heureux de réussir ce parfum. Mais il coûte extrêmement cher.

Comme Théodora prenait un air étonné, il précisa :

— Le jasmin se trouve en Inde, et les fleurs doivent arriver à Constantinople encore parfumées. Il faut donc que le voyage soit rapide et les fleurs correctement arrosées. Je dois aussi demander à un chasseur de me ramener une civette.

— Pour quoi faire ?

— Seul le fumet de ses excréments peut fixer les odeurs. Mais auras-tu l'argent, si un navire accoste avec un sac de lin rempli de fleurs blanches ?

— Je n'en ai pas, mais j'en aurai. J'en aurai beaucoup.

Le parfumeur se mit à rire et d'innombrables rides de gaieté animèrent son visage.

— Ah, je devine ! Tu veux séduire un homme riche !

— Pas riche, très riche.

Le vieil homme soupira de joie.

— Je t'aiderai à y arriver, ma belle. Pour saluer l'amour et pour me faire plaisir. C'est un vieux rêve que ce parfum. Mais il te faudra attendre.

— Le moins possible !

L'homme leva un bras impuissant.

— À la grâce de Dieu ! Envoie quelqu'un surveiller

les bateaux venant d'Inde. Qu'il se renseigne et vienne me prévenir s'il s'y trouve du jasmin.

— C'est entendu. J'enverrai Grosse-Tête. Merci mille fois et que Dieu te garde.

— Que la fortune t'accompagne !

Quinze jours, il fallut attendre quinze jours pour posséder le précieux arôme. Théodora en huma longuement l'odeur allègre et sensuelle et se réjouit de sa pénétrante fragrance. À minuit elle s'habilla simplement, s'enveloppa de parfum, et se dirigea vers le quartier impérial éclairé pendant la nuit. Au-delà du Palais Sacré, au bord de la mer, se dressait le palais d'Hormisdas où demeurait Justinien. Au premier étage, une fenêtre était encore éclairée. Devant la porte d'entrée, deux gardes portaient des torches. Théodora leur montra la bague du neveu de l'empereur. L'engourdissement dû au froid et au sommeil, l'étonnement de voir Théodora en ce lieu, les laissèrent désemparés et stupides.

— Réveillez-vous, soldats, c'est une femme et non un chat qui rôde.

Ils ouvrirent précipitamment la porte.

— Toi, conduis-moi jusqu'à Justinien.

Et, devant l'air effaré du soldat, elle ordonna :

— Dépêche-toi.

Arrivée au premier étage, elle enjamba l'esclave qui dormait devant le seuil de son maître, fit signe au soldat de s'en aller et ouvrit sans bruit. Justinien, assis devant une table, lisait. Elle contempla un moment le visage tendu, le regard appliqué, les lèvres serrées du travailleur, sensible à la force de concentration que dégageait le personnage. Brusquement, elle ôta la bague et la jeta sur le parchemin.

— Je suis entrée dans ton palais, dit-elle, je n'en ai plus besoin.

Justinien sursauta, dérouté par la surprise autant que par la joie.

— Ne me reconnais-tu pas ? Je suis Théodora.

Elle s'avança et glissa dans les bras qui la serrèrent fort contre la large poitrine.

— Je n'osais plus y croire, murmura-t-il. Je me sentais perdu et très seul.

— Je resterai auprès de toi tant que tu le voudras.

Soudain Justinien détourna la tête pour éternuer.

— Je n'ai jamais senti un tel parfum !

— C'est le nôtre, expliqua-t-elle en riant. Je m'en couvrirai seulement pour toi. Il dressera autour de nous les murs d'une chambre secrète, impalpable comme un nuage. Nous y serons seuls au monde et oublierons momentanément l'Empire.

— Oublier l'Empire ?

— Il y a un temps pour l'Empire, un autre pour ton présent de Dieu.

Elle jeta dans ses yeux des pupilles d'or et fixa le regard de celui devant qui tout le monde baissait la tête. Le prenant par la main, elle le conduisit jusqu'au lit sans cesser de le dévisager. Prisonnier des yeux aux reflets d'or, il s'abandonna à l'impatience du désir.

Justinien parla sans cesse en faisant l'amour, de la douceur, de la tiédeur, du plaisir qu'il recevait. Et quand il retomba, murmura sur un ton de victoire :

— Tu m'as comblé ! Tu as été heureuse !

Pendant quelque temps, le plaisir partagé fit un peu oublier à Justinien les charges de l'Empire. Théodora passait ses soirées et ses nuits au palais d'Hormisdas, et retrouvait sa maison sur la quatrième colline pour voir ses amis. Elle prit l'habitude de venir écouter Justinien discuter avec quelques responsables des affaires du pays, après la fermeture des bureaux. Parfois, il sollicitait son avis qu'elle donnait avec prudence.

Elle ne se préoccupait que de plaire à son amant,

laissant de côté les éventuels motifs de discorde et particulièrement la persécution des hérétiques.

Après un mois de vie partagée, Justinien souhaita présenter sa maîtresse à l'empereur, le divin Justin. Quelques jours auparavant, Théodora prépara cette rencontre comme un général son plan de bataille, se renseignant sur le passé, les opinions, les choix de Justin, car rien ne pourrait se décider à l'avenir sans son consentement. Le jour venu, portant une tenue discrète et soigneusement maquillée, elle se rendit au Palais avec Justinien. Quoiqu'elle se soit fait décrire des dizaines de fois l'intérieur du Palais Sacré, franchir concrètement la grande porte de bronze fut une émotion si violente qu'elle s'arrêta un instant pour reprendre son souffle et admirer la peinture représentant l'empereur Constantin, la tête surmontée de la croix victorieuse, précipitant dans l'abîme un serpent. Sous les regards curieux, ironiques ou charmés des gardes qui, l'épée nue, surveillaient l'entrée, elle s'efforça de se conduire en habituée du lieu jusqu'à la coupole de la Chalcée, le premier palais du Grand Palais. D'autres regards l'attendaient dans le long vestibule à colonnes, où divers corps de gardes se succédèrent. Jetant des coups d'œil sur les bas-côtés, elle entrevit ici un jardin, là une église, là-bas une écurie de mulets. De nouveaux escaliers, un nouveau vestibule, une autre porte de bronze et les amants atteignirent l'espace public des salles de réception et l'église du Seigneur où ils se recueillirent un moment.

Comme s'il s'en excusait, Justinien expliqua :

— Je te rappelle que l'empereur est vieux et ne peut soutenir une conversation difficile longtemps. Il ne te recevra pas dans le palais de Daphné, qui est le palais privé des souverains, mais dans le petit Consistoire.

Le petit Consistoire, aux larges fenêtres et aux épais

tapis, donnait sur des jardins en terrasses qui descendaient vers la mer. Passées les portes d'ivoire Théodora découvrit le divin Justin assis sur un trône modeste en forme de fauteuil, capitonné de coussins brodés d'or. Le vieil empereur l'examina de la tête au pied, avec un sourire bonhomme et une lueur admirative dans les yeux. D'un geste de la main, il congédia les chambellans qui l'entouraient. Théodora tenait les yeux pudiquement baissés quand Justin déclara :

— Assieds-toi près de moi, jeune fille. Nous parlerons tranquillement. Tu sais combien j'aime mon neveu et je tiens à ce qu'il choisisse raisonnablement ses aventures. En tout cas il a de la chance car tu es bien jolie !

Quoiqu'elle trouvât vexant d'être traitée d'aventure, elle répondit :

— Je ne souhaite qu'aider Justinien à réaliser le destin que Dieu lui prépare.

— Et tu es maligne aussi. Aïe !

Justin eut une grimace de souffrance.

— C'est la blessure que tu as reçue pendant la guerre contre les Perses, n'est-ce pas ? dit Théodora en s'empressant d'apporter un tabouret pour étendre la jambe douloureuse.

— Et tu es bonne aussi ! Elle fut rude, la bataille contre les Perses ! Il paraît que ces barbares veulent reprendre la guerre, mais nous avons de bons généraux : l'ami de Justinien, Sittas, et ce jeune Bélisaire qui sait se faire aimer des soldats, et d'autres encore.

— La longue tradition romaine de courage et d'ambition se maintient dans l'Empire.

— Tu t'intéresses à la politique, petite ? Voilà qui n'est pas fréquent !

— Lorsqu'on souhaite que le Dieu des chrétiens établisse son royaume sur terre...

Justinien interrompit la conversation :

— Je vais demander à l'impératrice de nous faire la joie de se joindre à nous.

Le vieux Justin eut une lueur dans ses yeux éteints.

— Je connais mon neveu. Il nous laisse seuls tous les deux pour qu'on bavarde tranquillement. Parle-moi de toi, ma fille.

Une demi-heure plus tard, lorsque Justinien revint avec Euphémie, le vieil empereur éclatait de rire.

— Ma chère femme, dit-il, tu seras contente de connaître l'amie de Justinien. Elle a du jugement et de l'entrain.

Euphémie avait des rides de bonté sur son visage parcheminé, et dégageait une très forte odeur de parfum. Elle regarda à peine la nouvelle venue et déclara :

— N'oublie pas que nous avons invité à dîner le préfet du prétoire et le patriarche.

Justin exhala un soupir de mécontentement :

— Alors reviens demain, Théodora, je veux connaître la fin de l'histoire du petit bouffon dont la tête arrivait à la hauteur du derrière de la princesse.

— Ne reviens pas demain, précisa Euphémie, car nous recevons les ambassadeurs hunniques.

— Ma bonne ! s'exclama Justin, c'est toi maintenant qui me contraries avec les devoirs de l'Empire.

Et il appela les chambellans qui se tenaient derrière la porte de soie pour accompagner les souverains jusqu'au palais de Daphné.

— D'où vient cette histoire de bouffon ? demanda Justinien lorsqu'ils se retrouvèrent seuls.

— Je l'ai inventée. Ton oncle a besoin de gaieté et il aime les grivoiseries.

— Tu es extraordinaire, dit-il avec un sourire désarmé.

— Je ne pense pas qu'Euphémie m'ait beaucoup appréciée.

— Tu ne la connais pas encore, elle est très timide. Mais c'est un ange de bonté qui accepte tous mes caprices.

Six mois plus tard, Théodora était couverte de bijoux et de riches vêtements, saluée par les hauts dignitaires, mais n'en considérait pas moins sa situation comme extrêmement précaire. La pantomime se sentait acrobate, marchant sur un fil, prête à tomber dans la gueule des nobles si elle n'arrivait pas au bout de son ouvrage, autrement dit, au mariage. Elle n'en parlait pas cependant, préférant se rendre indispensable auprès de son amant par sa beauté, sa sensualité et ses conseils pour lutter contre les ambitieux qui rôdaient autour du pouvoir. Sagement, elle évitait tout conflit, que ce soit avec Justinien ou avec les illustres. Le temps n'était pas encore venu de défendre ses opinions et de se venger des anciennes vexations.

Un soir de décembre, dans la chambre, Justinien, assis dans son fauteuil de bois, restait silencieux, avec cet air tourmenté qu'elle lui connaissait bien : la bouche légèrement entrouverte, le regard fixant un point imaginaire, le troisième doigt de sa main droite frottant compulsivement l'intérieur du pouce. Elle s'assit en tailleur, à la mode égyptienne, à ses pieds.

— Une mauvaise nouvelle ?

— On m'a rapporté qu'Anicia Juliana envisage de payer des soldats pour que mon cousin prenne le pouvoir. Je me sens si seul, entouré partout d'ennemis qui veulent ma mort.

— Pourquoi t'inquiètes-tu ? C'est toi qui diriges l'Empire et l'armée. Que crains-tu de cette vieille noble incapable de soulever une révolte ! Les âmes fortes viennent du peuple, non de la noblesse affaiblie par ses privilèges ! Leurs propos ne sont que bavardages stériles. C'est toi qui commandes, toi qui agis, toi qui travailles pour l'avenir de l'Empire.

Il lui sourit avec reconnaissance.

— Je voudrais les empêcher de dire que la présence d'une comédienne auprès de moi prouve la noirceur de mon âme et mon impiété. À les entendre, je serais indigne de succéder à mon oncle.

— Laisse-les parler ! Ce qui importe, c'est ce que tu crois.

Brusquement, passant de la crainte à l'autorité, Justinien se leva :

— Ils ne le diront plus. Je vais te nommer patrice, le plus haut titre dans la hiérarchie des honneurs.

Les yeux de Théodora brillèrent d'un bonheur enfantin.

— Est-ce vraiment possible ? Crois-tu que l'empereur acceptera ? Pauvre vieillard dont les serviteurs se moquent en cachette.

— Je lui en parlerai au moment opportun.

Après les fêtes du jour de l'an, Théodora se rendit un dimanche, au milieu du jour, dans la maison de l'ours calciné. Car si elle se réjouissait d'étonner l'Empire par sa prochaine faveur, c'est auprès de ceux qui l'avaient vue grandir, espérer, échouer, espérer encore, que cette faveur prenait tout son prix. Elle riait toute seule de son triomphe.

— Te voilà, ma fille ! dit la Mère qui mettait le couvert. Que Dieu en soit remercié ! La petite te réclame. Je me fais tant de souci pour toi. Justinien t'aime-t-il encore ? Profites-en bien car cela finira un jour.

— Je ne veux pas que cela finisse.

— Ce que tu veux, mon enfant, ce sont brins de paille qu'emporte le vent. Tu l'as constaté avec ton sénateur et ton gouverneur de Cyrénaïque. Moi, je te répète qu'à monter trop haut on se casse le cou en tombant. Souviens-toi d'Alexandrie et de la vie lamentable que tu as dû mener là-bas avant de rencontrer le patriarche Timothée.

— Cette vie-là est terminée, Maman, et j'interdis, tu m'entends, j'interdis à quiconque d'en évoquer le souvenir.

Le ton de Théodora était si brutal que sa mère en perdit sa répartie habituelle.

— Tu manges avec nous ? demanda-t-elle presque timidement.

— Volontiers.

La Mère mit sur la table, le pain, le lait, le poisson, les artichauts et les fruits. Cosimo arriva la première :

— Tu reviens déjà ? L'idylle n'a pas duré longtemps.

— Elle dure toujours. J'ai une nouvelle à vous annoncer. J'attends le retour d'Anastasia et d'Eudoxie pour vous en informer.

En bonne comédienne, elle se plut à faire attendre sa sœur aînée et sa Mère, qui lui jetaient des regards intrigués. Lorsque la famille fut réunie, elle déclara :

— Je vais être nommée patrice.

La Mère ouvrit de grands yeux incrédules.

— Sainte Trinité, est-ce possible ! Un privilège qu'on garde toute sa vie, et qui ne s'en va pas comme la fumée, ce dont tu es coutumière.

Et elle se précipita à la porte pour crier aux passants :

— Théodora, ma fille, va recevoir la dignité de patrice ! Théodora, la fille d'Acace, le montreur d'ours ! Ma fille ! La mienne !

Puis, se retournant vers Anastasia, Théodora glissa deux sous d'or dans la main de sa sœur.

— Va acheter du vin et des fruits pour les voisins. Dis au marchand d'ouvrir sa boutique et qu'on le paiera bientôt, que ta sœur va devenir patrice.

— Maman, que tu es belle ! murmura Eudoxie en

froissant la soie entre ses doigts. Dis-moi, comment devient-on patrice ?

— La cérémonie se passera dans la salle du trône où des chambellans agiteront l'encensoir qui parfume l'air comme à l'église. Puis entreront les dignitaires, les sénateurs et les représentants des factions qui demanderont le nom de la nouvelle patrice.

— Ce sera toi ?

— Oui. Ce sera moi. Ensuite l'empereur viendra s'asseoir sur son trône. C'est un trône tout en or, surmonté d'un baldaquin d'or avec des pierres précieuses, encadré de chaque côté par une Victoire qui déploie ses ailes. Derrière l'empereur se tiendront ses chambellans.

— Il y aura Narsès ?

— Oui, mais pas derrière l'empereur.

— Et Justinien ?

— Lui sera près de l'empereur.

— Et après ?

— Après je m'avancerai vers le divin Justin, m'agenouillerai et lui baiserai la main. Il déclarera : « Au nom du Père et du Fils et du Saint-Esprit, Ma Majesté par la Grâce de Dieu, te promeut, Théodora, patrice. »

— C'est tout ? dit la petite fille qui n'arrivait pas à comprendre qu'un statut aussi prestigieux puisse dépendre de si peu de mots.

— C'est tout, car la parole de l'empereur vient de Dieu.

— Tu crois que nous pourrons venir pour la cérémonie ? demanda Comito.

— Certainement. Je m'occuperai de vos habits d'apparat.

— Tu n'auras pas honte de nous ? s'inquiéta Anastasia.

La Mère intervint :

— Il ne manquerait plus que cela ! Qu'elle oublie

d'honorer son père et sa mère, comme le demande l'Évangile !

Les voisins en prévinrent d'autres, et toute une foule joyeuse se massa devant la maison. Les pichets de vin, renouvelés grâce à la générosité de Théodora, circulèrent de bouche en bouche, et chacun vint féliciter l'ancienne pantomime. Au milieu de cette liesse, Théodora s'émut de l'affection que continuaient à lui porter ses amis de l'hippodrome. Elle comprenait qu'elle aurait toujours besoin de leur liberté de geste et de parole et les imposerait au palais quand elle en aurait le pouvoir.

Devenue patrice, Théodora se préoccupa de ses finances. Même si Justinien ne pouvait se passer d'elle, s'il la considérait comme son « présent de Dieu », elle savait par expérience que les hommes font fréquemment passer leur amour après leurs intérêts quand cela s'avère nécessaire. Depuis l'enfance, elle redoutait la pauvreté qui induisait humiliations et démarches sordides. Sur les conseils de Narsès, elle se fit donner de grands domaines en Cappadoce, lui apportant vergers, terres cultivées, monastères, oliveraies, pâtures et bêtes, vignes, chêneraies où les cochons se nourrissent de glands, sans compter les bâtiments, les églises et le loyer des paysans.

À l'abri de la misère, elle ne l'était pas encore de l'abandon. Justinien cependant désirait l'épouser. Quand elle lui énumérait les obstacles législatifs à un tel projet, il répondait :

— Avec l'aide de Dieu, rien ne m'est impossible.

Théodora jugea cependant nécessaire d'œuvrer de son côté à la réussite de cette union. Elle alla trouver son allié dans la place : le vieil empereur.

Elle connaissait bien maintenant l'étrange architecture de cette ville close qu'était la demeure impériale, où se côtoyaient les palais, les casernes, les salles d'apparat, les cours, les terrasses, les écuries et les jardins, mais c'était toujours avec le même plaisir, la même fierté qu'elle franchissait la porte d'ivoire du palais privé dit de Daphné, du nom de la jolie nymphe dont la statue accueillait les visiteurs privilégiés. Le palais privé était plus haut que les autres bâtiments, entouré de remparts, et construit sur deux étages, au-dessus desquels de grandes terrasses permettaient de dominer la ville et la mer.

Dans sa chambre de réception, Justin, en simple tunique, débarrassé des lourds vêtements d'apparat, somnolait sur un divan rembourré de coussins, tandis qu'une chanteuse berçait sa sieste de mélopées paysannes. Le chambellan annonça la patrice Théodora et, d'un geste, l'empereur chassa la chanteuse, se redressa et serra dans ses rudes mains fripées les doigts délicats de la visiteuse.

— Je suis heureux de te voir, Théodora. Ta présence me réjouit le cœur.

— Je t'ai apporté les gâteaux que tu aimes. Ceux aux amandes, faits par le cuisinier du forum des Bœufs.

— Tout ce qui vient de toi est bon. Alors, raconte-moi. Les nobles ne te font-ils pas trop de perfidies ? Ils sont certainement furieux que tu sois patrice. Ils m'ont fait des misères à moi aussi ! Ils me regardaient comme un ver de terre. Tu penses, un paysan empereur ! Tu sais comment je suis venu à Constantinople ? Nous venions de haute Macédoine, trois frères, trois gars de la campagne, bien faits et rudes au combat.

Théodora qui avait déjà entendu plusieurs fois le récit de Justin se permit de l'interrompre.

— J'ai un conseil à te demander, à toi que Dieu inspire de sa sagesse. Justinien désire m'épouser. Crois-tu qu'il ait raison ? Que je pourrais être une femme digne de lui ?

— Quand nous venions de haute Macédoine, trois

frères, trois gars de la campagne, bien faits et rudes au combat, qui pensait que l'un d'eux deviendrait empereur ?

Théodora ramena l'attention du vieillard sur le présent.

— Il y a une loi, la loi d'Auguste, qui m'empêche d'épouser Justinien. Toi seul peux la changer.

— Justinien connaît mieux la loi que moi. Qu'il s'en charge et me propose une solution.

Le grand chambellan entra alors dans la pièce en s'inclinant :

— Ta Majesté doit se préparer pour recevoir le légat de Rome.

— Du sang, grommela le vieil empereur. Celui-là et le pape veulent toujours du sang, du sang de païens, du sang d'hérétiques à remplir des tonneaux. Ils n'ont pas fait la guerre, eux.

Deux chambellans vinrent prendre l'Auguste par les épaules, en échangeant des mimiques complices sur son triste état, mimiques que Théodora jugea intolérables. Serait-elle un jour, dans un état semblable, la risée de serviteurs stupides ?

Les jours qui suivirent parurent à Théodora une éternité. Justinien dut étudier la loi, discuter avec des juristes, modifier plusieurs fois le texte à proposer à son oncle pour qu'il soit favorable aux actrices en général et à Théodora en particulier. Au milieu d'une nuit, il la rejoignit dans la chambre, un papyrus à la main.

— Veux-tu connaître le texte que je présenterai à l'empereur ?

Sans attendre de réponse, il lut : *Nous, empereur des Romains, croyons que nous devons, autant qu'il nous est possible, imiter la générosité de Dieu et sa grande clémence pour les hommes. Si nous retardons de faire la même chose pour nos sujets, nous ne méritons pas le pardon. Dorénavant la constitution permet aux actrices de renoncer à leurs erreurs et de demander à l'empereur de bénéficier de tous les privilèges du mariage. Si ce droit est obtenu, elles peuvent contracter un mariage légal avec des hommes de n'importe quel rang, comme si elles n'avaient jamais mené la vie immorale des actrices. Une ancienne actrice qui a été admise au patriciat peut épouser n'importe qui, toutes les taches qui lui sont attachées seront lavées, de telle sorte qu'elle peut être dite revenue au premier temps de sa condition native.* Demain je ferai signer cette loi par Justin.

Théodora ferma les yeux de bonheur. Mariée ! Mariée avec le neveu de l'empereur. Justinien aussi heureux qu'elle la prit dans ses bras.

— Nous ne nous quitterons jamais, dit-elle.

— Je ne pourrais plus vivre sans toi.

— Nous aurons des enfants.

— Et les élèverons dans l'amour du Seigneur.

— Notre famille sera admirée par tous.

— Pour notre bienveillance et notre justice.

— Tu seras sage comme Salomon.

— Et toi, avisée comme Cléopâtre.

— Que de joie, que de joie en ce jour !

Elle se jeta sur le lit.

— Justinien, partons vite dans notre chambre secrète.

Et, saisissant le flacon, elle éclaboussa la pièce de parfum.

Justin fut souffrant et le resta jusqu'à la semaine sainte. Après Pâques, lorsqu'il fut remis, Justinien se rendit seul au palais, au milieu de l'après-midi, pour lui présenter tranquillement la proposition de loi. Théodora, restée à Hormisdas, attendit nerveusement le retour de son amant. Mais les heures avançaient comme des escargots sans que Justinien revînt. Elle regarda la mer grise sous la brume qui masquait les côtes d'Asie. Les hirondelles volaient bas, annonciatrices de pluie, peut-être de tempête. Le tempérament impressionnable de la récente patrice se colorait de pressentiments sombres que le retard de Justinien ne faisait qu'accentuer. Pourquoi n'était-il pas de retour ? Était-ce le signe de difficultés imprévues ? Ou une réjouissance après le succès ? Pourquoi en ce cas n'était-il pas venu la chercher ? L'envie de se rendre de son propre chef au Palais Sacré lui brûlait le cœur, mais c'eût été une erreur de dévoiler ses craintes et son impatience. Enfin elle entendit des pas rapides et secs qui claquaient sur le marbre, si opposés aux glissades silencieuses des serviteurs et des esclaves. Les pas s'arrêtèrent un instant derrière la porte, puis la belle figure de Justinien parut dans l'entrebâillement de la tenture. À voir son expression contrite, gênée, mal à l'aise, Théodora comprit immédiatement :

— Il refuse ?

— Pas lui, elle.

— Tu veux dire l'impératrice ?

— Oui, Euphémie.

Théodora en eut le souffle momentanément coupé. Puis son indignation se déchaîna, oubliant toute la retenue qu'elle s'imposait depuis des mois.

— C'est la Lucipine, le petit loup que personne ne craignait, l'esclave barbare qui faisait le bonheur des soldats en campagne, qui me trouve indigne de t'épouser ! A-t-elle perdu la mémoire pour ne plus se rappeler que le paysan inculte devenu empereur a été contraint de racheter sa liberté et de changer son nom pour qu'elle ne soit pas trop ridicule ! C'est elle qui me trouve déshonorante pour le neveu du basileus, elle qui ne sait rien, ni lire, ni écrire, ni même faire un enfant ! Que les nobles me piétinent, je saurai le leur rendre. Mais que cette grosse, brave, bonasse impératrice se croie subitement sortie de la noblesse romaine, voilà quelque chose qui n'est pas supportable.

Justinien, ne sachant que répondre aux yeux étincelants dans la pénombre du crépuscule, bafouilla :

— Un jour Dieu la rappellera dans son paradis.

— Et si Dieu rappelle Justin avant elle ! Justin qui est vraiment malade de sa jambe et souvent de sa tête. Qu'adviendra-t-il ? Euphémie choisira un empereur, qui sera vraisemblablement toi, à une unique condition : que tu m'exiles aux plus lointaines frontières de l'Empire. Et tu m'exileras ! Et tu auras raison de préférer l'Empire ! Allons voir ton oncle immédiatement.

Un peu plus tard, Justin baissait les yeux devant le regard foudroyant de Théodora.

— Ah oui, je sais ! L'impératrice ! Je sais, je sais. Euphémie est absolument contre ce mariage. Elle dit qu'après tout ce que nous avons fait pour toi, Justinien, pour que tu aies de la culture et connaisses bien la religion, tu dois épouser une jeune personne digne de monter sur le trône. Et toi, Théodora, elle ne t'en trouve pas digne. Elle ne peut oublier d'où tu viens !

— Mais c'est toi l'imperator, toi qui diriges l'Empire de Rome ! insista Théodora.

— Tous les deux vous pouvez me demander ce que vous voulez, mais ne m'obligez pas à mécontenter Euphémie.

XIII

Théodora eut de la chance. En 524, moins de deux ans après son retour à Constantinople, les maillets frappèrent les simandres des églises pour annoncer au peuple la mort d'Euphémie. Hormis Justin et Justinien, qu'elle avait entourés d'une constante affection, peu de gens la regrettèrent, tant elle avait été discrète et effacée. Théodora en conçut une joie sans mélange et, dès les semaines de deuil terminées, se prépara au mariage. Elle s'émerveillait que Justinien ait eu le courage et la liberté d'oser modifier pour elle la jurisprudence et de défier la bienséance. Certes, il ne s'agissait plus du transport amoureux qui l'avait enivrée avec Libanios, mais d'une tendresse lucide, admirative et reconnaissante, qui n'excluait pas l'amusement de réveiller, chez ce grand travailleur, l'attrait des fantaisies voluptueuses.

Une semaine avant son mariage, elle se rendit, avec Chrysimallo, à *La Lune dorée* pour choisir les bijoux qu'elle porterait en ce jour mémorable. Le patron écarta Basile pour servir lui-même la fiancée du neveu de l'empereur. Tandis qu'il présentait rivières de perles et pierres précieuses, ses enfants et leurs camarades descendirent bruyamment l'escalier extérieur en chantant à tue-tête :

— Le Justinien s'est accroché / À une belle poule dorée, / Qui lui a déjà arraché / De sa fortune, la moitié.

Chrysimallo étouffa un rire, Basile se précipita dehors pour faire taire les impudents, Théodora blêmit et se tourna vers le bijoutier :

— C'est toi qui leur apprends cette ritournelle ?

L'homme bafouilla :

— Non, non, ne crois pas cela, ce n'est pas moi, c'est la rue, c'est tout le monde. Je trouve cette chanson indigne...

— Mais tu laisses tes enfants la répéter. Dorénavant je n'achèterai plus rien dans ta boutique. Réjouis-toi de n'être pas plus gravement puni de l'insolence de ta famille.

En sortant, elle fit signe à Basile de la suivre.

— Viens me voir au palais d'Hormisdas, cet après-midi à la dixième heure, pour me présenter ce qu'il y a de plus beau en joaillerie. Dorénavant je t'interdis de travailler dans cette échoppe.

Basile ouvrit de grands yeux consternés, mais, devant la colère visible de Théodora, n'osa répondre. Elle monta dans son char avec emportement. Quand les chevaux s'éloignèrent, Chrysimallo remarqua :

— Le pauvre garçon, tu l'empêches de gagner sa vie.

— Il n'aura pas à se plaindre de devenir mon bijoutier attitré. Mes amis resteront toujours mes amis.

Et elle ajouta d'un ton menaçant :

— Je saurai imposer aux Romains le respect envers la femme de Justinien.

— Tu as toujours été autoritaire, commenta Chrysimallo avec résignation.

Il faisait encore nuit, mais Narsès était trop bouleversé pour dormir. Il arpentait la pièce qu'il louait depuis qu'il travaillait au Grand Palais, et faisait les cent pas, du lit à la fenêtre, de la fenêtre au lit. Dans quelques heures se déroulerait le mariage et il était plus ému que s'il s'agissait de lui-même, car Théodora était tout à la fois son amour, son amie, sa sœur, son élève. Il s'émerveillait du parcours de la pantomime, qui, voguant à contre-courant du raisonnable, souvent malgré ses propres conseils, à force d'entêtements, d'illusions, de courage, finissait par obtenir l'existence qui lui convenait sans jamais avoir osé y penser. Pour une comédienne, épouser un futur empereur relevait du conte de nourrice.

L'amour de Justinien l'avait d'abord surpris. Qu'un homme animé d'un tel désir de puissance, au point d'avoir fait jadis assassiner des conjurés, choisisse une ancienne courtisane, sans fortune, sans appuis, méprisée par les puissants, semblait paradoxal. La séduction de Théodora ne pouvait expliquer à elle seule le choix risqué de cet ambitieux. Certainement Justinien, en distinguant l'ancienne pantomime, avait trouvé une épouse qui saurait l'épauler dans l'exercice du pouvoir par ses grandes qualités intellectuelles et la fermeté de son caractère. Nul doute que pour cet homme indécis, malgré son autoritarisme quotidien, la persévérance et la volonté de Théodora seraient un véritable soutien.

Avec l'instinct des enfants qui les portent vers ceux qui leur feront du bien, il épousait non seulement une femme qui lui plaisait, mais la complice qui l'accompagnerait dans les tâches malaisées du pouvoir. Se trompait-il ? Connaissait-il tous les replis d'une âme experte à ne livrer d'elle-même que ce qu'elle souhaitait montrer ? Narsès qui pensait, non sans raison, être le seul à bien la connaître, ignorait ce qui, dans cette nature complexe, prévaudrait à l'avenir.

À l'aube, il revêtit une longue tunique de soie, et se dirigea vers le Grand Palais dont le portier ouvrait la porte de bronze. Il rencontra quelques dignitaires en tenue civile, qui se rendaient dans les vestiaires où étaient conserves leurs habits d'apparat et entra dans l'Église Saint-Étienne, où reposait la main du martyr. L'étroite basilique datant de Constantin était encore sombre, et il pria la Sainte Vierge jusqu'à ce qu'un diacre vienne allumer les bougies des lustres d'or qui descendaient du plafond de bois. Un autre apporta l'encensoir puis déposa sur des coussins rouges les couronnes de fleurs destinées aux fiancés.

Seuls les dignitaires les plus éminents étaient conviés à la cérémonie. Ils arrivèrent, l'un après l'autre, tuniques et manteaux brillants de soie, fibules d'or étincelantes de diamants, ceinture plus ou moins décorée selon leur emploi au service de l'État. Narsès reconnut le préfet du prétoire d'Orient, le comte des Largesses Sacrées, le préfet de la ville, le questeur du Palais Sacré, le comte des domaines privés, les généraux, les comtes des différents corps de gardes, les plus hauts représentants du Sénat, et le maître des cérémonies au beau manteau de soie violette enrichi de médaillons représentant des paons montés par des enfants nus. Enfin arriva le vénérable patriarche d'Alexandrie au vêtement blanc orné de laticlaves rouges, le pallium brodé de trois croix. Des silentiaires, la verge d'or à la main, précédèrent Justin, entouré de ses blancs chambellans.

Narsès avait hâte que le couple apparaisse. Il ne pouvait s'empêcher de craindre qu'au dernier moment, une catastrophe advienne, que le mariage se révélât impossible, et, qu'une fois encore Théodora soit précipitée dans la poussière. Elle apparut enfin, à côté de Justinien, l'air terriblement grave. Tous deux s'avancèrent vers le patriarche qui déposa sur la tête du fiancé une couronne de fleurs, symbole de la victoire sur le péché, en disant : « Justinien, serviteur de Dieu, est couronné avec Théodora, servante de Dieu, au nom du Père, du Fils et du Saint-Esprit. »

Puis après avoir ceint de fleurs la fiancée, il répéta : « Théodora, servante de Dieu, est couronnée avec Justinien, serviteur de Dieu, au nom du Père, du Fils et du Saint-Esprit. »

Puis il joignit les mains des mariés. Justinien souriait, Théodora restait impassible et Narsès devina que l'émotion l'empêchait de réagir à ce qui lui arrivait. Par contre elle exulta lors de la présentation au monde, plus exactement aux puissants de ce monde. En la voyant marcher à côté de son époux dans les vestibules à colonnes encombrés de sénateurs flanqués de leurs épouses, de dignitaires, de nobles qui s'inclinaient sur son passage, il partagea le sentiment de victoire de son amie. Ne la quittant pas des yeux, il s'étonna de ce nouveau sourire, qu'elle formait lentement, comme un cadeau offert à ses interlocuteurs, un égard qu'elle daignait leur accorder et qu'ils devaient recevoir comme une bénédiction. Quant à Ouranios, parmi les excubiteurs qui protégeaient le couple, il éclatait de fierté, comme si, dans sa bonté profonde, un peu de la gloire de son ancienne maîtresse rejaillissait sur lui. Plus tard, Antonina raconta que la jeune mariée lui avait murmuré en passant : « Cela a plu à Dieu. »

Les époux s'engagèrent dans l'allée qui conduisait, à travers les jardins, jusqu'au palais de la Magnaure, réservé pour la nuit nuptiale. À nouveau les dignitaires, les fonctionnaires, les riches marchands et leurs femmes firent la haie sur leur passage, tandis que les orgues entamaient une marche triomphale. Pendant que les représentants des factions acclamaient les mariés, Narsès songeait à la colère des puissants qui s'inclinaient devant celle qu'ils avaient tant méprisée et se demandait quelle tournure prendrait leur confrontation inévitable. Mais étaient-ce les nobles qu'il fallait craindre ? Dans la foule se tenaient aussi des fonctionnaires de modeste origine, fort appréciés de Justinien car ce fils de paysan aimait s'entourer d'administrateurs choisis pour leur compétence et non pour le prestige de leur famille. Or ces hommes, venus comme Théodora du peuple, possédaient comme elle la vigueur et le goût de la lutte. Il n'était pas exclu que leur affrontement se révélât plus dangereux que la colère des vieilles familles.

Après avoir déposé leurs couronnes dans la chambre nuptiale, le couple s'en retourna pour dîner dans la salle des Dix-neuf Lits. Narsès n'y avait jamais été convié, et pour la première fois s'allongea pour dîner sur un des lits d'apparat qui pouvaient recevoir chacun douze personnes. Il vit monter le couple sur l'estrade où se tenait le lit de l'empereur, devant la table d'or. Des colonnes d'argent et quelques marches le séparèrent alors de

Théodora. Cette hiérarchie dans l'espace lui fit craindre que de sa hauteur son amie bien-aimée ne lui donnât plus la confiance et la spontanéité qui avaient été les siennes pendant les années passées. Cette anxiété lui gâcha le repas somptueux qui lui fut offert.

Le lendemain, la rumeur se répandit que, pendant sa nuit de noces, Théodora portait une robe de roses attachées par des fils d'or, et qu'elle demanda à l'austère Justinien de l'aimer sans en flétrir aucune. Beaucoup se mirent à rêver des folies retrouvées de l'ancienne pantomime.

Dès lors, l'épouse de l'homme qui, sans en avoir le titre, exerçait déjà les fonctions d'empereur, commença à imposer ses préférences. Avec prudence dans les domaines favoris du divin Justin, mais sans scrupule en ce qui concernait ses intérêts les plus personnels. Elle n'avait rien oublié du passé. Alors que pour beaucoup d'êtres humains, chaque stade de l'existence est repris, assimilé, transformé dans le stade suivant, les différentes périodes de la vie de Théodora gardaient toute l'intensité de leur présent. Les étapes de sa vie se superposaient, comme les strates géologiques d'une falaise, aucune ne faisant disparaître l'autre. Les émotions de la petite fille humiliée et pauvre, de l'adolescente provocante, de l'amoureuse bafouée, de la femme violentée, de la pieuse monophysite, de l'épouse fidèle se maintenaient intactes en attendant le temps de la vengeance ou de la reconnaissance. Le caractère mystérieux que, très vite, beaucoup lui attribuèrent et que l'opinion amplifia, provenait de cette multiplicité de facettes, parfois contradictoires, qui la rendait imprévisible.

Les Verts ! Les Verts qui l'avaient tant humiliée, enfant, connaîtraient enfin ce qu'il en coûte d'offenser Théodora. Justinien qui, comme l'empereur, favorisait les Bleus, ne s'insurgea pas contre ce ressentiment, quoiqu'il s'inquiétât parfois de sa démesure. Un matin, au début du jeûne de sept semaines qui précédait les fêtes de Pâques, Théodora décida d'offrir à l'église des Saints-Apôtres une boîte d'argent décorée de topazes et de perles, contenant des voiles de soie blanche destinés à recouvrir le calice et la patène. À peine avait-elle quitté le palais d'Hormisdas avec une suite de trois cents personnes, qu'elle aperçut Hypathios, respectable soutien de la faction des Verts, qui courait comme un fou sur la place de l'Augustéon en renversant les étalages, pour se réfugier dans Sainte-Sophie. À ses trousses une dizaine de Bleus, facilement reconnaissables à leur costume barbare, le poignard à la main, s'arrêtèrent devant le portail de ce lieu d'asile qu'est une maison de Dieu. Théodora fit mine d'ignorer l'incident et continua son pieux chemin.

Lorsque, en fin de matinée, elle revint des Saints-Apôtres, elle fut accueillie à l'Augustéon par les murmures malveillants d'une foule en état d'ébullition. Elle s'enquit de la cause de cette effervescence et apprit qu'Hypathios avait été poignardé dans l'enceinte même de Sainte-Sophie. Elle déplora que l'on tuât dans une église, mais ne trouva rien à redire concernant les assassins.

Les murmures cependant persistaient, et le mot « Bleus » revenait souvent dans les conversations. Ils auraient été punis. Aussitôt leur protectrice s'alarma :

— Punir les Bleus ? Qui a osé ? Où sont-ils maintenant ?

— Le préfet de la ville les a emmenés dans les cachots de la préfecture et en a exécuté plusieurs.

— Exécuter ? Mais pourquoi ? De quel droit ? Qui a autorisé ce crime ?

Personne n'osait répondre sachant avec quelle partialité la femme de Justinien couvrait d'impunité les actes criminels des Bleus. Craignant d'éventuelles représailles, les citadins prudents quittèrent discrètement la place.

Devant les visages baissés, Théodora s'approcha des soldats qui gardaient l'entrée du Grand Palais.

— Qui a donné l'ordre d'arrêter les Bleus ?

— L'empereur, répondit un officier.

Un ordre de l'empereur n'étant pas contestable, Théodora rétorqua :

— Pourquoi a-t-on dérangé l'empereur pour une peccadille ?

— Je l'ignore.

— Le préfet de la ville aurait dû en parler à mon époux.

— Justinien n'a pu le recevoir, il est souffrant.

Aussitôt l'épouse partit d'un bon pas, suivie par deux eunuques, vers le palais d'Hormisdas. Dans la chambre qui donnait sur la mer, les tentures étaient tirées pour éviter que la lumière blessât les yeux du malade et des odeurs de plantes à inhaler épaississaient l'air. Justinien émergea d'une longue transpiration.

— Que t'arrive-t-il ? demanda Théodora arborant l'air sinistre que provoquait toujours chez elle un malheur arrivé à sa faction préférée.

— Un brutal accès de fièvre.

— Tu ne peux te permettre d'être malade. Le préfet de la ville s'est permis de déranger l'empereur, le pauvre vieillard.

— L'affaire était donc grave ?

— Elle concernait dix malheureux Bleus qui avaient tué Hypathios. Avec l'accord de Justin, le préfet les a arrêtés et en a fait tuer quelques-uns pour l'exemple. Une telle audace mérite une sanction.

— Puisque Justin a autorisé cette punition... Je ne peux désavouer un ordre de l'empereur.

Théodora s'assit sur le lit :

— Certes, mais tu comprends bien qu'en agissant ainsi, le préfet s'est rebellé sciemment contre ton autorité. Il sait très bien que tu protèges les Bleus, et aurait dû attendre que ta santé se rétablisse. Son attitude est une provocation délibérée.

Elle attendit que ses propos fissent leur effet. Elle connaissait la crainte que Justinien avait des complots, des trahisons, du double visage de ceux qui l'entouraient. Après un moment elle ajouta :

— S'il suffit que tu sois malade deux jours pour que ta politique soit contrecarrée aux yeux de tous, ton pouvoir est bien fragile.

Convaincu, Justinien se redressa dans son lit.

— Tu as raison. Je trouverai un prétexte pour faire traduire le préfet de la ville devant le Sénat, de telle sorte qu'il soit exilé. Il faut se méfier de tous.

— Je pense que cet exemple fera réfléchir les insoumis, conclut Théodora en retrouvant le sourire.

La plupart du temps, la jeune mariée menait une vie de luxe et de plaisirs.

Après la prière du matin devant l'icône du Christ, elle prenait le premier bain de la journée puis s'abandonnait aux mains des servantes qui frottaient son corps d'onguents parfumés, lissaient ses cheveux, épilaient ses jambes, avant de la vêtir d'une chemise de soie brodée. Elle choisissait alors dans son vestiaire une première tunique, très fine, puis une seconde aux manches plus courtes, à la soie plus ou moins épaisse selon les saisons. Le léger repas du matin, pain, fromage et fruits de préférence exotiques, était servi devant une fenêtre pour profiter de la vue sur la mer, dont elle appréciait les nuances aussi changeantes que celles de l'âme.

Selon les jours, elle surveillait avec son secrétaire l'évolution de ses biens en Cappadoce, ou se rendait, accompagnée de jeunes nobles, dans les ateliers de tissage du palais pour choisir les étoffes de ses prochains vêtements. Elle proposait aux artisans des motifs qu'elle aimait comme les paons qui dorénavant lui furent réservés, se plaignait de la qualité des teintures et exigeait les couleurs les plus franches. Parfois, elle rendait visite à sa mère dont elle avait fait reconstruire la maison et surveillait le précepteur de sa fille. Elle regrettait parfois de ne pas aimer Eudoxie, mais sa présence, rappel vivant d'anciens désespoirs, la rendait très nerveuse. Justinien avait légitimé l'enfant qui aurait pu demeurer à Hormisdas, mais la fillette de dix ans préféra rester avec sa grand-mère. Une fois par semaine, elle participait à un déjeuner au palais, repas toujours familial auquel se joignaient de temps à autre Narsès et quelques intimes.

Après la sieste et un deuxième bain, l'après-midi se passait en promenades en mer, visites à un couvent ou une église en construction, achats dans les marchés exotiques, du grand nord ou de l'Orient lointain, où l'on pouvait trouver de la poudre de peau de serpent redonnant vigueur aux plus faibles, des fourrures, de l'ambre de la Baltique, des pierres rares comme le lapislazuli pour le maquillage des yeux, des ours et des oiseaux.

Avant le dîner, Théodora prenait un troisième bain, changeait de vêtements et se couvrait de bijoux, des cheveux jusqu'aux sandales. Qu'elle dînât seule avec son époux ou que tous deux participassent à une fête, son souci constant était de plaire à Justinien, de l'étonner par les fantaisies apportées à sa beauté.

Elle continua à fréquenter ses amies de l'hippodrome, mais discrètement. Avant le dernier triomphe, celui du couronnement, il importait qu'elle ne donnât point prise à ses ennemis. Si elle jugeait utile de différer récompenses et vengeances personnelles, elle ne supportait pas la moindre offense envers son époux.

D'abord parce que tout ce qui menaçait la couronne du futur empereur la menaçait elle-même, mais aussi parce que son mari, confronté à un adversaire, sombrait dans un profond abattement. Cet homme autoritaire, aux vastes desseins, supportait mal le conflit. Au lieu d'être animé par l'énergie de la lutte, il redoutait aussitôt une conjuration attachée à sa perte. Alors il ne recherchait plus chez son épouse les séductions d'une amante, mais la volonté et la force d'une partenaire.

Un soir, il revint avant la fermeture des bureaux. Ce retour prématuré de son mari étant exceptionnel, elle renvoya aussitôt les serviteurs. Justinien avait la lèvre inférieure mollement tombante et son index frottait fébrilement son pouce.

— Te souviens-tu, dit-il, en oubliant les gestes de tendresse, qu'Anicia Juliana avait refusé de contribuer à la construction du grand hôpital pour les pauvres qui se trouve sur la troisième colline car notre famille lui paraissait indigne de gouverner. Imagine-toi que cet après-midi, elle me fit visiter l'église Saint-Polyeucte qu'elle a faite construire à ses frais et qui vient d'être terminée. Je m'y rendis volontiers, car je me félicite de la multiplication des lieux de prière et des innovations dans l'architecture. En réalité, elle voulait me faire admirer les immenses draps d'or qui recouvrent entièrement le plafond. Dans ces tissus, me dit-elle, j'ai mis toute ma fortune afin de n'avoir plus rien à te donner. Tu vois que cette église surpasse en splendeur le temple de Salomon et que jamais tu n'en construiras d'aussi belle.

— Qu'as-tu répondu ?

— Je n'ai pas voulu la blesser. Elle a beaucoup d'amis qui me préféreraient mort. Elle paye des soldats pour m'empêcher d'accéder au trône !

— Qu'as-tu à craindre ? Si un complot se préparait contre toi, nous en serions avertis par les espions que nous avons dans la ville. Je ferai savoir à cette petite-fille de Théodose qu'elle doit s'incliner devant le neveu de l'empereur et son épouse. Je visiterai son église mardi prochain à la sixième heure et souhaite l'y rencontrer. Crois-moi, elle n'osera pas me traiter de la sorte.

Le jour dit, dans une litière aux rideaux décorés de perles, Théodora se présenta à Saint-Polyeucte avec une heure de retard, accompagnée de cinq cents personnes : gardes qui dégageaient le chemin, dignitaires, femmes de dignitaires, chambellans, musiciens, esclaves et serviteurs. La litière fut déposée devant le porche de l'église, tandis que la longue suite envahissait la place et remplissait les étroites rues adjacentes. La femme de Justinien descendit de son véhicule revêtue d'un manteau décoré de feuilles d'acanthe et, sur les marches du porche, se tourna vers Anicia Juliana, qui, à soixante-six ans, marcha vers elle avec difficulté. Les deux femmes se dévisagèrent avec des yeux d'acier. Finalement la vieille Romaine céda, et s'inclina devant Théodora. Celle-ci fit un signe au maître de cérémonie, qui ordonna :

— Plus bas. Incline-toi plus bas.

Anicia Juliana trembla, hésita, baissa un peu plus la tête.

— J'espère que Dieu m'épargnera d'avoir à te saluer une deuxième fois, susurra-t-elle d'une voix blanche.

Elle se retourna et deux eunuques vinrent la soutenir pour la ramener dans sa litière.

— Je leur ferai baisser la tête à tous ! expliqua le lendemain Théodora à Narsès, qui, après le travail, passait souvent au palais d'Hormisdas bavarder un moment. Ils ne savent pas ce qu'ils auront à subir pour leur désinvolture. J'obtiendrai de Justinien, si indifférent à l'étiquette, qu'ils apprennent le respect impérial.

— N'oublie pas que tes intérêts personnels doivent se subordonner à ceux de l'Empire.

— Serait-ce un reproche ?

— Oui, pour tes abus de pouvoir, comme tu en fais maintenant en protégeant les Bleus de toutes leurs exactions. Il n'est pas normal qu'ils aillent assassiner un Vert dans Sainte-Sophie.

— Je ne pardonnerai jamais aux Verts. Quand je serai impératrice...

— Tu ne l'es pas encore.

Elle rit soudain.

— Quand je serai impératrice, à ton avis, que ferai-je d'un vieil eunuque grognon ?

Le vieil eunuque maintint son point de vue :

— À peine as-tu obtenu le privilège du mariage que tu en attends un autre. Prends le temps de te réjouir du chemin parcouru, du luxe de ta vie, de l'amour de ton mari. Déjà tu as transformé tous ces bonheurs en habitude. Tu devrais lire les maximes d'Épicure et des stoïciens, pour apprendre à te contenter du présent.

— Comment veux-tu que je me contente du présent ? Partout on persécute les monophysites, on brûle leurs églises, on exile leurs prêtres. J'ai promis de les aider, et quand je serai impératrice, je mettrai toutes mes forces à rétablir la paix religieuse.

Narsès, qui ne s'attendait pas à cette réponse, resta coi.

Par intérêt et par bonté, Théodora rendait visite tous les jours au vieux Justin dont l'état de santé s'aggravait. Sa blessure dégénérait et gangrenait maintenant la jambe entière. Un après-midi de mars, alors que les arbres des vergers et les jardins en terrasses se couvraient de fleurs, Théodora s'arma de courage pour entrer dans la chambre impériale où régnait une affreuse odeur de pommade et de pourriture. Elle fit transporter le divin empereur par des esclaves dans le petit Consistoire, dissimula la jambe noircie sous un tissu de soie, et lui raconta des histoires. Elle était la principale joie du vieil homme, par sa jeunesse, sa gaieté, et sa manière affectueuse de le traiter en père plus qu'en empereur sans s'encombrer du cérémonial qui avait toujours contrarié la simplicité du paysan de Haute Macédoine. Elle s'aperçut que Justin l'écoutait distraitement.

— Tu as mal ? Tu veux changer de position ?

Justin lui prit les mains :

— Excuse-moi, ma fille, je pensais à autre chose. J'ai bien réfléchi. Ma santé se dégrade de jour en jour et j'ai décidé de faire couronner Justinien afin que la transmission du pouvoir s'effectue dans le calme et le respect des lois. Je ne veux pas que recommencent les combats qui ont précédé mon avènement. N'en parle pas à ton mari, je tiens à le lui annoncer moi-même. Tu ne dis rien ?

Théodora l'embrassa :

— Les grandes joies, comme les grandes douleurs ne peuvent s'appréhender en un instant.

Le rude visage de l'ancien soldat sourit.

— Ce sera le dernier bonheur de ma vie que de vous confier l'Empire. Nous organiserons ce couronnement, dès la fin du carême, le jour de Pâques. J'espère que je vivrai jusque-là.

Puis il retomba dans un silence de vieillard.

Impératrice des Romains, Augusta, Basilissa, Élue de Dieu, Maîtresse du monde civilisé ! Elle se répétait ces titres glorieux pour en assimiler progressivement l'étendue, la hauteur, la profondeur et être digne du destin que la Providence lui réservait.

Pour préparer le couronnement, Théodora qui ne voulait pas altérer sa beauté par une agitation excessive, fit appel à Antonina à qui elle confia l'organisation du cortège. Les dames d'honneur revêtiraient l'habit d'apparat qui les distinguait : tunique dorée, manteau blanc, haute coiffure en forme de tour, d'où pendait un long voile blanc. Elle-même porterait une tunique de soie blanche, brodée de perles, qui se marierait avec la chlamyde pourpre qu'elle allait recevoir. Malgré le saint temps du carême, le palais d'Hormisdas devint plus animé que le forum de Constantin. Défilèrent les bottiers, les parfumeurs, les coiffeurs, les marchands de voiles, les couturiers, les vendeurs d'onguents. Basile revenait tous les jours pour présenter des bijoux afin que les cascades de perles et de pierres précieuses soient suffisamment nombreuses et longues, pour s'entremêler habilement aux cheveux noirs de la future impératrice et retomber sur ses épaules.

Le 1er avril, jour du couronnement, les longues traînées blanches qui souvent obscurcissent le ciel de la région se dissipèrent dès l'aurore, et le soleil brilla sur Constantinople en fête. Des plus humbles aux plus riches demeures, les montants des portes avaient été décorés de couronnes de fleurs, les seuils recouverts de tapis de roseaux. Les étendards flottaient devant les édifices impériaux et les moines chantaient la gloire du Dieu tout-puissant qui avait désigné le futur représentant du Christ sur la terre.

Dans la salle du trône, l'atmosphère était plus retenue. Théodora, entourée de ses femmes, attendait que Justinien reçoive, dans le triclinium des Dix-neuf Lits, les insignes de la royauté, la chlamyde de pourpre, le collier et la couronne, et qu'il ait proféré la déclaration de foi qu'elle connaissait par cœur : « Je promets, devant la sainte église catholique et apostolique de rester fidèle à l'orthodoxie et de la défendre, de suivre les voies de la vérité et de la justice. Justinien, basileus fidèle au Christ Dieu et autocrator des Romains. »

Puis le maître de cérémonie vint la chercher pour la conduire jusqu'à son époux qui la couronnerait. Les cérémonies décisives sont tellement encombrées de gestes et de paroles rituels, qu'un mélange de fatigue physique et affective en voile l'émotion. Pourtant, à deux reprises, Théodora fut bouleversée. La première fois lorsque le vieux et cher Justin, se levant avec peine, étendit gauchement sur ses épaules la chlamyde de pourpre. La deuxième lorsque Justinien, les yeux embués d'amour et de fierté, posa sur son front la fragile couronne, feston d'or et de diamants.

Elle connut ensuite son triomphe personnel en montant, solitaire, sur la plus haute terrasse du palais de Daphné décorée de branchages et de fleurs, où l'attendaient les dignitaires et les représentants du peuple. Sous le ciel éclatant, elle s'avança, un cierge à la main, pour s'incliner devant le seul pouvoir qui lui soit dorénavant supérieur : le Christ en croix. Alors les étendards se baissèrent, et tous, dignitaires, factieux, ambassadeurs des contrées lointaines, tous, se prosternèrent devant elle.

— Saint, saint, saint, gloire à Dieu au plus haut des cieux !

— Longue vie à toi, protégée de Dieu.

— Heureuse vie à toi qui réjouis le cœur des Romains.

— Gloire à Dieu qui t'a couronnée.

— Gloire à Dieu qui t'a proclamée basilissa.

Puis Dieu, par l'intermédiaire du patriarche, la sanctifia avec l'huile sainte dans Sainte-Sophie illuminée de cierges. Les cascades de perles tintinnabulaient gaiement sur ses épaules pour fêter cet événement, tandis que le patriarche remettait à Justinien un sachet de soie pourpre rempli de poussière pour qu'il reste humble devant Dieu et se souvienne de la mort. Entre la poussière de son enfance et la poussière de son tombeau, combien seraient passagères la gloire et les années accordées par le Seigneur ! Elle songea à

Timothée et l'assura qu'elle ne serait pas indigne de la bonté du ciel, que rien ne rappellerait la courtisane. Elle serait vertueuse, fidèle, courageuse, attachée au sort des monophysites et à la paix de l'Église pour mériter le choix de Dieu.

— Gloire à Dieu, le Seigneur du monde.

— Gloire à Dieu qui a ceint ta tête.

— Gloire à Dieu qui t'a couronnée de sa propre main.

— Il te gardera longtemps dans la pourpre.

Présentée aux dignitaires, à Dieu, elle allait maintenant l'être au peuple. Quelle joie dans cette apothéose, quelle victoire sur le sort ! Enfant, elle regardait avec vénération le Katishma, véritable palais à deux étages, amarré au Grand Palais et dominant l'hippodrome. Combien, jadis, lui paraissaient lointains et magnifiques ceux qui s'installaient sous les quatre chevaux de bronze. À son tour, elle regardait ceux d'en dessous, assise avec Justinien sur un trône d'or surélevé par un amoncellement de tapis. Ils étaient là des milliers, visages amis, visages ennemis, visages curieux, visages éblouis, tous levés vers elle. Qu'ils soient contents, admiratifs ou scandalisés importait peu, puisque dorénavant ils lui seraient tous soumis.

Pour ouvrir la cérémonie, l'empereur, en tant que pontife successeur des apôtres, bénit d'un pan de sa chlamyde la foule, en face, à sa droite les Bleus, à sa gauche les Verts. Et la foule cria :

— Apparais, impératrice des Romains.

— Empereur couronné par Dieu, apparais avec l'Augusta.

Elle se pencha alors vers cette foule qu'elle avait si longtemps cherché à séduire et que dorénavant elle voulait éblouir et étonner. Dans le tumulte des cris, des applaudissements, des orgues, les chantres crièrent leurs acclamations :

— Couple protégé de Dieu, basileus et toi, gloire de la pourpre, venez réjouir le cœur de votre peuple.

— Levez-vous dans la gloire, ô le choix de La Trinité.

— Soleil impérial, éclaire le monde.

Il y eut pourtant une épine dans l'allégresse de ce triomphe. La cérémonie terminée, derrière les portes de bronze de la loge impériale, le couple reçut dans le grand salon du Katishma. Là, les dignitaires, sénateurs, hauts fonctionnaires vinrent, en long cortège, saluer l'empereur et l'impératrice. Devant Justinien, chacun mit la main droite sur son cœur, s'inclina profondément pour recevoir un baiser sur le front. D'autres fléchirent le genou. Mais tous passèrent devant l'Augusta sans un geste particulier de déférence. Théodora exultait trop pour s'en indigner immédiatement, mais était bien trop attachée aux honneurs pour l'oublier.

Quatre mois plus tard, le 1er août, jour de la Sainte-Croix, le vieil empereur Justin rendit son âme à Dieu, entouré de regrets de circonstance et du réel chagrin du couple impérial qui lui devait tant.

Pendant trois jours le catafalque fut exposé dans le triclinium des Dix-neuf Lits. Le nouvel empereur n'avait pas le droit d'accompagner le défunt jusqu'à sa dernière demeure. Pour suivre le cortège des deux, il monta avec l'impératrice sur la plus haute terrasse qui dominait la ville et la mer, l'Orient et l'Occident. Théodora avait trente ans, Justinien quarante-cinq, un long règne s'ouvrait devant eux.

XIV

Ah, Dieu que le pouvoir est aimable qui permet de répandre beauté, bonheur et injustice autour de soi !

Adorée de son mari, impératrice, Théodora pouvait dorénavant donner libre cours à ses désirs. Le temps de deuil accompli, elle prit possession du gynécée, son domaine privé dans le palais de Daphné, et fit appel à ses relations de jeunesse. Le jour même de son installation, les couloirs résonnèrent de rires et d'exclamations. Les amies de l'hippodrome et de la vie légère, exhibant leurs nouvelles tuniques chatoyantes, parcouraient les vestibules, les cours, les portiques, sans le moindre égard pour la majesté du lieu, à la stupéfaction des gardes et des silentiaires. La famille fut conviée à demeurer dans le gynécée, avec l'ordre de ne se mêler de rien.

Narsès s'étonna que Chrysimallo, Indaro et les autres fassent partie du gynécée.

— Pourquoi les prends-tu à ton service ?

— Pour faire enrager les nobles, expliqua Théodora. Je les obligerai à respecter des femmes qui ont connu la même enfance que moi.

— Je ne te comprends pas. Tu voulais faire oublier ton passé.

— Mon passé. Mais je n'oublie pas celui des autres et le triste sort des femmes dédaignées. L'ascension sociale ne doit pas m'être réservée. Que mes amies en profitent ! Et puis je veux continuer à rire et m'amuser. De temps en temps tu viendras nous voir. Cela te fera du bien d'être entouré par ces facétieuses jeunes personnes et te donnera un prétexte pour te plaindre.

Et devant l'air inquiet de l'eunuque elle ajouta :

— Mon excellent ami, tu garderas le privilège unique

de me dire ce que tu penses. Maintenant aide-moi à choisir les eunuques de mes appartements.

En quelques jours elle désigna son maître d'hôtel, son échanson, ses silentiaires chargés de faire silence sur son passage, ses référendaires chargés des suppliques, ses secrétaires pour la correspondance, son protovestiaire chargé de la garde-robe.

Antonina participa au choix des femmes de chambre et discuta de l'aménagement du gynécée. La discrète Euphémie avait maintenu les lieux dans l'état où elle les avait trouvés, Théodora voulut en faire un palais resplendissant. Pour sa chambre elle exigea des colonnes d'argent reliées entre elle par des tentures de pourpre décorées d'arabesques, d'épais tapis sur les dalles de marbre, des mosaïques et des peintures sur les murs, dont l'un serait réservé à un oratoire surmonté d'une grande croix d'or décorée de diamants. Par ailleurs elle demanda à son époux de nouvelles propriétés dans le Pont et la Paphlagonie afin d'assurer un train de vie digne d'une Élue de Dieu. Basile fut promu bijoutier de l'impératrice.

Pour assurer l'ascension sociale de ses amies et de ses sœurs, il fallait les marier, et les bien marier. Conformément à la loi de 524 qui avait rendu possible son union avec Justinien, Théodora obtint facilement de l'empereur l'autorisation d'organiser ces alliances.

Comito épousa un compagnon d'armes et confident de Justinien, du nom de Sittas, promu commandant en chef d'Arménie, auquel il fut donné le beau palais d'Antiochos près de l'hippodrome. La Mère, condamnée à se taire devant les agissements de la basilissa, préféra vivre avec sa fille aînée. Antonina épousa Bélisaire nommé maître des milices d'Orient, Anastasia un juriste, Indaro le comte des gardes des Scholes, et Chrysimallo s'éprit de Saturninus.

Saturninus était noble et maître des offices, et, comme tel, premier dignitaire de la hiérarchie civile. Il avait sous sa responsabilité tous les employés qui travaillaient dans les bureaux du palais.

Fort épris de sa cousine, il fut atterré par la perspective d'épouser Chrysimallo. Une telle mésalliance lui fit horreur mais l'impératrice ne supportant pas qu'on dédaignât d'anciennes courtisanes, il dut se plier à ses ordres. Le lendemain des noces, Saturninus se plaignit de n'avoir pas trouvé la jeune épousée dans un état de fraîcheur virginale, propos qui fut vite rapporté en haut lieu. Deux jours plus tard, alors qu'il se rendait au Palais pour l'ouverture des bureaux, il fut arrêté par des policiers et longuement fouetté en public pour avoir insulté une amie de l'impératrice.

Cette punition et le silence de l'empereur à ce sujet apprirent à tous la puissance de l'Augusta, et la nécessité d'obtenir ses faveurs. Aussi les illustrissimes, les glorieux, les excellentissimes, et ceux qui aspiraient à le devenir, s'empressèrent de venir l'assurer de leur fidélité pendant ses jours de réception.

Théodora n'avait pas oublié – elle n'oubliait rien – l'indifférence des nobles dans le salon du Katishma, lors du couronnement. Elle convainquit donc Justinien qui, jusque-là, accueillait tous les citoyens avec une grande simplicité, de modifier, pour elle comme pour lui, le protocole des audiences.

Elle reçut les solliciteurs dans la salle Auguste, adjacente au palais de Daphné, moins impressionnante que la salle du trône, mais presque aussi splendide. Les courtisans devaient attendre dans une étroite antichambre, particulièrement inconfortable et étouffante lorsqu'ils étaient nombreux. Pour les faire patienter, Théodora prolongeait volontiers le temps passé dans les bains du palais pour soigner sa beauté. Puis elle s'installait sur un trône d'or, vêtue de tuniques somptueuses, entourée de dames d'honneur et d'eunuques. Un matin, le maître de cérémonie vint lui présenter la liste des courtisans et elle choisit en premier Grosse-Tête, se réjouissant à l'avance des commentaires indignés que feraient les dignitaires devant la préséance accordée au mendiant.

Grosse-Tête qui, en espion discipliné, venait rapporter quelques propos de la ville, se trouva fort désorienté par le nouveau cérémonial. Le seuil de la salle Auguste à peine franchi, il fut saisi sous les épaules par deux silentiaires et jeté sur un tapis aux pieds de Théodora. Comme il se relevait gauchement, se croyant tombé par maladresse, prêt à s'en excuser, l'impératrice ordonna en réprimant un fou rire :

— Reste prosterné et baise mon pied.

Grosse-Tête embrassa sans mesure le brodequin de pourpre, puis releva la tête pour dire :

— Théodora...

— Maintenant appelle-moi Maîtresse ou Majesté, et attends que je t'autorise à parler.

Le mendiant se releva, roula des yeux ahuris sur l'ensemble des eunuques et dames d'honneur qui entouraient l'Augusta. L'éclat des coussins brodés d'or et des mosaïques, la suite imposante, les ordres qui contrariaient sa nature expansive, le laissaient désemparé.

— Comme tu le sais, Grosse-Tête, Ma Majesté ne veut pas rester éloignée du peuple qui lui est cher. Aussi répète-moi ce que tu as entendu dire ces jours derniers sur le couple impérial.

Grosse-Tête devient rouge comme la chair d'une figue mûre.

— Est-ce si méchant que cela ? insinua l'impératrice.

— Le peuple t'aime, s'empressa de dire Grosse-Tête, et se réjouit fort que Dieu t'ait choisie comme basilissa.

— Mais il y a bien quelques rhéteurs, amateurs de pamphlets, qui donnent libre cours à leur inspiration.

Notre couronnement n'a pas paralysé l'esprit alerte de nos citadins !

Le mendiant baissa les yeux, fixa ses pieds et marmonna quelques mots incompréhensibles.

— Parle plus clairement, s'impatienta Théodora.

— J'ai entendu un poème...

— Répète-le.

Comme s'il s'arrachait les mots de la bouche, le mendiant articula :

— Le cul vaillant est monté sur le trône / Il n'y a plus que ses pieds à baiser / Ont-ils le même doux arôme / Que son derrière enfiévré.

— Qui dit cela ?

— Personne, tout le monde.

— À l'avenir, sois plus précis. Quoi d'autre encore ?

Comme s'il voulait se débarrasser définitivement d'une épreuve pénible, le mendiant devint volubile :

— Que tu es une sorcière qui obtient des faveurs grâce à des philtres magiques, pour pervertir notre empereur bien-aimé, que tu...

Le visage de l'impératrice blêmit et ses yeux jetèrent des éclairs noirs.

— Donne-lui un sou d'or, dit-elle à son trésorier d'une voix sombre. Et toi, apprends qui profère ces accusations ignominieuses. Organise un solide réseau d'information dont tu seras le porte-parole. Reviens chaque semaine, et, au cas où tu aurais une nouvelle urgente, je te donne le droit d'entrer dans le gynécée.

— Comme le patriarche ?

— Comme le patriarche, répéta Théodora en réprimant un sourire.

Éperdu, Grosse-Tête se retourna pour fuir au plus vite, mais un silentiaire lui murmura :

— Ne tourne pas le dos à la basilissa et recule le visage incliné devant elle.

Quand il revint dans l'antichambre, le mendiant

soupira de soulagement. Les dignitaires attendaient encore leur tour, mais le maître de cérémonie leur annonça :

— L'impératrice ne reçoit plus ce matin. Revenez demain.

Cette désinvolture envers les dignitaires fut l'objet de maints commentaires désobligeants sur l'Augusta qui n'entendait point les tolérer. Elle profita d'un dîner dans l'appartement de l'empereur avec Tribonien, chef de la chancellerie, ministre de la Justice, homme de grande culture et fort aimable, pour aborder le délicat sujet.

L'empereur se nourrissait comme à l'accoutumée de légumes, d'eau et de pain, tandis que l'impératrice et Tribonien dégustaient les mets les plus raffinés et les vins les plus goûteux. La conversation fut badine et légère jusqu'à ce que Théodora déclarât à son époux :

— On m'a rapporté que Priskos, ton secrétaire, s'est fait construire un splendide palais et vit d'une manière luxueuse. L'origine de cette richesse proviendrait de nombreux services et passe-droits qu'il aurait rendus en profitant de ta confiance.

Elle ne remarqua pas que Tribonien descendait d'une seule traite son verre de vin et piquait du nez dans son assiette pour massacrer un crabe. Elle vit, par contre, l'expression contrariée de Justinien.

— J'y suis attaché, répondit l'empereur. C'est un serviteur zélé et loyal. Il est difficile d'en trouver de semblable.

— Il a gagné sa fortune frauduleusement, abusant de ton nom et de ta générosité. Tout cet argent doit revenir à l'état.

— Ma douce épouse, tu sais combien il est agréable d'avoir un secrétaire fidèle.

Théodora, devant l'aveuglement volontaire de son mari, abattit l'atout maître :

— De surcroît, il se répand en insultes à mon égard, à notre égard, m'accusant de diriger l'Empire comme un navire à la dérive, répétant que le bordel s'est maintenant installé dans le palais.

Justinien n'entendait que ce qu'il voulait entendre.

— Je ne peux croire cela de la part d'un ami, dit-il.

— Ton grand cœur te trompe. Tu crois trop à la bonté des hommes.

— L'empereur est trop céleste, se permit d'ajouter Tribonien.

Justinien retrouva l'emphase de son éloquence habituelle :

— Si ce commentaire était vrai, il mériterait un châtiment cruel. Nul ne doit diffamer la chère épouse que Dieu m'a donnée. Mais Priskos ne peut tenir de tels propos.

Théodora n'insista pas. Mais, le lendemain matin, elle fit demander Ouranios et Narsès. Ouranios, récemment nommé comte des excubiteurs, avait transformé sa passion amoureuse en une adoration obéissante. Théodora lui ordonna :

— Demain tu feras enlever Priskos à son palais, de préférence la nuit, et le feras embarquer sur un bateau qui le conduira à Cyzique. Là-bas, il sera tonsuré et fait moine.

Narsès fut plus curieux.

— Quelle version de cet enlèvement souhaites-tu donner ?

— Insultes à l'impératrice, et à travers elle à l'empereur. Tous, dans le monde entier, doivent savoir qu'on n'injurie pas les Élus de Dieu impunément. Dès que Priskos sera parti, tu saisiras sa fortune et la déposeras dans le trésor impérial.

— Quelles explications devrai-je donner à l'empereur ?

— Mon époux ne s'inquiétera pas de l'origine de cet

argent. Tu sais combien coûtent les dépenses de l'État. Justinien vient de faire rebâtir Palmyre et envoie Bélisaire, avec sa chère Antonina, sur la frontière perse pour faire construire une forteresse à Dara car la guerre risque de recommencer. Par ailleurs...

Elle regarda Narsès avec un sourire amusé.

— Par ailleurs je t'annonce avant que Justinien ne t'en parle, qu'il te nommera Grand Chambellan de la chambre impériale et trésorier des fonds privés de l'empereur. Je me réjouis que tu sois auprès de mon mari, pour le protéger et le conseiller.

L'ami de toujours resta un moment silencieux, ému d'accéder à la plus haute fonction qu'un eunuque puisse espérer.

Mais dès qu'il se retrouva seul, il réfléchit sur la rapide transformation de l'ancienne pantomime. Depuis son couronnement, elle dirigeait tout à sa convenance avec une autorité saisissante. Mieux encore, elle utilisait à ses fins, non seulement l'amour que lui portait l'Auguste, mais aussi sa faiblesse de caractère. Décidément, le pauvre eunuque qu'il était ne connaissait rien aux rapports des hommes et des femmes. De toute évidence, dans la haute fonction qui lui était attribuée, il devrait ménager la bonne entente des époux et aplanir les dissensions qui, un jour où l'autre, surviendraient.

Le pouvoir de l'impératrice s'exerçait avec une même obstination dans la générosité et la bonté, particulièrement envers les femmes condamnées à la prostitution.

Un soir, à l'heure où le portier fermait les portes du Palais, une jeune Crétoise de quatorze ans se précipita pieds nus dans le salon du gynécée où Théodora jouait aux échecs avec une dame d'honneur. Elle se jeta à ses pieds en suppliant :

— Sauve-moi comme le Christ a sauvé la putain.

— D'où viens-tu ?

— De chez la vieille maquerelle, derrière l'hippodrome.

— Elle vit toujours ?

— Oui. On m'a raconté que lorsque tu demeurais dans la maison du montreur d'ours, tu osais l'injurier. Alors je viens implorer ton aide.

— Ne te fais plus de souci. Je te rachèterai et tu feras partie de mes femmes de chambre. Tu viens de me rappeler le triste sort des prostitués.

Elle fit signe à un chambellan :

— Fais prendre un bain à cette jeune fille et donne-lui des habits. Je veux qu'elle fasse partie des servantes de ma chambre.

Puis Théodora se rendit dans les bureaux de la chancellerie. Elle était certaine d'y trouver son royal époux qui se passionnait pour un projet fort ambitieux. Il s'agissait de remettre à jour le prestigieux héritage juridique de Rome, dans un Code qui clarifierait pour tous et pour toujours les droits et les devoirs légaux. Elle trouva Justinien en compagnie de Tribonien, toujours fort obligeant et respectueux. Elle ignorait alors que l'avidité financière du ministre de la justice serait une des causes des troubles futurs. Après avoir reçu l'accueil chaleureux de ses interlocuteurs, elle expliqua :

— Il n'est pas acceptable que dans un Empire chrétien, on tolère que des jeunes filles soient enlevées puis jetées dans des bordels pour la satisfaction des hommes.

Tribonien répliqua avec son aisance habituelle :

— Saint Augustin ne partageait pas l'avis de Sa Majesté. Il considérait que si on chasse les courtisanes, les passions troubleront tout et que les lois de l'ordre leur assignent une place, quoique la plus vile qui soit.

— Je ne vois point dans les Évangiles, répondit sèchement Théodora, qu'une place soit voulue par Dieu pour un tel abus des femmes. Les saints que j'ai rencontrés à Alexandrie m'ont appris que les scandales de ce genre ne cesseront que par la maîtrise que les hommes auront de leurs désirs, et non par la multiplication des femmes asservies.

— Je partage ton avis, déclara Justinien. Seul le zèle pour la chasteté peut assurer le respect envers les femmes. Nous ferons une loi pour que le viol et les offenses sexuelles, même sur les esclaves, soient passibles d'exécution. Les souteneurs seront dorénavant hors la loi et, s'ils récidivent, seront arrêtés. Je dicterai demain le décret.

Au début du règne, Théodora croyait encore qu'il suffisait de faire une loi pour qu'elle soit appliquée, et elle sortit soulagée de cette conversation.

Il lui restait encore à réaliser la promesse faite à Timothée, son cher patriarche d'Alexandrie, d'aider les monophysites à vivre librement leur foi. Quelques mois après son couronnement, elle avait reçu une lettre de Sévère, l'ancien patriarche d'Antioche.

Le patriarche Sévère à l'impératrice Théodora.

Ma très chère fille, la bienveillance du Seigneur t'a placée, toi, la petite adepte de notre religion, auprès de celui qui entend être le maître et le chef suprême de l'Église. La prophétique pénétration de notre patriarche Timothée avait su reconnaître, dans la misérable jeune fille qui vint lui demander conseil, le destin que Dieu lui préparait. Comme tu le sais, pour que l'Empire devienne l'image du royaume céleste, l'empereur contraint les païens, parfois avec trop de violences, à reconnaître le vrai Dieu. Mais, par une crispation de son esprit sur les préceptes du concile de Chalcédoine, il persécute avec autant, sinon plus d'acharnement, ceux qu'il considère comme hérétiques, et tout particulièrement les monophysites. Tu n'es pas sans savoir que la persécution de nos frères, dans la province de Syrie, reste féroce. Les stylites sont arrachés à leurs colonnes, les fidèles battus de verges et torturés, les moines doivent s'enfuir dans le désert. D'autres, à l'âme plus faible, sans le soutien de leur monastère, finissent dans les tavernes. Aussi, ma chère fille, que nous espérons toujours fidèle à notre foi, nous te demandons d'adoucir l'empereur à notre égard, et de laisser aux Égyptiens comme aux Syriens la liberté de pratiquer selon leur conviction, l'adoration du Père, du Fils et du Saint-Esprit. Que la paix soit avec toi.

Sévère.

Pour aborder un sujet aussi controversé et qui lui tenait tellement à cœur, Théodora choisit une semaine doublement favorable à l'empereur, puisqu'elle comblait à la fois son prosélytisme et son goût pour les constructions monumentales. Le roi des Huns de Crimée venait de se convertir au christianisme avec Justinien comme parrain, et la vaste citerne proche de Sainte-Sophie, véritable basilique engloutie, n'attendait plus que ses chapiteaux pour être achevée. Profitant de la bonne humeur de son époux, Théodora l'avait entraîné dans une discussion théologique relative au statut énigmatique du fils de Dieu. Comment le Christ pouvait-il être à la fois Dieu et homme ? Les monophysites lui attribuaient une nature divine, dont le corollaire était épineux : n'étant point de nature humaine, le Christ n'avait pas réellement souffert et ignorait la douleur des hommes. Le point de vue opposé n'était pas moins problématique. Si le Christ était aussi homme, comment concevoir qu'un être de chair et de sang, soumis aux contraintes physiques de l'humanité dont la mort est l'aboutissement, puisse être considéré comme Dieu ?

Ils convinrent tous deux que la présence du fils de Dieu sur terre dépassait de beaucoup les limites de l'esprit humain, et qu'il ne fallait pas s'étonner que prêtres et moines aient essayé depuis cinq siècles d'en comprendre le mystère. Mystère si profond et si fondamental qu'il autorisait des explications différentes. De la théologie on passa à la politique, Théodora, en respectant les monophysites, voulait maintenir la paix dans les provinces orientales. Justinien, en luttant contre les hérésies, souhaitait la concorde avec Rome.

Finalement tous deux se mirent d'accord pour se répartir les tâches : Justinien privilégierait le pape et l'Occident, l'impératrice soutiendrait les monophysites et l'Orient.

Petit à petit, les persécutions contre les hérétiques diminuèrent et les moines monophysites obtinrent le droit de venir dans la capitale.

Parmi ceux qui s'installèrent à Constantinople se trouvaient des moines, beaucoup plus ardents et excessifs que les orthodoxes, et de ce fait beaucoup plus saints. Par leurs prières, ils obtenaient la bienveillance de Dieu pour consolider l'Empire et obtenir la vie éternelle de ses habitants. Ils étaient donc fort vénérés. Leur apparence traduisait la pureté de leur âme, car au lieu de porter la grossière robe de bure teintée de noir et le haut chapeau ecclésiastique, les plus pieux se présentaient au Palais vêtus d'oripeaux, pieds nus, cheveux hirsutes et parole vive.

Une fin d'après-midi, alors que Justinien et Théodora discutaient dans l'intimité de Daphné avec quelques familiers, arriva un habitant du désert des Saints, large et fort comme un bœuf, le corps couvert des stigmates dus à ses mortifications, du nom de Maras. À peine entré, sans aucun signe de respect pour l'or et la pourpre, il s'adressa à l'Élu de Dieu.

— Te voilà enfin, toi, l'empereur, dont la cervelle n'est pas plus grosse que celle d'un lézard pour juger des hérétiques comme tu le fais. Quand je te vois te pavaner dans la richesse, alors que la misère s'étend dans toutes les provinces, mon âme se sent souillée à ton contact.

Narsès s'approcha de l'impudent pour le faire taire, mais Justinien lui fit signe de rester à sa place. Le moine était intarissable :

— Ton cœur est rempli d'or comme la panse d'un chameau est remplie d'eau, et tu oses persécuter les amants de Dieu. Les amants de Dieu ! Faut-il que ta vanité soit grosse comme un cul de femme, pour oser couper les liens tissés entre eux et le Père tout-puissant. Et toi, l'impératrice, toi la coquette qui essaya de séduire les saints, de les envelopper dans tes appâts fatigués, dans ton regard sournois, tu as permis qu'on les persécute. Pécheresse piquée par la mouche du diable, tu as vendu ton âme pour avoir la richesse. Honte à tes colliers, tes perles, tes soies qui t'entraîneront en enfer sous leur poids.

Les collaborateurs et les eunuques, pétrifiés par tant d'audace, s'attendaient à ce que la justice foudroie, tel l'éclair, l'injurieux personnage. Mais le couple impérial souriait. L'impératrice, charmée, déclara :

— Heureux les saints qui ont la liberté de parole ! Bénis sois-tu pour nous rappeler le message du Christ !

— Tu es un philosophe spirituel, ajouta Justinien. Un Diogène chrétien, un Tertullien qui aurait renoncé aux honneurs ecclésiastiques. Demain, si tu le veux bien, je te convie à mon conseil. Ceux qui m'aident à gouverner l'Empire seront heureux de t'entendre.

— Je souhaite aussi discuter théologie avec toi, ajouta Théodora. Demeure au palais, tu logeras à la Magnaure, la demeure des invités de marque.

— Je préfère dormir sous la tente que dans ce lieu de luxe et de turpitude.

Narsès, habitué à la générosité de Théodora pour les ascètes, revint avec un sac d'or qu'il offrit au pieux

Syrien pour ses aumônes. Celui-ci envoya aussitôt le sac à la tête de l'impératrice :

— Il n'y a rien en toi dont aient besoin les serviteurs de Dieu, sinon la crainte du Seigneur si tu es capable de l'éprouver.

Et il sortit, laissant l'assistance édifiée, autant par l'humilité de l'empereur et de son épouse que par l'anachorète. Tribonien, qui ne reculait devant aucune flatterie, déclara :

— Tu as montré une fois encore, divin empereur, que tu possèdes la mansuétude de David, la patience de Moïse, la clémence des apôtres. Avec toi se réalise l'âge idéal prédit par les prophètes.

Justinien n'était pas toujours d'humeur aussi conciliante, vite crispé sur le respect qu'on devait lui porter. Un jour, lors d'une assemblée d'évêques, un autre moine syrien, Zooras, se permit de traiter d'impies le concile de Chalcédoine et l'empereur qui le défendait. Justinien se mit en colère.

— Il est indigne de parler à l'Élu de Dieu avec cette audace. Sache que toi et tous ceux qui maudissent le concile de Chalcédoine seront condamnés à mort.

Zooras rétorqua :

— Les anges du ciel même détestent ton concile. Dieu te donnera un signe sur toi-même.

Et il s'éclipsa à grands pas furieux derrière une tenture de soie.

La nuit suivante Théodora dormait profondément lorsque Narsès appela :

— Majesté, Majesté, viens vite.

Derrière la porte, soutenu par l'eunuque, Justinien murmurait :

— Je suis aveugle ! Je ne vois plus rien ! Dieu m'a chassé ! Malédictions, malédictions, je rampe par terre comme un serpent ! Théodora ma douce épouse, transforme-toi en serpent et viens avec moi, ne me quitte pas.

Théodora avait l'esprit rapide.

— Narsès, allonge-le sur mon lit et va vite chercher notre médecin. À part lui, personne ne doit être au courant de cette faiblesse.

Le médecin, qui demeurait au Palais, fut introduit dans la chambre et aida Narsès à porter l'empereur dans une des pièces secrètes du gynécée dont seule Théodora possédait la clef.

— Que s'est-il passé ? demanda Théodora.

Narsès raconta la pénible rencontre entre Justinien et Zooras devant témoins. Pendant la nuit, il avait entendu l'empereur crier, et avait aussitôt amené l'Auguste au gynécée.

Le médecin prit un air consterné.

— Je ne peux rien faire, Majesté, dit-il en se tournant vers Théodora. Seul Zooras peut délivrer l'Auguste de la malédiction qu'il a prononcée.

— Va chercher le moine, ordonna Théodora à Narsès. Promets-lui que le basileus rendra la paix à l'Église et que je ferai construire pour lui et ses disciples un couvent dans le faubourg des Sykes.

Une heure plus tard le moine aux yeux de braise arriva à grandes enjambées, jeta un regard de triomphe sur le malade et se mit prier. Théodora regardait avec admiration ce moine qui se faisait entendre de Dieu grâce à l'intensité de sa ferveur. La vénération qu'elle portait à ceux qui choisissent la vie des anges s'en accrut d'autant. Après un moment qui lui parut fort long, elle vit Justinien ouvrir les yeux, fixer longtemps Zooras comme s'il retrouvait progressivement la mémoire.

— Je suivrai tes conseils, Zooras, et arrêterai les persécutions, murmura-t-il.

Zooras s'en alla aussitôt sans jeter le moindre coup d'œil à l'impératrice.

Pendant les toutes premières années du règne, Théodora accomplit, ou crut accomplir ce qu'elle avait résolu et espéré. Justinien l'aimait et ne décidait rien sans la consulter, la présence de Narsès auprès de l'empereur maintenait leur complicité, ses amies et ses sœurs avaient fait de brillants mariages, les Bleus troublaient impunément la capitale, les nobles se traînaient à ses pieds, une loi protégeait les femmes de leur asservissement, les persécutions contre les monophysites s'atténuaient, d'autant plus que Zooras dans son couvent et Maras sous sa tente étaient vénérés par les Romains. Elle était riche, aimée, respectée, obéie et rien ne semblait devoir altérer une réussite aussi éclatante.

XV

Narsès mit un certain temps à s'habituer aux privilèges que lui donnait sa fonction. Il dormait dans une chambre attenante à celle de l'empereur, se tenait à ses côtés pendant les repas officiels, les audiences, les conseils et dans le Katishma. Ses responsabilités le rapprochaient de Théodora, centre de sa vie affective.

Pourtant, entre son rêve d'enfant et sa fonction présente, il n'arrivait pas à établir une continuité. Il s'était forgé, au cours des ans, un imaginaire du Palais Sacré qui ne correspondait pas à la réalité, et il souffrait de cet écart entre ses attentes et son succès. Certes il appréciait le pouvoir, les prérogatives, la faveur des Élus de Dieu, mais se sentait bridé par la lourdeur du cérémonial, d'autant plus que le respect et la servilité dont il était entouré l'encombraient.

Il découvrit pourtant des joies inattendues. En tant que Grand Chambellan, il commandait la garde d'eunuques, et, pour asseoir son autorité, avait jugé nécessaire d'apprendre à monter à cheval. Il y prit goût. Dans l'hippodrome couvert du palais, conseillé par Ouranios, avantagé par son corps mince et léger, il devint un excellent cavalier. La maîtrise du cheval entre ses jambes lui procurait une griserie physique et, dans ses moments de liberté, il galopait à travers les forêts et les champs jusqu'aux Longs Murs qui protégeaient la péninsule des invasions.

Aussi accepta-t-il avec enthousiasme la mission que lui confia Justinien : se rendre dans la capitale de l'Arménie byzantine pour ramener un butin important destiné au trésor impérial. Il n'avait jamais quitté la ville et les voyages l'avaient toujours fait rêver. Enfant, il enviait les marchands qui, sous les portiques des forums, racontaient leurs pérégrinations dont les aventures héroïques l'entraînaient dans des songeries viriles.

Il partit pour l'Arménie à cheval, avec un détachement de soldats et quelques excubiteurs dirigés par Ouranios. Au fil du temps, une solide et réciproque confiance s'était tissée entre les deux hommes. Les eunuques et les excubiteurs s'amusaient de ce tandem, l'un petit et clairvoyant, l'autre fort et naïf, chacun rassuré par la présence de l'autre.

Narsès ne choisit pas l'itinéraire le plus rapide qui suivait la côte le long de la mer Noire. Après avoir prié la Vierge Marie, comme il avait coutume de le faire avant chaque décision importante, et plus tard avant chaque bataille, il choisit le chemin des hauts plateaux et des montagnes. Le prétexte était facile à trouver : il surveillerait en Cappadoce les haras, mines d'or, pâturages, carrières de marbre, domaines appartenant à « la maison divine » de l'impératrice. Il partit en automne, traversa les steppes dans les rigueurs du froid et de la neige. Pendant les tempêtes, la troupe se réfugiait chez des nomades qui gardaient leurs troupeaux de chèvres dans des vallées encaissées. L'eunuque arriva en Cappadoce au printemps, quand la steppe se couvre de fleurs multicolores et que les animaux sortent de leur refuge hivernal. Après avoir donné des ordres pour les propriétés de Théodora, il visita les vallons où s'étaient réfugiés les premiers chrétiens. Il admira les églises peintes cachées au fond de grottes creusées dans les falaises blanches et se faufila dans les galeries souterraines où les fidèles persécutés du Christ s'étaient dissimulés.

Tout était pour cet érudit sédentaire surprise et émerveillement. La curiosité et l'admiration le poussèrent jusqu'aux sources de l'Euphrate et du Tigre dont les rives abritèrent pendant des millénaires les premières civilisations.

Il atteignit l'Arménie au début de l'été, sous un soleil brûlant, lorsque les champs de céréales et d'arbres fruitiers, resserrés dans les plaines, frémissent de couleurs entre les coiffes blanches des montagnes. Les premiers paysans qu'il rencontra s'enfuyaient en jetant des regards craintifs derrière eux. Alors surgit un petit groupe trottinant sur des ânes, dont le chef était un collecteur d'impôts reconnaissable à son chapeau en cloche et l'encolure en V de sa tunique extérieure. Narsès qui n'avait souffert ni de l'altitude, ni du froid, ni de la canicule, souffrit de sa mémoire. Ces paysans fuyards ressemblaient à ses parents, affolés de misère depuis des générations, vivant comme eux d'un bout de champ, d'un âne ou de quelques moutons, à moins qu'ils ne soient asservis dans les grands domaines. Ils avaient connu la lutte quotidienne pour la nourriture, la crainte du fisc, parfois l'errance quand celui-ci était passé. Fût-ce par nostalgie, par imagination, par un réel accord entre cette géographie et sa sensibilité, il se sentit fils de cette terre austère, parcourue ici et là par de riantes vallées. Les qualités qu'il se reconnaissait, sa volonté, son endurance, sa patience étaient l'héritage d'une ascendance endurcie par la monotonie des steppes, l'aridité des montagnes, la rudesse du climat. Il arrêta le collecteur des impôts, paya les sommes demandées aux paysans et les fit prévenir qu'ils pouvaient rentrer chez eux.

Arrivé dans la grande ville de Théodosiopolis où l'attendait l'or de l'empereur, il se rendit près des remparts qui marquent la frontière entre l'Arménie perse et l'Arménie romaine. Devant les pierres de la séparation, il supplia le Seigneur de réunir son pays si cruellement déchiré et de l'unifier dans la foi chrétienne.

À son retour Narsès trouva l'impératrice morose, et la tristesse de son amie suffit à assombrir l'or et les soies du palais. Théodora n'attendait toujours pas d'enfant. Depuis plusieurs années déjà, elle espérait donner à son époux un fils qu'ils aimeraient ensemble et prépareraient aux hautes fonctions où Dieu l'attendait. L'éblouissement de la rencontre avec Justinien, l'attente du mariage puis du couronnement avaient masqué la déception de son infécondité. Un héritier représentait la dernière conquête à faire, une conquête jamais achevée, car un enfant est un avenir au présent, un itinéraire à inventer, un futur à espérer.

— Tu disais vrai, mon ami : la Roche Tarpéienne est près du Capitole. Chaque mois, Justinien comprend qu'il n'a pas encore d'héritier, et c'est un déchirement, une honte pour moi de le lui annoncer. Je suis obsédée par l'idée que la stérilité est un motif de divorce, surtout pour un empereur. Tu imagines un instant ma vie, après avoir perdu mon mari et le titre d'impératrice !

Narsès se fit rassurant.

— Tu n'as pas rencontré un bon médecin.

— J'en ai rencontré des dizaines. Ils sont venus du monde entier, de l'Orient et de l'Occident. Leur explication de la fécondité est identique : la conception se réalise grâce à la rétention de la semence. Mais sur les moyens de la retenir, cette précieuse semence, leurs remèdes divergent. Alors je les ai tous suivis. Mon corps dut se maintenir en bonne condition physique, ni trop lourd, ni trop léger, ni trop humide, ni trop sec. L'échanson et le préposé à ma table ne me présentèrent que des poissons non gras, des huiles légères, de la viande maigre et des vins subtils. Mes femmes de chambre et dames d'honneur durent cesser leurs bavardages pour que je garde l'esprit tranquille. Il fallait malgré toutes ces contraintes, que tout le monde soit de bonne humeur, car l'emportement, en perturbant le souffle vital, provoque l'expulsion du fruit de la conception. Inutile de te dire que ce mélange de calme et de gaieté forcée a mis tout le personnel du gynécée sur les nerfs. Moi aussi évidemment. Un jour j'ai arrêté toutes ces prescriptions inutiles.

— Et Justinien ? Que disait-il ?

— Il fut admirable. Il écourta, pendant les périodes favorables – de la nouvelle lune à la pleine lune – ses longues déambulations nocturnes qui le font surnommer « le fantôme du palais », pour rester avec moi. Notre chambre fut décorée de gracieuses statues puisque, dit-on, la vue de la beauté pendant la fécondation concourt à celle de l'enfant. Il s'est donné du mal lui aussi, en vain. J'ai fini par recourir aux pratiques magiques et avalé toutes sortes de bizarres et déplaisants breuvages confectionnés par des sorciers, inutiles eux aussi.

Théodora avait les larmes aux yeux. Narsès était aussi malheureux qu'elle de ne pouvoir rien faire pour l'aider.

— De surcroît, ajouta-t-elle dans un mélange de sanglots et de colère, autour de moi je suis entourée de mères. Eudoxie, à peine mariée avec un neveu de l'empereur Anastase, est déjà enceinte. Chrysimallo et Indaro le sont aussi. Comito vient d'accoucher d'une petite Sophie et Antonina, à son âge, a donné une fille à Bélisaire. Quand je vois tous ces ventres ronds, il me prend l'envie de les transpercer.

Après un silence, elle ajouta :

— J'ai fait exécuter la Matrona, car l'avorteuse est peut-être responsable de mon malheur.

— Fais confiance.

— En qui ? En quoi ? Antonina...

— Elle est de retour dans la capitale ?

— Oui. Nous avons rappelé Bélisaire, car après une grande victoire sur les Perses, il a subi une lourde défaite. Antonina propose une autre solution.

Narsès fit une discrète moue d'incrédulité.

Antonina, en effet, proposait de recourir à la déesse de l'amour et de la maternité. La nuit même, après l'heure de fermeture des cabarets, elle accompagna Théodora dans une litière fermée jusqu'au forum de Constantin. La discrétion des porteurs était acquise par la menace de mort en cas de bavardage. Le silence inhabituel du lieu, les ombres lunaires des statues et colonnes procuraient une sensation irréelle, presque religieuse, certainement faste pour la démarche à accomplir. Tout était rond et féminin, propice à la fécondité : la pleine lune, l'arrondi des portiques à l'image de l'Océan, les courbes du corps de ténus. Dans la main que la déesse reposait sur le bas de son ventre, pour en protéger le trésor, Théodora glissa une amulette de plomb sur laquelle était inscrit : *Toi, dont le fils conjoint les hommes et les femmes dans l'amour, donne-moi un enfant.*

Vénus ne fut pas plus efficace que les médecins. Il ne restait plus que Dieu. Il avait été prié déjà dans les églises, devant les icônes et les croix du palais, dans l'oratoire de la chambre, il avait même été prié par l'anachorète Zooras que l'impératrice avait installé à Galata, de l'autre côté de la Corne d'Or. Une chance, une dernière chance se présenta avec la lettre de Sabas, le grand saint de Palestine, qui vécut longtemps dans le désert et accomplit des miracles. Il avait guéri des mourants, délivré des possédées, et fait tomber la pluie sur Jérusalem lors d'une longue sécheresse. Il envoyait à l'empereur une lettre que Narsès s'empressa de lire à Théodora :

> — *Au très aimé de Dieu et très pieux empereur ami du Christ, Justinien, pétition et supplique de Sabas, moine de Palestine. Au nom de la sainte cité de Dieu, Jérusalem, et de son pieux patriarche, je sollicite l'aide de l'empereur pour la remise des impôts de Palestine, après les dévastations commises par les Samaritains, qui ont torturé les chrétiens, brûlé les églises, égorgé l'évêque et grillé les reliques des Saints Martyrs. Veuille votre Sérénité accueillir favorablement ma requête.*

— Qu'a répondu mon époux ?

— Le basileus se réjouit de connaître ce moine doux de mœurs, humble de cœur, ferme défenseur de la vérité. Il envoie les galères impériales l'accueillir à la sortie des Dardanelles.

Théodora ferma les yeux en murmurant :

— Dieu veuille qu'il accepte de prier pour que j'aie un enfant.

L'espoir remplit à nouveau le cœur de l'impératrice et de nombreux présents furent offerts aux églises.

Sabas arriva avec le printemps, un printemps précoce en cette année 531, où les oiseaux, les fleurs, les bourgeons chantaient la fertilité de l'univers. Théodora se fit raconter tous les quarts d'heure les événements qui se déroulaient dans les salles officielles. Le saint était maintenant un vieillard de quatre-vingt-onze ans, au visage émacié autour d'un regard brûlant qui obligeait à baisser les yeux. Ses vêtements étaient ceux d'un mendiant. Lorsqu'il pénétra dans la salle du trône, une auréole rayonnante comme le soleil entoura sa figure. L'empereur se jeta à ses pieds et demanda sa bénédiction. Après avoir béni l'assistance, Sabas s'indigna à nouveau de la conduite des Samaritains, qui, en païens qu'ils étaient, s'étaient révoltés cruellement contre les chrétiens. L'empereur accorda au moine tout ce qu'il désirait : la remise des impôts, la restauration des églises, la construction d'un hôpital et d'une église à Jérusalem, celle d'un fort dans le désert pour protéger les monastères que le saint avait créés. Il s'engagea à ce que les Samaritains soient chassés de leur territoire, ou bien exécutés, dans les deux cas privés du droit de laisser cadeaux et héritages.

En échange de tous ces biens matériels, Sabas accorda à Justinien la primeur d'une prophétie :

— J'ai pleine assurance, dit-il, que Dieu ajoutera à votre empire l'Afrique et Rome, et que vous délivrerez Constantinople et l'Église de Dieu de la peste des hérésies.

Pour accueillir le pieux moine, Théodora avait revêtu une simple tunique rose sur une tunique verte, et n'avait gardé que quatre dames d'honneur et son maître de cérémonie. Dans le salon silencieux, elle se concentrait sur la visite du saint dont les prières étaient son dernier espoir. Dès qu'il entra, accompagné de Justinien et de Narsès, elle se jeta à ses pieds, le visage bouleversé.

— Prie pour moi, Père, afin que Dieu accorde un fruit à mon sein.

Le saint fit une réponse évasive.

— Dieu, souverain maître de toutes choses, veillera sur votre empire.

Théodora, abandonnant tout orgueil, supplia une deuxième fois.

— Prie, Père, que Dieu me donne un enfant.

— Le Dieu de la gloire conservera votre empire dans la piété et la victoire, se contenta de répondre Sabas.

Théodora n'écouta plus la conversation. L'envoyé de Jérusalem, pourtant capable de miracles, avait refusé de la délivrer de sa stérilité. Le cœur transpercé, elle eut la force d'aller s'asseoir sans chanceler. Le chagrin lui brouillait l'esprit.

Un peu plus tard, en sortant du palais de Daphné, Narsès demanda à Sabas :

— Pourquoi as-tu chagriné l'Augusta en ne priant pas comme elle le demandait ?

Et le moine répondit :

— Croyez-moi, il ne sortira pas de fruit de son sein, de peur qu'il n'allaite l'Église des doctrines de Sévère et ne lui cause pires troubles que l'empereur Anastase.

Lorsqu'elle apprit que Sabas, non seulement refusait de prier pour elle, mais de plus la condamnait à la stérilité, elle s'enferma dans le gynécée et y resta tant que les pères de Palestine demeurèrent au palais de la Magnaure. Sur son chemin couvert de perles, l'attribut universel des femmes lui était retiré. Était-ce une condamnation du ciel pour ses péchés ? Était-ce la volonté du Père de n'accorder que quelques bienfaits pour que demeure vive et douloureuse l'attente de la vie éternelle ? Dieu se laisserait-il attendrir un jour par la constance de sa piété ? Au-delà de son désarroi personnel, elle se tourmentait pour Justinien. Elle devait tout à l'empereur et aurait souhaité lui montrer sa reconnaissance en lui offrant un héritier. Il l'aurait aimé tendrement et l'aurait éduqué avec la générosité que Justin et Euphémie avaient montrée à son égard. Cet enfant, de surcroît, aurait été, entre eux, le lien le plus solide, le plus durable.

Sans enfant, elle redevenait vulnérable. La loi autorisait un mari à se défaire de sa femme en cas de stérilité. Une fois encore, même impératrice, elle dépendait du bon vouloir d'un homme.

À la douleur de la femme stérile, s'ajouta la fragilité de l'épouse. La conquête du pouvoir lui avait donné la liberté d'assouvir ses vengeances et de promouvoir ses amis, mais maintenant surgissait un nouveau péril, celui de perdre une partie de sa puissance.

Le péril était d'autant plus réel qu'en face d'elle se dressait Jean de Cappadoce, un ancien comptable que l'empereur avait élevé au poste considérable de préfet du prétoire et qui la détestait. La veille, alors qu'elle allait avec un cortège de cinq cents personnes visiter le monastère de Zooras sur la Corne d'Or, elle le croisa devant Sainte-Sophie. Sans aucun respect des banderoles au monogramme du Christ, des prêtres dans leurs longs vêtements noirs, des solliciteurs qui confiaient aux référendaires leurs requêtes et leurs plaintes, et des chantres qui déclamaient : « Que soit louée la sage souveraine, ses bienfaits sont innombrables », Jean de Cappadoce s'approcha du cortège. Et dans quel équipage ! Dans une litière ouverte capitonnée de fourrures, se pavanant dans un manteau vert poireau, couleur de la faction détestée. Entouré de femmes en tunique transparente sous leur manteau entrouvert, il s'abandonnait sur leurs épaules, ne les quittant que pour boire du vin. Tandis que la musique joyeuse de ses flûtistes contrariait la psalmodie des moines, il embrassa longuement une courtisane, et leva son amphore vers Théodora avec un sourire moqueur. Elle écuma de colère. La désinvolture du préfet la ridiculisait en public, et, pire encore, risquait de la discréditer auprès de son époux. Car le préfet ne se privait pas de la critiquer ouvertement. Il devint, au fil des mois, l'ennemi à abattre. La tâche n'était pas facile, mais quelques incidents firent croire à Théodora qu'elle en viendrait à bout aisément.

Un matin, alors qu'elle venait de prendre son bain et s'apprêtait à lire avec ses secrétaires sa correspondance, Chrysimallo entra précipitamment dans le bureau avec son mari Saturninus. Le séduisant noble n'était plus qu'une loque, le corps couvert de plaies et les yeux ahuris de souffrance. Théodora permit au malheureux de s'asseoir tandis que la blonde Chrysimallo fulminait :

— Voilà comment on est traité dans cette ville ! Regarde dans quel état Jean de Cappadoce a mis mon mari ! Mon pauvre amour a passé trois jours au cachot, pendu par les pieds, frappé, torturé, et devine pour quelle raison ? Parce que soi-disant il cache une partie de sa richesse. Ce qui est faux. Saturninus est totalement dévoué à l'empereur. Cela n'a pas empêché votre préfet du prétoire de confisquer sa fortune. Sais-tu pourquoi il est traité ainsi ? Tu veux que je te le dise ? Parce que je suis une ancienne comédienne, comme toi qu'il déteste, et parce qu'il veut frapper tous ceux qui t'entourent avant de t'abattre, toi. Apprends qu'il juge ton influence sur l'empereur désastreuse, et ta présence déshonorante pour le palais. Et toi, pendant ce temps-là, tu achètes des bijoux, t'occupes d'hospices pour les pauvres, mais que fais-tu pour les autres, pour ceux qui doivent sortir des cachots de la préfecture ruinés ou morts ? À quoi sert l'amour que Justinien te porte ? S'il...

— Cela suffit ! ordonna Théodora brutalement. Je regrette ce qui s'est passé et j'en parlerai à l'empereur.

Elle fit signe au chambellan du vestiaire :

— Fais prendre un bain à Saturninus et convoque le médecin de Justinien. Tu me tiendras au courant de sa santé.

Chrysimallo ne put s'empêcher d'ajouter :

— Les cris là-bas sont paraît-il effrayants. Pourquoi le laisse-t-on faire ?

— Je veillerai à ce qu'une partie de ta fortune te soit rendue, dit Théodora. Il te faut comprendre qu'un bon empereur doit savoir prendre aux riches pour redistribuer aux pauvres.

— J'ignorais, dit Chrysimallo, en contemplant la somptueuse décoration de la pièce, que tout ceci fût de la pauvreté.

Elle poussa la tenture de soie pour rejoindre son mari et se retourna pour ajouter :

— Il parle de toi en t'appelant « celle du bordel » ou bien « la stérile ».

Et elle laissa retomber l'étoffe.

Théodora fit signe qu'elle voulait rester seule et l'essaim d'eunuques et de dames d'honneur s'éclipsa.

Une fois de plus elle mesura à quel point le sort des femmes, à tous les niveaux de la société, était marqué par une permanente injustice. Elle n'avait de pouvoir qu'à travers Justinien. Et en l'occurrence, Justinien défendait son préfet du prétoire. Mais elle ne céderait sur rien, ni sur les monophysites ni sur Jean de Cappadoce. Elle attendrait les occasions propices, longtemps si cela s'avérait nécessaire, pour pousser l'estocade.

Puis ce fut au tour de Basile de se plaindre du préfet. Dans la salle Auguste, le bijoutier favori se jeta aux pieds de l'Augusta et attendit ses paroles.

— Je t'ai fait venir, Basile, car je veux offrir à l'église de Jérusalem, une grande croix décorée de diamants. Je la veux splendide et te demande de n'épargner rien pour la grandeur de Dieu. Tu verras avec Narsès les détails matériels.

Et comme le joaillier, qui avait gardé sur son visage de vingt-huit ans un peu de son expression enfantine, restait confus et rougissant, l'impératrice s'étonna :

— Refuserais-tu un travail aussi exceptionnel ?

— Non, non. Je t'en remercie au contraire très humblement.

— Alors pourquoi cette gaucherie soudaine ?

Sentant qu'il devenait ridicule, Basile déclara :

— Les artisans et les marchands du quartier du forum de Constantin, sachant ton extrême bonté à mon égard, et mon appartenance à la faction des Bleus, m'ont chargé de te parler en leur nom.

— Que souhaitent-ils ?

— C'est au sujet du nouvel impôt. L'impôt sur l'air que le préfet du prétoire a imposé dans toutes les villes de l'Empire. Il veut que la distance entre les balcons soit au moins de dix pieds et leur hauteur à plus de quinze pieds[1]. Sinon il impose une amende de dix livres d'or. Dix livres d'or pour des artisans et des marchands c'est les condamner à la misère et à vivre du pain de l'annone ! Nous ne pouvons quand même pas reconstruire des maisons qui existent depuis Constantin. C'est une terreur cet homme-là, une terreur.

Basile se tut, aussi effrayé par ce qu'il évoquait que par l'audace de le raconter. Il ajouta :

— Que Ta Majesté me pardonne, mais nous savons ta bienveillance pour les habitants du quartier.

— Tu as eu raison de me tenir au courant de ce qui se passe dans la capitale. Le bonheur du peuple me tient à cœur. Reviens me voir quand tu le jugeras utile.

Basile sortit à reculons, le visage bouleversé de confusion et de reconnaissance.

1. Trois mètres et quatre mètres.

Pour évoquer Jean de Cappadoce devant l'empereur, Théodora désira que l'entretien ait une allure officielle. Elle vint avec Narsès rejoindre son époux dans les bureaux de la justice où elle le savait avec Tribonien. Elle comptait sur le chancelier, qui n'appréciait guère le préfet du prétoire, pour lui prêter son soutien. Le Code Justinien était terminé, et l'Auguste jetait un dernier coup d'œil à cette œuvre magistrale, exécutée en seulement quatre ans. Il fut, comme toujours, très heureux de voir son épouse et lui fit admirer l'énorme quantité de pages juridiques.

— Personne n'eût osé espérer une telle œuvre qui est difficile entre toutes, presque impossible, dit-il. Mais ayant levé mes mains au ciel et invoqué l'aide de Dieu, nous avons entrepris cette tâche, confiant dans l'Éternel qui, par sa toute puissance, est capable de relever les situations les plus désespérées.

Puis il s'enquit de ce qui motivait la visite de sa femme. Elle avait décidé de ne point évoquer les vexations personnelles et de porter le débat uniquement sur le plan politique.

— Je m'inquiète du mécontentement de la population.

— Il s'agit sans doute de l'impatience de certaines âmes faibles, qui supportent mal, pendant le carême, les exigences du jeûne. Mais le glorieux jour de Pâques est proche et chacun pourra se régaler à loisir.

— La plupart des fidèles, hormis les moines, ne restent pas plusieurs jours sans manger, comme toi. Mais je suis venue te parler des initiatives de cet ancien comptable, Jean de Cappadoce.

— Un génie. Le génie le plus puissant que je connaisse.

— Tout le monde ne partage pas ton avis. Ses méthodes fiscales engendrent beaucoup de colère.

— Son efficacité est remarquable. Il a augmenté le temps de travail des fonctionnaires et supprimé les postes inutiles. Il veut réorganiser le prélèvement des impôts pour que ceux-ci rapportent davantage. Car le premier devoir des sujets et le meilleur moyen qu'ils ont de reconnaître la sollicitude impériale est de payer avec un absolu dévouement les impôts publics dans leur intégralité.

— Le préfet est cependant d'une grande maladresse, pour ne pas dire d'une grande brutalité. Il serait grave que ses procédés te fassent perdre l'amour du peuple dont le bonheur t'importe tant.

Justinien prit l'air faussement concentré qu'il adoptait lorsqu'il ne voulait plus entendre ce qu'on lui disait. Cette tactique n'échappa point à Théodora. Elle savait qu'à la colère, son époux préférait une apparente indifférence, car son caractère supportait mal les désaccords. Aussi fut-elle plus percutante.

— Si le préfet du prétoire persiste dans ses méthodes, il se pourrait que le peuple se révoltât, et qu'à cette occasion, certains cherchent à prendre le pouvoir.

Tribonien, tout païen qu'il était, ménageait l'impératrice, et pour créer une diversion, dont il s'amusa secrètement ayant le cœur assez perfide, ajouta :

— Personnellement je regrette que Jean reproche tant à l'empereur sa libéralité envers les monophysites.

Théodora fit semblant d'ignorer ce propos et maintint sa ligne d'attaque :

— Le préfet du prétoire finit par déplaire à la fois aux riches et aux humbles, aux illustres et à ceux qui travaillent. Si nous étions par malheur dans la tourmente, il ne se trouverait personne dans la cité pour nous soutenir.

Justinien répondit doucement :

— Jean de Cappadoce sait résoudre toutes les difficultés. Il est temps d'aller prier maintenant.

Théodora retrouva la solitude. Non plus celle de l'errante des rues d'Alexandrie, mais celle qui se creuse au milieu des courtisans, des favoris, de l'amour même. Justinien n'avait pas voulu l'écouter, plus exactement n'avait pas voulu l'entendre. Il lui avait préféré l'ancien comptable. Que celui-ci fût païen, grossier, goinfre, n'était pas la cause de son indignation. Son indignation, sa souffrance concernaient la préférence. Il lui avait préféré quelqu'un d'autre. Jusqu'ici elle avait toujours fini par obtenir l'accord de Justinien pour les changements qu'elle proposait : la modification du cérémonial, la protection des Bleus, la tolérance envers les monophysites. Et voilà que pour la première fois, il lui opposait un refus. Un refus en faveur d'un homme qui était son ennemi. Comment son époux pouvait-il l'aimer, la considérer comme un « présent de Dieu » et garder un ministre qui la discréditait quotidiennement ? Cette contradiction, rebelle à la pensée et au cœur, la précipita dans une détresse ancienne, si profonde qu'elle n'en touchait pas le fond. Elle se sentit labourée d'impuissance.

Elle confia ses pensées à Narsès et conclut :

— Dorénavant, il faudra que j'entreprenne seule, que j'assume seule, que j'impose seule mes volontés.

L'eunuque, toujours prêt à condamner les excès de l'affectivité féminine, présents même dans l'esprit clairvoyant de son amie, expliqua :

— Tu dois comprendre que le pouvoir n'est pas une affaire de sentiment. Il consiste à se proposer des buts et à se donner les moyens de les atteindre. À cette fin, l'empereur s'entoure de ceux qui sont utiles à ses ambitions. Il est légitime que l'empereur garde sa liberté pour choisir les domaines dans lesquels il veut réussir. Tu connais les plus importants : restaurer la grandeur de l'Empire de Rome, christianiser le monde, construire les bâtiments qui servent Rome et Dieu. Donc il a besoin d'argent. Sans argent, rien de ce qu'il projette n'est réalisable. Et Jean de Cappadoce lui en apporte. Peu importe alors à ce pieux monarque que le préfet soit païen, peu importe à cet homme austère que Jean de Cappadoce soit goinfre et ripailleur, peu importe à cet époux amoureux que cet ambitieux critique son épouse bien-aimée, du moment qu'il lui trouve de l'argent. Dans cette perspective, les louvoiements, les résignations momentanées, les concessions de mauvaise foi qu'il pourrait t'accorder ne sont que pertes de temps. Il n'a pas à te faire de concession. Il est libre de choisir ce qui lui paraît bon et correspond à l'image qu'il veut donner de lui.

Lorsque Narsès partit auprès de l'empereur pour un dîner avec des ambassadeurs, les certitudes de Théodora vacillèrent. Pour lutter contre l'angoisse qui la serrait de ses pinces, elle réveilla femmes de chambre, eunuques et esclaves. Elle voulut une fête au milieu de la nuit, avec des gâteaux, des vins, des danses et des chants. Elle s'étourdit de gaieté, presque avec douleur, sans savoir que dans le creuset de cette ultime solitude se forgeait l'impératrice des tourmentes à venir.

XVI

Les troubles s'annoncèrent l'année suivante par l'irruption brutale de Comito dans le gynécée. Après les quatorze jours de fête commémorant la naissance et le baptême du Christ dans les eaux du Jourdain, la cour était un peu lasse des cortèges, des festins, des habits d'apparat et une certaine négligence régnait dans le gynécée. L'arrivée de la sœur aînée de Théodora surprit par son heure matinale et l'animosité de ses propos :

— Je viens t'informer qu'hier, en pleine *mésé,* des hommes ont renversé ma litière, en criant : « À bas les riches ! » Je ne me suis pas fait mal, heureusement. Mais lorsque mes eunuques voulurent emmener deux de ces malfaiteurs dans les bureaux de la justice, tous deux ont éclaté de rire. « Ne te donne pas cette peine, dit l'un, cela ne servira à rien. Tribonien changera la loi en notre faveur, comme il en est coutumier quand on lui offre de l'or. Parfois il la change trois fois en un seul jour. C'est une pieuvre qui se nourrit d'argent. »

Devant le silence de sa sœur, elle ajouta :

— Tu ne dis rien ? Tu trouves cela normal un État sans justice ?

— Je t'écoute, soupira Théodora. Tu as toujours aimé t'indigner.

— Si je m'indigne, c'est aussi pour toi, de crainte que tous ces coussins de soie sur lesquels tu es assise ne te tombent un jour sur la tête et t'étouffent.

Théodora prit un air excédé auquel Comito répondit :

— Je sais que personne n'a le droit de proférer des critiques dans ce palais mais Ta Majesté doit savoir que dans la ville, c'est le bordel. Tu devrais t'y promener autrement qu'avec une meute soumise qui te flatte pour obtenir tes faveurs.

— De quoi veux-tu parler exactement ? Viens-tu m'apprendre que l'ordonnance de Justinien sur les souteneurs n'a pas été respectée ?

— Elle n'a pas été respectée, non, il y a toujours autant de prostituées dans les rues, dans les tavernes et dans les auberges. Il y a aussi une colère générale car à force de protéger les débordements des Bleus, tu as rendu la rue si dangereuse que personne n'ose se promener la nuit. Sans compter les hordes de malheureux qui arrivent des provinces, acculés à la misère par les nouveaux impôts. Ils traînent dans les forums, dorment sous les portiques et maudissent les ministres.

— Comment va notre mère ? demanda Théodora pour changer le cours de la conversation.

— Elle dit que tu es toujours la même comédienne. Qu'il te faut toujours autant d'admirateurs qu'à l'hippodrome. Qu'au lieu de jouer la comédie impériale, il serait temps que tu fasses des enfants et que tu respires un peu toute seule.

— J'y songe. J'ai demandé à Justinien de me faire construire un palais en Asie.

Comito allait s'étouffer de colère, lorsque Grosse-Tête fit une entrée fracassante, devançant les silentiaires, pour se jeter tout seul aux pieds divins qu'il embrassa quatre fois.

— Parle !

— Les Bleus, Majesté, les Bleus que tu protèges viennent de faire un scandale. Marcus...

— Quel Marcus ?

— Un collectionneur d'impôts de je ne sais quelle province et qui soutient les Verts.

— Un méchant homme. Que lui est-il arrivé ?

— Les Bleus l'ont assassiné.

Théodora fit une petite moue de regret sincère.

— Les Bleus sont parfois un peu violents.

— Ils l'ont tué dans Sainte-Sophie ! Que Dieu leur pardonne ! Pendant que le malheureux s'agrippait à la statue en ivoire d'Hélène, la sainte mère de Constantin ! Quel sacrilège ! Partout dans la ville des groupes se forment pour protester.

Théodora parut soudain préoccupée.

— Va écouter ce qui se passe et reviens vite m'en informer.

Grosse-Tête s'en alla à reculons.

— Si Ta Majesté veut mon avis, déclara Indaro, cela va faire des vagues hautes comme des galipettes.

— Le peuple oublie vite, déclara Théodora.

Et Indaro murmura à Chrysimallo :

— Si elle s'imagine que le peuple a oublié ses anciennes exhibitions, elle se trompe !

Puis, à haute voix elle ajouta :

— Ta Majesté saura demain ce que le peuple pense.

En effet, pour la reprise des courses, la coutume voulait que les chefs des factions puissent interpeller l'Auguste sans encourir de condamnation. Tôt le lendemain donc, Théodora monta l'escalier abrupt de l'église Saint-Étienne qui conduisait aux galeries supérieures, d'où elle pouvait, sans se montrer, regarder à travers une grille ce qui se déroulait dans l'hippodrome. Par contre, du Katishma situé sur sa droite, elle n'apercevait que les pattes avant d'un cheval de bronze. Mais elle pouvait entendre l'arrivée des dignitaires et des ambassadeurs, parmi lesquels l'envoyé du nouveau roi des Perses, Chosroès Ashourdivan, « à l'âme immortelle ». Sur les gradins régnait une certaine effervescence. Machinalement l'impératrice fit le signe de croix, espérant que l'apparition du basileus calmerait l'assistance. Aux froissements des tuniques de soie, aux crissements des chaises, elle sut que l'empereur arrivait avec sa suite. Un calme relatif se fit dans l'hippodrome. Les chantres entonnèrent :

— Longs jours à Justinien Auguste ! Qu'il soit toujours victorieux !

Un étrange silence suivit, jusqu'à, ce que le démarque des Verts déclare :

— Nous souffrons l'injustice. Nous ne pouvons la souffrir plus longtemps !

À sa grande stupeur, Théodora entendit l'empereur répondre à ces factieux. Par la voix de son héraut il demanda :

— Qui vous opprime ?

Le Vert, dépassant les limites tolérables d'une discussion avec l'Élu de Dieu, répondit :

— Qui que soit celui qui nous écrase, il aura la part de Judas dans l'autre monde.

Comme un navire poussé vers les récifs, l'échange verbal se poursuivit inexorablement jusqu'à la catastrophe finale.

L'empereur : – N'êtes-vous venus ici que pour outrager les magistrats ?

Les Verts : – Oui, l'injuste aura le sort de Judas.

L'empereur : – Taisez-vous, Juifs, Manichéens et Samaritains.

Les Verts : – Nous n'osons plus circuler dans les rues de la ville. Plus de justice pour nous dans l'Empire. On nous égorge dans les rues et ensuite juridiquement devant les tribunaux. Ah ! Plût au ciel que ton père Sabbatios ne fût pas né ! Il n'eût pas engendré un assassin. Hier, Marcus était en vie et le soir, il était mort.

Les Bleus intervinrent fort mal à propos dans l'altercation.

— C'est à votre parti seul qu'appartiennent les meurtriers.

Les Verts : – C'est vous qui tuez, et vous échappez au châtiment.

Les Bleus : – c'est vous qui tuez et vous discutez encore.

Les Verts : – Ô empereur Justinien ! Ils se plaignent et personne pourtant ne les tue. Assez ! Seigneur, aie pitié de nous ! La vérité est mise à mal. S'il est vrai que Dieu gouverne le monde, d'où viennent donc tant de calamités ?

L'empereur : – Dieu est étranger au mal.

Les Verts : – Dieu est étranger au mal ! Alors pourquoi nous persécute-t-on ? Qu'un philosophe ou un ermite vienne résoudre le dilemme.

L'empereur : – Blasphémateurs, ennemis de Dieu, ne vous tairez-vous pas ?

Les Verts : – Si Ta Majesté l'ordonne, nous nous tairons, trois fois auguste, mais bien malgré nous. Nous savons tout, mais nous nous taisons. Adieu, Justice, tu n'existes plus.

Et les Verts quittèrent en masse l'hippodrome. Rien n'était plus outrageant envers l'empereur que l'affront public de cette désertion. Théodora en pâlit de fureur, d'autant plus que les ambassadeurs se feraient une joie de raconter à leur roi combien l'empereur des Romains, qui voulait parfois les convertir et toujours les éblouir, avait été injurié par son propre peuple. Que penserait le nouveau roi perse, Chosroès, avec qui Justinien venait de conclure une paix éternelle ! Que de rires de l'autre côté de la frontière ! Que de considération perdue pour les Romains ! Que de roitelets barbares qui relèveront la tête !

Elle éclata de colère en retrouvant Narsès. Ses yeux lançaient des éclairs.

— Toute ma vie les Verts me poursuivront de leur haine ! Je croyais les avoir anéantis, mais ils se redressent comme des serpents pour me piquer du venin de la honte ! Pourquoi donc Justinien a-t-il répondu à ces séditieux ? Quels comptes a-t-il à rendre à la populace ? A-t-il oublié qu'il n'avait à se justifier que devant Dieu ? Quelle humiliation d'avoir eu à s'expliquer avec de si misérables personnages ! Pourquoi ne lui as-tu rien dit ? Pourquoi l'as-tu laissé s'empêtrer dans une argumentation lamentable ?

— Le soulèvement était imprévisible.

— Imprévisible pour les esprits bornés. J'espère qu'on a sévi.

— Oui, oui. Sept factieux vont être pendus ce matin devant une nombreuse assistance.

Théodora soupira de soulagement et s'installa confortablement dans un fauteuil. Puis un doute l'assaillit.

— Quels factieux ?

— Les responsables des assassinats des derniers jours.

— Pas des Bleus au moins.

— Je l'ignore. C'est une décision prise par le préfet de la ville.

Ils ne l'ignorèrent pas longtemps. Grosse-Tête réapparut, le visage cramoisi par sa course précipitée.

— Que Ta Majesté me pardonne de lui annoncer que les Bleus et les Verts ont fait alliance.

— C'est impossible.

— Si si, Majesté. Crois-moi. Le préfet a condamné à mort six Verts et deux Bleus. Le bourreau a mal attaché leurs cordes qui se sont cassées. Un Bleu et un Vert se sont enfuis dans un couvent où la foule les acclame.

Théodora n'arrivait pas à croire que tant de haine depuis si longtemps accumulée entre les factions puisse disparaître en un instant. Elle pensa que la nuit raviverait les anciennes querelles, mais, le lendemain matin, derrière les grilles de l'église Saint-Étienne, il lui fallut bien se rendre à l'évidence : le peuple sur les gradins criait « Nika ! Nika ! Victoire ! Victoire ! Longue vie aux Verts et aux Bleus, unis pour la miséricorde. Nika ! Victoire ! »

Le soir même, avec des glaives, des poignards, des bâtons, les insurgés envahirent les rues et vinrent frapper aux portes du palais en hurlant :

— À bas Jean de Cappadoce ! À bas Tribonien ! À bas le préfet de la ville !

— Mon ami, ne cède pas, ne cède pas à cette populace ! dit Théodora à Justinien. Je connais la foule. Lorsqu'elle s'emballe dans une direction, il est impossible de la faire changer de sens. Si tu acceptes ce qu'elle demande, elle ne te sera reconnaissante de rien, elle verra simplement que tu as cédé et exigera davantage.

Narsès partageait l'avis de l'impératrice, mais Justinien restait désemparé. Il déambulait, le regard morne, l'expression indécise.

— Je ferai ce qu'ils demandent, dit-il. Si je ne les calme pas, ce sera pire, bien pire... Ils ont déjà envahi le palais de Jean de Cappadoce et ont saccagé de merveilleuses statues grecques et des mosaïques saisissantes de vie, comme des gueux qu'ils sont. Je vais démettre les ministres qu'ils réclament. Ensuite ils seront contents.

— Que Vos Majestés daignent m'écouter, dit Narsès. Toute la population n'est pas en insurrection.

— Non, non, répondit Justinien sans tenir compte de l'avis. Va prévenir les hérauts. Dis-leur d'annoncer aux insurgés que Jean de Cappadoce, Tribonien et le préfet de la ville seront remplacés dès demain. Et rapporte-moi les réactions des révoltés.

Narsès revint une heure plus tard :

— Alors ?

— Ils crient maintenant : « À bas Justinien ! À bas Théodora ! »

— Je t'avais dit de ne pas céder, constata l'impératrice d'un ton de reproche.

Justinien, sans répondre, alla prier.

Le lendemain, les avis divergèrent sur la tactique à suivre. Narsès conseillait d'attendre, dans l'espoir que l'émeute se terminerait d'elle-même, n'étant pas soutenue par le peuple. Théodora par indignation, Justinien par affolement, préféraient mater la rébellion. D'un côté le patriarche fut chargé de ramener les citoyens à la sainte obéissance envers le représentant de Dieu sur terre. De l'autre, l'armée étant absente, on chargea Bélisaire et Mundus, un petit-fils d'Attila, gouverneur d'Illyrie, qui passait par Constantinople pour recevoir des consignes, de rétablir l'ordre avec leurs bucellaires. Curieux statut que celui des bucellaires, soldats attachés personnellement au général qui les rémunérait, sorte d'armée privée composée de deux ou trois mille mercenaires d'origine barbare, des Goths et des Huns pour Bélisaire, des Hérules pour Mundus. Pour la plupart païens ou hérétiques.

Bélisaire, suivi par ses cavaliers au grand manteau de fourrure ouvert sur leur bouclier, s'engagea dans la ville. Mais les insurgés se défendirent farouchement avec toutes sortes de projectiles : tuiles et pierres envoyées des toits, flèches, chaudrons, glaives. Pendant ces combats, apparut soudain la longue procession religieuse ordonnée par Justinien, qui de l'église des Saints-Apôtres se dirigeait vers Sainte-Sophie.

Les enfants, en tête, brandissaient des palmes, les moines des cierges, les diacres des images de saints, les évêques la crosse du pontife, ou le pain de l'eucharistie ou le sang du Christ dans un calice d'or. Le patriarche, tête nue, faisait à chaque pas vibrer les clochettes d'or qui pendaient à sa robe. À son passage les Romains tombaient à genoux et demandaient la bénédiction du pontife. La stratégie de l'empereur, misant sur l'intensité de la foi des citadins et leur soumission au pouvoir divin, se révélait judicieuse. Le succès de cette tactique paraissait acquis, lorsque le brillant cortège rencontra, sur la place de l'Augustéon, les bucellaires. Ceux-ci, lorsqu'ils étaient païens, se crurent au spectacle et se divertirent de la pompe ecclésiastique, mais les hérétiques, pour la plupart aryens, persécutés comme tels par l'empereur, ne supportèrent pas la procession triomphale de leurs oppresseurs. Ils insultèrent brutalement les prêtres. Des mots, on en vint aux mains, un bucellaire arracha une perche tenant une image de saint Basile, un orthodoxe contre-attaqua en frappant un barbare et la confusion devint générale.

Lorsque Narsès rendit compte à l'empereur des événements, il conclut :

— Le peuple est ulcéré que les soldats aient osé attaquer des prêtres. Il hurle au sacrilège et rejoint les rebelles. Maintenant la ville entière est en état d'insurrection.

Ministres et hauts dignitaires dormirent au palais, n'osant plus en sortir. Théodora ne quitta pas Justinien qui avait besoin de sa présence à ses côtés. Son insistance à la garder auprès de lui, en dehors des conseils avec les ministres, rassura Théodora sur la profondeur de l'attachement de son époux, dont, par la suite, elle ne douta plus.

Quant à Narsès, il ressentait un plaisir de cette confrontation avec le danger. Habitué à intervenir dans la réalité à travers des intermédiaires, il trouvait excitant d'être au cœur même des événements et d'en partager les périls. Pour le moment il ne pouvait, en montant sur les remparts, qu'assister de loin à la révolte de tout un peuple. Dans une pagaille indescriptible, parmi les cris et les hurlements, on précipitait des toits ustensiles et êtres humains. Les rues se remplissaient de cadavres, jetés ensuite à la mer.

Soudain quelqu'un lança une torche sur un portique de l'Augustéon. D'autres l'imitèrent aussitôt et le feu, d'abord incertain, se mit à courir sur les charpentes de bois. Le vent soufflant fort, Narsès, atterré, vit les flammes atteindre Sainte-Sophie qui s'embrasa comme une gigantesque torche. Peu après le palais de la Chalcée à son tour brûla. Puis l'incendie gagna Sainte-Irène, les thermes de Zeuxippe, le grand hôpital, les palais et les boutiques de la *mésé* jusqu'au forum de Constantin. Les hommes valides s'enfuyaient en courant, les blessés et les malades, abandonnés de tous, se calcinaient sur les chaussées. Des nuages de fumée, courbés par le vent, balayaient l'horizon et, sur la mer, des fuyards agglutinés sur les bateaux tentaient, malgré les rafales, de rejoindre l'Asie. De partout montait une affreuse odeur de brûlé.

Devant un tel désastre Narsès réfléchit sur les erreurs des derniers jours. Certes le peuple était mécontent des nouveaux impôts, des échauffourées et de l'injustice. Mais le malheur des pauvres, si répandu depuis le premier péché, n'entraîne pas nécessairement une insurrection. Deux erreurs tactiques avaient transformé le malheur en émeute. La première avait été de réunir les Verts et les Bleus dans un même châtiment, la pendaison. Quoique la punition fût juste, elle était maladroite. Elle avait rendu solidaires des camps ennemis, qui, privés de leur lutte séculaire, s'étaient regroupés contre l'empereur. Décidément pour régner, il fallait diviser. La deuxième avait été d'utiliser en même temps deux institutions, également dévouées au basileus, mais incompatibles entre elles : l'Église et les bucellaires barbares. Narsès n'oublierait pas à l'avenir les leçons tirées de la catastrophe présente.

Les dernières étoiles pâlirent. Quelques ultimes foyers d'incendie éclairaient des collines noirâtres. L'aube n'apparaissait point encore, mais l'empereur allait se lever et son Grand Chambellan devait lui rendre compte de ce qu'il avait observé.

Le divin empereur lui fit de la peine. Son regard incertain fuyait l'interlocuteur, sa bouche s'ouvrait et se refermait sans rien proférer.

— De qui dois-je me méfier ? finit-il par dire, repris par son démon familier. Qui a organisé, soutenu cette rébellion ? Parmi tous ceux qui me jurent fidélité, qui veut prendre ma place ? Tu examineras bien leur figure pour repérer le traître.

Tous deux descendirent dans la salle du trône où de nombreux dignitaires étaient déjà réunis pour entourer le maître du monde civilisé. Il n'était plus question de cérémonial ni d'embrasser les souliers de pourpre. Dès qu'il fut installé, l'Auguste ordonna :

— Qu'on apporte un trône pour la très pieuse épouse que le ciel m'a donnée. Sa présence auprès de nous est nécessaire en ce temps de péril.

Après l'arrivée de Théodora, un neveu de l'ancien empereur Anastase, Hypathius, s'inclina devant Justinien :

— Nous assurons Ta Majesté que nous lui sommes fidèles et prêts à le servir.

Justinien se leva, se dirigea vers une icône, pria un moment et revint.

— Pars, dit-il, pars ne reste pas dans le Palais.

— Je peux t'être utile et te prêter main-forte, insista Hypathius.

— Non, non. Pars.

— Je ne veux pas abandonner un souverain en danger.

— Je ne veux plus voir personne. Partez tous.

Les silentiaires firent sortir les dignitaires et Justinien se tourna vers sa femme.

— Je sais qu'ils complotent contre moi. Ils m'ont toujours détesté. Ces sénateurs qui s'inclinent ont le regard perfide. Ce sont certainement eux qui ont poussé les Verts à la révolte en leur promettant des avantages. Ils veulent soutenir la dynastie d'Anastase et nous faire périr.

Théodora était d'autant plus calme que son mari était affolé. Tous deux étaient dans le même navire, dont elle devait tenir le gouvernail. Quand elle fut seule avec Narsès, elle lui donna un sac rempli de sous d'or :

— Va voir Basile, qui certainement nous est resté fidèle. Qu'il organise ce soir une réunion avec les principaux membres de la faction des Bleus. Achète-les et sépare-les des Verts.

Narsès accepta volontiers une démarche qu'il jugeait

nécessaire. Il aimait l'action et le commandement. À cinquante-trois ans, il découvrait le bonheur de pouvoir employer tous ses talents, de dépenser toute sa force. Il réunit les Bleus dans la maison discrète de la mère de Basile, et leur parla dans un style concis et clair :

— Pourquoi vous dressez-vous contre l'empereur et l'impératrice ? Ils vous ont toujours protégés. Qu'attendez-vous des Verts et d'un empereur qui leur devrait sa couronne ? Rien que mépris et injustice. Ne vous trompez pas d'adversaire, vous en souffririez longtemps. Aidez cet empereur à rester sur le trône, il est élu par Dieu, il vous est favorable, vous en serez récompensés.

Les Bleus présents discutèrent entre eux et, le sac d'or aidant, reconsidérèrent leur position. Le Grand Chambellan rentra content de son talent de négociateur.

Le lendemain, dimanche, Justinien, qui redoutait les complots des sénateurs plus que la révolte plébéienne, opta pour les concessions au peuple. Les hérauts parcoururent la ville pour informer les Romains que l'empereur était prêt à discuter avec eux à l'hippodrome, en fin de matinée.

Théodora, fort inquiète de cette nouvelle confrontation entre l'empereur et les Romains, reprit sa surveillance dans la galerie de l'église Saint-Étienne. Derrière le grillage, elle entendit le héraut parler au nom de son époux :

— Je jure par ce saint livre qu'aucun de vous ne sera poursuivi. Ce n'est pas vous qui êtes coupables, mais moi seul, car j'ai eu le tort de ne pas vous accorder ce que vous me demandiez l'autre jour, ici même.

Quelques Bleus crièrent :

— Vive l'empereur !

Trop tard ! La foule hurla à l'Auguste :

— Tu mens ! Tu es un parjure ! Souviens-toi de Vitalien[1].

Le héraut essaya en vain de reprendre la parole car la foule criait :

— À bas Justinien ! À bas Théodora !

Théodora entendit l'empereur et sa suite quitter le Katishma, et s'empressa de rejoindre son époux.

— Tout est fini, dit-il. Il n'y a plus rien à faire.

En effet, on entendait la foule qui frappait aux portes du palais, portes d'autant plus proches que la Chalcée avait brûlé.

Une heure plus tard Grosse-Tête se jeta à leurs pieds.

— Les insurgés sont venus chercher le neveu d'Anastase, Hypathius, pour le faire empereur. Ils lui ont annoncé que Vos Majestés avaient fui. Autour de sa maison, la foule criait :

« Hypathius Auguste ! Hypathius empereur ! » Lui refusait toujours cette nomination malgré les sénateurs et les riches marchands qui le pressaient de venir à l'hippodrome. Sa femme Marie, qui est si jolie, s'accrochait à son cou en répétant « Reste, reste, ne les écoute pas, ne sois pas infidèle à l'empereur. » Mais la foule envahit sa maison, l'arracha des bras de sa femme et l'entraîna sur le forum de Constantin. Là on le monta sur le pavois, on lui mit en guise de couronne une chaîne d'or et on l'entraîna vers le Katishma. Je suis venu aussitôt vous prévenir.

À l'heure où le soleil couchant empourprait les côtes d'Asie, alors que fumaient encore des amas de ruine, Théodora songeait, seule, dans un manteau doublé de fourrure, sur la plus haute terrasse de Daphné. Cette même terrasse où elle avait été acclamée Augusta, cinq

1. Vitalien était un général que Justinien et Justin avaient invité avec ses officiers à dîner et qu'ils firent assassiner.

ans auparavant. Maintenant, dans l'hippodrome, les Romains levaient leurs poings vers le Palais en criant : « À bas Justinien ! Vive Hypathius ! » Maintenant, cette populace en colère voulait la congédier, comme on le fait d'une servante ! Que croyait donc cette multitude exaltée ? Qu'elle l'arracherait à un trône si durement acquis ? Que Théodora renoncerait au pouvoir après avoir lutté pendant des années pour sortir de la pauvreté ? Qu'elle tendrait une deuxième fois des bras suppliants pour demander pitié ? Non. Jamais. Jamais plus elle ne se soumettrait à quiconque, hormis le Dieu tout-puissant !

Ouranios émergea de l'escalier, encore plus grand avec son bouclier d'or, sa lance et sa double hache, rouge d'émotion et se prosterna devant elle :

— Que veux-tu, Ouranios ? Parle.

— Majesté, je veux te dire qu'avant de toucher un seul de tes cheveux, ils devront transpercer ma poitrine.

— Je te remercie Ouranios. Reste auprès de moi et ne me quitte plus. Ne permets pas que je reste prisonnière de cette foule en furie. Si cela s'avère nécessaire, n'hésite pas à me donner une mort digne.

D'un geste, elle chassa les objections du comte des excubiteurs.

— Allons dans la salle du trône où l'empereur m'attend.

Les torches étaient déjà allumées, et les deux victoires ailées surmontant le trône paraissaient s'envoler dans les frémissements de la lumière. Théodora s'assit sur le trône apporté à son intention, après avoir revêtu, comme l'empereur, la chlamyde pourpre d'apparat, la couronne surmontée de la croix, et s'être maquillée car la fatigue altérait son teint. En face d'eux, sur des sièges d'or, se tenaient les fidèles : Jean de Cappadoce, Tribonien, Bélisaire, Narsès, Mundus, et quelques hauts responsables de l'armée et de l'administration.

D'une voix lente, Justinien expliqua :

— Je vous rappelle la situation : Hypathius a été couronné, il est soutenu par beaucoup de sénateurs, de nobles et de riches marchands. Les milices forcent les portes du Palais. Nous n'avons pas d'armée pour nous défendre. Les corps de gardes, hormis ceux des excubiteurs et des eunuques, sont peu capables de se battre et prêts à trahir. Les cinq mille bucellaires sont en nombre très insuffisants pour lutter contre une population de six cent mille habitants. Je demande à chacun son avis.

Jean de Cappadoce répondit le premier :

— La ville est en insurrection. L'incendie n'a détruit que la Chalcée, mais bientôt un nouveau feu brûlera le palais. Nous n'avons aucune chance de maîtriser la situation dans la capitale. Il ne reste que la mer pour s'enfuir. Et de préférence rapidement, car les marins peuvent à leur tour passer à l'ennemi. Les navires attendent Ta Majesté au port impérial.

Théodora jeta sur Jean de Cappadoce un regard incendiaire, mais il ne daigna pas la regarder.

Bélisaire, le glorieux général, parla à son tour pour dire qu'il partageait l'avis de l'ancien préfet du prétoire. Tous conseillèrent la fuite, pour sauver la vie et les trésors de l'empereur.

Alors Théodora se leva pour prendre la parole. D'une voix indignée, elle déclara :

— Quant à moi, même s'il ne reste d'autre salut que la fuite, je ne fuirai pas. Jamais je ne verrai le jour où l'on cessera de me saluer du nom d'impératrice. Si tu veux fuir, César, tu as la mer, des vaisseaux et de l'or. Moi je reste. Je m'en tiens à cette antique maxime : la pourpre est un beau linceul.

Empereur, généraux et dignitaires frémirent d'étonnement et de honte. Cette petite femme au teint pâle, debout devant eux, qui leur donnait une leçon de courage, fouetta leur orgueil et leur bravoure. Justinien se tourna vers son épouse qui, toute droite, le dévisageait d'un regard implacable. Ne quittant pas ce regard, il ordonna d'une voix lente :

— Ma Majesté ordonne aux généraux d'écraser les mutins.

Théodora toujours accompagnée d'Ouranios s'en retourna dans l'église Saint-Étienne pour surveiller l'hippodrome. Des Bleus s'écriaient, hélas ! trop tard : « Vive Théodora ! Vive Justinien ! » La voix d'un traître cria de la loge impériale :

— Justinien a fui par la mer ! Dieu veut qu'Hypathius règne !

Les acclamations redoublèrent.

— Longs jours à Hypathius, empereur des Romains !

Antonina rejoignit l'impératrice :

— Bélisaire cherche le moyen d'entrer dans l'hippodrome. Les portes en sont fermées, et les gardes, par lâcheté, ont interdit l'accès au Katishma. Ne t'inquiète pas. Mon mari passera par les ruines de la Chalcée.

En effet, peu de temps après, les Goths à moitié couverts de cendres débouchèrent sur l'hippodrome et grimpèrent jusqu'au promenoir qui dominait les gradins. Presque au même moment, Mundus et ses Hérules réussirent à forcer la porte des Morts. Narsès les rejoignit avec son détachement d'eunuques. Puis ce fut un carnage. Les insurgés cernés par en haut, par en bas, cherchaient vainement une issue pour fuir. Pris au piège, ils se bousculaient d'un côté, refluaient vers un autre, se piétinaient dans l'espoir illusoire d'une échappée possible. Les soldats frappèrent dans ce bouillonnement humain, impitoyablement.

Les hurlements des blessés, les rigoles de sang qui dévalaient jusqu'à l'Euripe, les morts démembrés rappelèrent à Théodora ses rêveries lorsqu'elle contemplait sur le forum de Théodose, la statue de Josué le chef des

Hébreux qui fit massacrer à Jéricho tous les êtres vivants. Et cette similitude de situation lui confirma que le Dieu tout-puissant protégeait le règne de l'empereur Justinien. Ce règne qu'elle avait sauvé. Sans son courage, sans sa ténacité, ces trente mille, ces quarante mille cadavres seraient encore vivants. Elle n'en fut pas émue dans cette insensibilité qui accompagne l'exercice de la vengeance tant elle était convaincue du droit divin au nom duquel la répression s'exerçait.

Un danger à peine écarté, un autre se levait. En tout cas Théodora le crut en suivant des yeux Bélisaire, intrépide et magnifique dans le combat. Elle contracta ses lèvres d'agacement, ce qui n'échappa point à la vigilance de sa dame d'honneur.

— Il n'est pas de plus grand bonheur pour Bélisaire que de bien servir l'empereur, s'empressa de déclarer Antonina.

L'impératrice apprécia la rapidité de compréhension de la femme de Bélisaire et envisagea de se servir habilement du pouvoir qu'elle exerçait sur son mari. Elle déclara :

— Ton mari est un merveilleux chef de guerre. Bientôt Nos Majestés l'enverront en campagne.

Les deux femmes se jaugèrent du regard, Antonina baissa ses yeux rusés en signe d'obéissance et, sans avoir à parler, elles se comprirent l'une l'autre.

— Rentrons au palais maintenant, conclut l'Augusta.

Lorsque, à la lumière des torches, dans la salle du trône, Bélisaire conduisit Hypathius devant Justinien, le rebelle se prosterna en disant :

— Que Ta Majesté daigne me pardonner. Je ne voulais point de la pourpre ni de la couronne, j'ai résisté autant que j'ai pu à la foule déchaînée. Je voulais rester près de toi et non trahir mon empereur. Si je fus coupable, ce fut de faiblesse devant la pression de tant de voix et non d'un dessein infâme à ton égard. Au contraire, en réunissant le peuple dans l'hippodrome, je te le livrais sans défense.

— Puisque tu avais tant d'autorité sur ces hommes, tu aurais dû en user avant de laisser brûler ma ville, répondit sèchement Justinien.

Puis, d'une voix radoucie, il proféra lentement :

— Mais, dans ma clémence...

Aussitôt Théodora fit un geste qui retint son attention, et lui lança un regard sévère.

— Mais, reprit l'empereur, malgré ma clémence, il est impossible à Ma Majesté de pardonner à celui qui s'est fait couronner à ma place. Demain matin tu seras exécuté.

Puis il se tourna vers Narsès.

— Fais savoir à tous qu'Hypathius avait organisé l'insurrection afin de rendre le pouvoir à la famille d'Anastase, contre le choix de Dieu. Nos Majestés n'organiserons plus de courses avant longtemps. Les factions retrouveront ainsi leur sérénité.

S'adressant aux dignitaires et aux ministres :

— Dès demain nous nous remettrons au travail pour être dignes de la protection que Dieu nous a accordée.

— Qu'y a-t-il de plus saint, de plus grand que la majesté impériale ? murmura Tribonien à Bélisaire.

La nuit suivante Théodora rêva de morts qui se dressaient comme une légion muette et l'accusaient du doigt. Au réveil, elle eut hâte que les victimes ne laissent plus de traces sur la terre et que l'oubli recouvre le massacre. Aussi tous les jours monta-t-elle sur la terrasse pour surveiller le travail des bûcherons et des esclaves. Ceux-ci apportaient des centaines de pins et de cyprès et les entassaient sur le sable couvert de sang. Le quatrième jour, ils mirent le feu à cet échafaudage puis lancèrent dans le bûcher, un à un, pendant des heures, les milliers de corps morts. L'odeur de pourriture se répandit toute la semaine dans les rues de la ville, tandis que des cortèges de moines et d'évêques chantaient la gloire du Père et de l'empereur.

XVII

Théodora, pour avoir refusé la défaite, se trouva investie d'un surcroît de puissance. Elle n'était plus la courtisane que la folle passion d'un prince avait élevée sur le trône, elle était celle qui avait sauvé l'empereur et ses éminents serviteurs de la colère de la foule, peut-être d'une mort honteuse. Justinien en témoigna aux yeux de tous, en liant le nom de l'impératrice au sien sur presque tous les actes officiels, et en exigeant que les gouverneurs prêtent serment devant les très saints souverains Justinien et Théodora, femme de Sa Majesté impériale.

Cette victoire personnelle après la grande peur de la sédition Nika n'apaisa pas ses inquiétudes. Certes, elle ne craignit plus un éventuel rejet de son époux pour cause de stérilité. Justinien avait eu besoin d'elle, non seulement comme mari mais comme empereur et l'épreuve les avait arrimés l'un à l'autre, solidaires dans les responsabilités du gouvernement.

Mais les anciennes blessures provoquées par les échecs subis dans le long effort pour gravir l'échelle sociale se rouvrirent devant le nouvel abandon : celui du peuple qui s'était dressé contre elle. Les acclamations de la foule lors de son couronnement, cinq ans auparavant, la fidélité de ses amis d'enfance, la bienveillance que lui témoignaient les petites gens qui se réjouissaient de sa nouvelle gloire lui avaient fait croire que le pouvoir n'entamait pas sa popularité, et que la séduction de l'impératrice prolongeait celle de la pantomime. Les événements récents avaient brisé cette illusion. « À mort Théodora ! » Les mots résonnaient sans cesse à ses oreilles, effondrement d'une croyance et grondement de colère.

Désormais l'essentiel ne serait plus de se faire aimer, mais de garder le pouvoir, impitoyablement si nécessaire, car la trahison pouvait surgir de partout. D'autant que son époux, admirable rêveur de projets grandioses, se montrait parfois aveugle ou charitable envers ses ennemis.

Ainsi, d'un même mouvement de l'âme, elle désira un pouvoir absolu et s'inquiéta de sa fragilité.

Alors que la révolte Nika la rendait plus tendue, plus nerveuse, cette même révolte insuffla à son époux une exceptionnelle vitalité. L'esprit vigoureux de Justinien, après les jours de panique, se déploya avec d'autant plus d'ardeur que la crise avait été profonde. Ici et là, flottait encore sur la ville l'odeur de feux tardifs, lorsqu'il décida la reconstruction de Sainte-Sophie. Depuis longtemps il rêvait d'élever une église magnifique, et la Providence lui en offrait l'heureuse opportunité. Narsès conseilla de faire appel à deux architectes d'Asie fort célèbres, l'un, mathématicien, Isidore de Millet, l'autre, inventeur et savant fort loué par ses contemporains, Anthémios de Tralles. Rendus audacieux par les attentes de l'empereur, connaissant bien les architectures en coupole de Syrie et de Perse, les architectes proposèrent un plan d'une originalité telle qu'il en paraissait irréalisable. Mais rien ne parut impossible à l'Auguste. L'argent ? On le trouverait d'abord dans les fortunes confisquées aux partisans d'Hypathius. Le terrain ? On exproprierait les propriétés alentour, à n'importe quel prix. L'abandon du traditionnel plan longitudinal des basiliques ? Un large espace central permettrait de recevoir un nombre plus grand de fidèles. La coupole d'un diamètre de trente et un mètres ? C'était un risque à prendre, il le prit.

Un mois plus tard, les travaux commencèrent. Des milliers de bras apportèrent des montagnes de briques, d'autres ramenèrent des temples païens et des carrières, colonnes, porphyre, ivoire, argent, marbres noirs, blancs, verts, rouges et de l'or.

Si l'impératrice encouragea la reconstruction de la Grande Église, elle se montra très réticente devant la deuxième ambition de son époux. Au cours d'un déjeuner intime avec Narsès et Tribonien redevenu ministre, où l'on servit dans les assiettes d'or des poissons venus de la mer Noire, Justinien déclara d'un ton péremptoire :

— Nous avons bon espoir que Dieu nous accordera de prendre les pays que les anciens Romains possédaient, jusqu'aux limites des deux océans.

Théodora fronça les sourcils :

— Que veux-tu dire ?

— Il est temps que je ramone l'Empire des Césars dans ses anciennes frontières, et réunisse l'Empire d'Occident et l'Empire d'Orient.

— Les décisions de Sa Majesté sont toujours inspirées par le Saint-Esprit, rappela Tribonien.

— Je ne partage pas ton avis, Justinien, rétorqua son épouse. La principale tâche de l'Empire d'Orient est de maintenir son unité en luttant contre les tendances séparatistes des provinces actuelles.

Justinien termina ses légumes bouillis et se désaltéra d'eau fraîche avant d'expliquer :

— J'ai obtenu la paix avec les Perses et les peuples du Danube et nos frontières sont assurées. Désormais je peux rétablir la paix romaine dans tout le bassin méditerranéen.

— Nous épuiserons nos forces en Occident et deviendrons vulnérables à l'est, insista Théodora. Les peuples agités du Caucase et des Balkans n'attendent que notre faiblesse pour nous envahir.

— J'ai le devoir de délivrer les catholiques d'Afrique persécutés par les Vandales, ces aryens hérétiques. En rêve m'est apparu un martyr africain qui me demandait du secours.

Théodora n'était pas dupe des arguments invoqués par son époux, car les Vandales ne poursuivaient plus les catholiques.

Quoiqu'elle sût combien l'empereur, né dans un pays latin, était attaché à l'héritage de Rome, elle tenta une dernière fois de le faire renoncer à ce grandiose projet.

— Qu'avons-nous besoin de l'Italie ? Elle sera constamment menacée par les peuples germaniques qui descendent en vagues successives vers le sud et la guerre n'aura jamais de fin.

Justinien s'obstina :

— En tant que Romain, je dois délivrer les territoires envahis par les barbares, en tant que chrétien, je ne peux laisser le pape et les Italiens sous l'autorité des Ostrogoths. Grâce à toi, ma sage et excellente épouse, les turbulences politiques des monophysites se sont calmées. Rien ne s'oppose à cette conquête. Elle sera brève. Nous commencerons par l'Afrique. Bélisaire débarquera l'année prochaine à Carthage.

— Tes ordres sont des décrets divins, tes pieds sont des autels, opina Tribonien.

Théodora tenta un dernier argument :

— Les opérations militaires ne se font point sans argent, et le peuple est déjà lourdement imposé.

— Je viens de nommer à nouveau Jean de Cappadoce

à la préfecture du prétoire. Il saura remplir le trésor selon mes besoins.

Théodora reçut la détestable nouvelle sans broncher. Toute insistance était inutile, voire maladroite. Elle ne s'occuperait pas de la conduite de la guerre. Par contre elle serait vigilante sur ses conséquences. Elle avait compris que tout choix politique comporte une contrepartie négative, et entrevit immédiatement les dangers d'une reconquête victorieuse : un trop grand prestige militaire de Bélisaire, une influence accrue de Jean de Cappadoce, l'autorité d'un pape délivré des Barbares. Quant à Narsès, il ne dit rien. Il s'était donné pour consigne de ne jamais intervenir dans les dissensions entre l'empereur et l'impératrice.

La préparation de la guerre ajoutée aux travaux de reconstruction transforma Constantinople en un gigantesque chantier. De Sainte-Irène au forum de Constantin, on bâtissait sur les décombres de l'incendie. Le quartier du forum des Bœufs tremblait du bruit des enclumes où se forgeaient les cuirasses, jambières, cottes de maille, casques, boucliers, épées ex lances, qu'on empilait dans les entrepôts. Dans les ports résonnaient les marteaux et les scies des charpentiers qui construisaient dromons et navires. Fatiguée par ce tumulte, Théodora souhaita passer quelques jours dans un lieu plus tranquille, aux eaux chaudes de Pythion, au pied de l'Olympe de Bithynie. C'était la première fois qu'elle se montrait en public depuis le massacre de l'hippodrome, et elle tint à ce que la foule constatât sa puissance. Elle se rendit donc en Asie accompagnée d'un cortège de quatre mille personnes : ministres, patrices, soldats, eunuques, chambellans, dames d'honneur. Elle prit place dans la galère impériale, tandis que les membres du cortège trouvaient des embarcations à rame ou à voile dans un des sept ports de la ville.

Narsès, resté auprès de l'empereur, vit apparaître vers onze heures du matin, juste avant la fermeture du palais, un Basile visiblement préoccupé.

— Salut à toi, Basile.

— Salut. Je reviens de la maison du sénateur Libanios.

— Il est revenu dans la capitale du monde civilisé ? s'étonna Narsès avec humour.

— Il m'a demandé hier de passer chez lui pour me vendre des pierres précieuses. Le malheureux sortait des cachots de Jean de Cappadoce. Il boitait et présentait un visage labouré de plaies et de bosses. Avec sa courtoisie habituelle, il m'emmena sur la terrasse d'où nous aperçûmes un nombre considérable de bateaux qui recouvraient la mer comme un gigantesque dos de dauphin. « Que se passe-t-il ? », me demanda le sénateur. Je lui expliquai que l'impératrice se rendait aux eaux. Alors il me répondit : « La richesse, chez les parvenus, les entraîne dans les excès les plus grotesques. » Je n'ai rien répondu, car le souvenir de leur liaison m'encombrait la cervelle. Le sénateur m'a vendu tout ce qu'il avait de précieux, les pierres de ses fibules, de ses colliers, de ses ceintures, de ses sandales.

— Pourquoi viens-tu me rapporter tout cela ?

Basile soupira :

— Je devrais le raconter moi-même à l'impératrice, mais je préfère que ce soit toi. Trop de souvenirs ! Tu te souviens de l'oie Liliba !

— Qui ne s'en souvient ! Tu peux partir, je te délivre de ton devoir d'espionnage.

Toutefois l'eunuque décida de ne rien raconter à l'Augusta dont il prévoyait la fureur, jugeant inutile de rouvrir d'anciennes cicatrices. D'ailleurs, Libanios avait suffisamment souffert de sa liaison avec Théodora. Dès qu'elle était devenue la femme de Justinien et avait entrepris de régler ses comptes avec les dignitaires, il avait fui la ville et s'était installé dans ses propriétés sur la mer Noire où le Cappadocien venait de le rattraper pour remplir les caisses de l'État.

Lorsqu'elle revint des eaux de Pythion, Théodora pour qui tant d'oreilles espionnaient dans la capitale fut mise au courant de l'insolence. Elle convoqua Libanios pour le lendemain sans savoir quelle conduite tenir. Que faire contre le mépris ? Comment agir sur un esprit libre qui vous juge mal ? Sévir est le moyen traditionnel de la riposte, mais dans cette circonstance-là, comment sévir ? On avait déjà confisqué la fortune du sénateur et il n'assistait plus au Sénat. L'impératrice réalisait tardivement que son ancienne vengeance, dans le théâtre avec l'oie Liliba, n'avait fait qu'aggraver le mépris de son ancien amant. Non, il fallait l'accabler autrement. Par la magnanimité. Elle lui ferait rendre une partie de sa fortune, lui conseillerait de revenir à Constantinople, l'assurerait de son appui pour obtenir une responsabilité importante. Qui résiste à un sort heureux après avoir connu la privation de grands biens ? Et puis, pourquoi pas, elle évoquerait le bonheur qu'ils avaient partagé et qui restait inoubliable.

Il est fréquent que lors d'un moment de désarroi, comme en traversait Théodora depuis la révolte Nika, on se retourne vers des souvenirs heureux pour s'y appuyer et y chercher du réconfort. Ainsi Théodora ranimait-elle les émotions de sa vie avec Libanios qui avait été sa seule grande passion et dont l'abandon l'avait anéantie. Le lendemain, donc, elle soigna sa beauté, ne garda qu'un eunuque, refusa de recevoir les courtisans qui se pressaient dans l'antichambre et attendit le sénateur. Il était en retard, ce dont elle avait perdu l'habitude. Elle eut le temps de fignoler sa stratégie de séduction : elle ne serait pas l'impératrice qui impose, mais celle qui, malgré les ors et la pourpre, gardait la générosité du cœur et l'insouciante gaieté de la jeunesse.

À plonger dans le passé, des sensations enfouies resurgirent intactes et fraîches : des éclats de peau blanche, d'odeur poivrée, de voix nonchalante, de démarche élégante, sauvegardés par l'ensevelissement volontaire dont ils avaient fait l'objet. La jeune fille amoureuse émerveillée de bonheur envahit un moment le cœur et l'esprit de Théodora. Elle attendit les retrouvailles avec un émoi qui la surprit.

Libanios ne vint pas. Elle en fut d'abord déconcertée. Son envie de tendre la main au passé n'avait pas été partagée et elle se sentit prise au piège de ce qu'elle était devenue : une impératrice redoutée dont l'image avait chassé depuis longtemps celle de la folâtre maîtresse. Pour la deuxième fois elle était vaincue par le sénateur dont l'orgueil ne s'était pas courbé pour demander la clémence. Elle qui faisait plier des êtres forts n'avait pu dominer cet être nonchalant, qui puisait sa force dans le passé, dans ce qu'elle n'obtiendrait jamais : une longue et prestigieuse ascendance. Furieuse contre le sénateur, elle l'était aussi contre elle-même, stupidement complaisante à des illusions de jeunesse, et fit confisquer les maisons sur le Bosphore et l'Acropole, pour enrichir le trésor de sa « maison divine ».

Car elle avait besoin d'argent pour concrétiser le projet qui lui tenait si fort à cœur : faire accepter le monophysisme et instaurer la paix religieuse dans l'Empire. Depuis quelque temps déjà, sous son influence, l'empereur avait atténué les persécutions, mais il fallait obtenir davantage : que les monophysites puissent non seulement venir à Constantinople, mais s'y installer, s'entretenir avec le peuple comme avec les puissants, et montrer à tous leur dévotion et l'étendue de leur sagesse. Elle se fit donner par Justinien son ancienne résidence, le palais d'Hormisdas, qui avait été intégré au Grand Palais, afin que cette demeure devînt un couvent où ses amis religieux pourraient vivre et prier.

L'aménagement du lieu devait répondre aux diverses modalités de leur piété : pour les grands solitaires, on divisa les pièces en cellules et isoloirs. Pour ceux qui avaient besoin de règles et de convivialité, on créa un monastère. Enfin pour les stylites et les anachorètes attachés à la sauvagerie de la nature, on construisit quelques misérables cabanes dans les jardins. Pour tous, Théodora fit entreprendre une église proche du couvent, dédiée aux saints Serge et Bacchus.

D'Arménie, de Cappadoce, d'Égypte, et surtout de Syrie, des moines vinrent s'installer dans le nouveau couvent, et bientôt cinq cents religieux édifièrent les Romains par leurs prières et leur piété. Trois ou quatre fois par semaine, l'impératrice leur rendait visite pour solliciter leur bénédiction et inviter les plus savants à venir discuter de théologie. Le succès des citoyens du ciel fut considérable. Les habitants de Constantinople, des plus humbles aux plus illustres, désirèrent les rencontrer. Ils demandaient à ces hommes en communication directe avec Dieu, forts par la méditation et supérieurs à tous les soucis de l'humanité, d'intercéder pour eux auprès du Tout-Puissant. Sévère lui-même, le « rocher du Christ » finit par accepter de se rendre dans la capitale. Reçu dans la salle d'apparat des appartements privés, il vit s'agenouiller devant lui l'ancienne errante d'Alexandrie, devenue « l'impératrice suscitée par Dieu pour soutenir les affligés contre les rigueurs de la tempête ».

Ce furent pour Théodora des semaines paisibles. Parfois Justinien l'accompagnait dans ses fréquentes visites au couvent d'Hormisdas pour recevoir lui aussi la bénédiction de moines jadis hérétiques, parfois il rejoignait le soir son épouse pour discuter avec Sévère. Après six ans de règne, Théodora put croire qu'elle touchait au but recherché : unifier l'Empire par la conciliation religieuse et désamorcer ainsi les tentatives d'indépendance des provinces. Justinien, de son côté, convaincu que la religion était le seul ciment entre les peuples divers rassemblés dans l'Empire romain, se plaisait à répéter :

— La paix est rétablie dans l'Église, par-là la prospérité de l'État est assurée, conformément aux promesses que Dieu et Notre Seigneur Jésus-Christ ont faites à ceux qui les adorent en vérité et sincérité.

Théodora était si heureuse de cette nouvelle harmonie, succès éclatant de sa politique religieuse, qu'elle retrouvait avec son mari des bouffées de gaieté fantasque et des abandons charmants. Elle s'attendrit même sur sa fille, lui rendit visite dans son palais et s'intéressa aux trois jeunes garçons qu'Eudoxie avait mis au monde, envisageant pour eux un avenir brillant. Dans le gynécée, à nouveau, amies et dames d'honneur jouèrent de la musique, firent des parties de cache-cache dans les jardins, organisèrent des pique-niques dans les forêts avoisinantes ou dans les criques du Bosphore.

Au moment où le monophysisme triomphait, où ses missionnaires sillonnaient le Caucase, l'Éthiopie, l'Arabie, la Mésopotamie, l'Arménie, où les habitants de la capitale venaient en grand nombre se faire bénir par les ascètes d'Hormisdas, par Zooras et Maras sur le faubourg des Sykes, un contretemps surgit là où Théodora l'attendait le moins : d'Alexandrie ! Alexandrie, dont elle avait protégé la dissidence religieuse, profitait de la mort de Timothée, son cher père spirituel, pour se rebeller.

Après quelques jours de réflexion, elle convoqua Narsès et le reçut, dans sa position de fauve aux aguets, ramassée dans son fauteuil, le regard dardant des flèches noires.

— Tu sais qu'à Alexandrie, le peuple a déposé le patriarche conciliant que je venais de faire élire pour en mettre un autre ! Qu'il a eu l'audace de s'opposer à mon ordre !

Narsès resta calme devant l'indignation de sa maîtresse.

— Personne n'a le droit de déposer un patriarche élu.

— Il ne l'était pas réglementairement car ces traîtres, ces perfides, ont omis de poser la main droite de Timothée mort sur la tête de mon patriarche et de lui passer autour du cou le pallium de saint Marc. Ainsi rien ne les empêche de le considérer comme un usurpateur.

— Et alors ?

— Alors ils ont placé sur la chaire de l'évêque un certain Gaianos qui déteste les orthodoxes et refuse toute conciliation avec eux. C'est un affront, une provocation contre l'empereur, contre moi-même, au moment même où j'obtiens l'arrêt des persécutions et la tranquillité religieuse. Parfois la bêtise vous fait désespérer des hommes.

— Ta Majesté sait bien, elle l'a toujours dit dans sa sagesse, que la religion sert aussi de prétexte pour refuser l'hégémonie de Constantinople, le prélèvement du blé et autres taxes qu'on impose aux provinces. Je pense que leur extrémisme religieux masque une revendication de cet ordre.

Théodora s'enfonça de colère dans son fauteuil.

— J'écraserai leur révolte. Tu partiras là-bas.

— Moi ?

— Oui, toi ! Avec une armée. Tu chasseras ce Gaïanos et rétabliras le patriarche que j'avais installé.

— Jusqu'à faire couler le sang ?

— Nous savons que le sang est le seul moyen

d'étouffer une rébellion. Tu partiras, en tant que commissaire impérial, avec une armée de six mille hommes.

Elle connaissait trop bien Narsès pour ne pas lire sur son visage la perplexité, voire le désaccord, et avança l'argument décisif :

— L'empereur approuve cette résolution. S'il veut reconquérir l'Italie et reconstituer l'Empire de Rome il a besoin de l'Égypte. Sans Égypte, l'union de l'Orient et de l'Occident est impossible. Tous l'ont su : Alexandre, César, Auguste ! Je ne veux pas m'occuper de la guerre en Italie. Par contre je m'occuperai de l'Égypte et elle restera soumise. La mission n'est pas officielle, c'est pour cette raison que je te la confie. Tu partiras dans huit jours.

Comme l'eunuque ne paraissait toujours pas convaincu, elle ajouta en prenant une intonation ironique.

— Tu te plains de ne pas voyager, d'être toujours serviteur, fût-ce du maître du monde, alors sois content. Tu dirigeras les opérations à ta guise.

Il suffisait que Théodora reprenne le ton de leur complicité pour que Narsès lui pardonnât tout. Et particulièrement cette dureté qui apparaissait avec les années et se lisait maintenant sur son visage qui exprimait la puissance et la force. Seule une attention aussi bienveillante que la sienne pouvait discerner dans son regard la mélancolie d'un certain désenchantement.

Avant de partir pour l'Égypte, Narsès alla surveiller, en Bithynie, le couvent et l'église qu'il faisait construire, non loin du palais d'été de l'impératrice à Héria. Sa piété envers les moines était teintée de compassion. Il ne se contentait pas de vénérer la sainteté de ceux qui portaient le vêtement des anges, il devinait les tourments de leur âme, leurs souffrances physiques, leur désespoir parfois devant le silence de Dieu. Toujours prêt à ressentir les blessures secrètes des êtres, il présumait que leur indifférence aux biens de ce monde, tant admirée et interprétée comme une délivrance, entraînait d'autres tourments plus vifs et plus solitaires.

Cette expédition en Égypte ne lui plaisait qu'à moitié : il trouvait navrant de se battre pour opposer un monophysite à un autre monophysite. Mais le combat lui-même le tentait : commander, se faire aimer de ses soldats, vivre au grand air, était une occasion d'exercer tous les talents qu'il pressentait en lui. Il en riait parfois : fallait-il attendre cinquante-six ans pour se connaître ! Certes il appréciait les responsabilités qui étaient les siennes au Grand Palais, mais il n'en tirait plus la même ivresse. Depuis longtemps il avait remarqué qu'un objet puissamment désiré, une fois acquis, finissait par lasser, soit parce qu'il s'était révélé décevant à l'usage – ce qui n'était pas le cas –, soit parce que le désir tâtonnait encore vers son véritable but. Contrairement à Théodora qui avait trouvé son destin, il cherchait encore le sien, sans doute à cause de leur différence de caractère, celui de l'impératrice la portant violemment vers l'objet de ses désirs, alors qu'il restait trop marqué par les déceptions de jeunesse pour oser connaître d'une réussite terrestre une entière satisfaction.

Au printemps, l'eunuque partit avec six mille soldats et le patriarche choisi par Théodora et refusé par les Égyptiens. Trois semaines plus tard il apercevait le phare. Dès qu'il s'en approcha, un pilote du port vint conduire le convoi à travers les écueils jusqu'au port de guerre. Narsès éprouva l'impatience d'un enfant à découvrir cette ville jadis habitée par tant de personnages illustres. Il s'imagina déambulant dans le passé, du tombeau d'Alexandre à celui d'Antoine et Cléopâtre, redonnant vie aux grands disparus. Il fut accueilli par le présent, hérissé de barricades, de milices armées, de citadins sur les toits lançant des projectiles. Les soldats durent par les armes se frayer un chemin jusqu'à la maison de Gaianos le rebelle que Narsès fit arrêter et exiler en Sardaigne. Le successeur de saint Marc choisi par l'impératrice ne fut pas accepté pour autant. La guerre de rues dura plusieurs mois, désorientant les soldats entraînés pour les batailles en plaine, déconcertés par les récipients jetés des hauteurs, les barricades rapidement dressées, et plus encore la diversité des ennemis, enfants, vieillards, femmes, prêts à toutes sortes de ruses. Après plusieurs mois d'affrontement, Narsès écrivit à l'impératrice :

Alexandrie, Narsès à Sa Majesté l'impératrice Théodora.
Chère Maîtresse, depuis un an nos soldats se battent pour maintenir ton patriarche dans le siège de saint Marc. Avec obstination, les habitants se sont opposés aux ordres de Vos Majestés et ont continué des combats de rue intempestifs et meurtriers. Plus de trois mille personnes sont déjà mortes ici, dont un bon nombre de nos soldats. Pour en finir avec cette situation déplorable, j'ai dû faire incendier une partie de la ville et le calme paraît rétabli. Si la tranquillité perdure, je retournerai prochainement à Constantinople et me réjouis de revoir Ta Majesté. Ton dévoué Narsès.

L'eunuque avait hâte de s'en aller car Bélisaire obtenait victoire sur victoire en Afrique et il était impatient de savoir ce qui en découlerait. Il était d'ailleurs urgent de revenir : la navigation s'arrêtait en octobre.

XVIII

Théodora aussi se préoccupait des victoires de Bélisaire. Dans ses cauchemars, il apparaissait, splendide, dans le carnage de l'hippodrome, tel un archange de la destruction. Lors de ses longues méditations dans les bains du palais, elle revoyait le départ du général pour l'Afrique et l'imposante, la magnifique armée que l'empereur lui avait confiée : cinq mille chevaux avec leurs cavaliers, pour la plupart des alliés barbares, Hérules, Bulgares, Goths, Scythes, Arabes, Maures, soldats dits fédérés et à la fidélité provisoire, dix mille fantassins, trente mille hommes d'équipage et deux mille rameurs à bord des cinq cents navires et des quatre-vingt-douze dromons qui cinglaient vers les Dardanelles. Les victoires en Afrique serviraient-elles la gloire de Justinien, ou conduiraient-elles Bélisaire à des prétentions impériales ? Poussée par une femme ambitieuse et maligne comme Antonina, le général, vainqueur, assuré de la fidélité de ses soldats, ne serait-il pas tenté d'usurper le trône ? Elle se félicitait d'avoir placé un espion dans l'état-major pour surveiller le couple.

Quelques mois plus tard, à l'automne, Théodora reçut des nouvelles du front qui dissipèrent momentanément ses craintes.

Carthage, 16 septembre, sixième année du règne de Justinien. Antonina à Sa Majesté l'impératrice Théodora.

Très chère maîtresse, la source d'eau qu'un soldat a découverte au fond d'une tranchée en débarquant sur le sol d'Afrique était un présage de victoire. Hier nous sommes entrés dans Carthage et Bélisaire s'est assis sur le trône de Gélimer, le roi vandale. Selon son habituel respect des vaincus, mon mari a interdit le pillage des habitants, restitué l'église aux catholiques et commandé la reconstruction des remparts. Les chefs de la ville se sont donc soumis volontiers à sa victoire et sa clémence.

Le roi Gélimer s'est réfugié avec cinq mille soldats à quatre jours d'ici pour tenter de refaire son armée. Bientôt nous irons le poursuivre. Mais le secrétaire de Bélisaire, Procope, te racontera plus en détail ces succès éclatants contre un ennemi beaucoup plus nombreux.

Nous avons emmené avec nous un jeune homme, du nom de Théodose, à qui nous avons servi de parrain et marraine, lors de son baptême, la veille de notre départ. Ce jeune homme, notre fils adoptif devant Dieu, mérite qu'on s'y intéresse, et l'affection que je lui porte entraîne des bavardages que Ta Majesté voudra bien écouter avec prudence.

Très chère maîtresse, je serai heureuse de te le faire connaître, quand nous reviendrons victorieux. Antonina.

À peine avait-elle terminé la lecture de la lettre que Narsès, revenu depuis une semaine d'Alexandrie, entra dans le gynécée, outré.

— Qu'un général puisse accepter une telle humiliation est indigne !

Théodora fit mine de ne rien comprendre.

— De quoi me parles-tu ? La victoire est admirable.

— Antonina couche avec un jeune homme de vingt-cinq ans ! À la barbe de son époux ! Un jeune homme qui a vingt-quatre ans de moins qu'elle et dont elle est la marraine ! C'est se moquer de la Sainte Église et des vertus familiales.

— Bélisaire bannira l'amant quand il sera au courant de l'aventure.

— Il est au courant. Il les a surpris ensemble, fort dévêtus, et cette Antonina qui ne baisserait pas les yeux devant le diable a raconté une histoire extravagante de butin qu'ils étaient en train de cacher. Et le naïf, l'imbécile, l'a crue.

— Qui est au courant de cette liaison ?

— Tout le monde, sauf le grand général. Les trois missives que vient de recevoir l'empereur vont dans le même sens. Mais tous se taisent, car ils ont peur de la femme. Imagine-toi qu'une servante et deux esclaves ont dénoncé l'adultère auprès de Bélisaire, qui s'est enfin mis en colère et a demandé la tête de Théodose. Mais cette futée a protesté de son innocence, s'est indignée d'une telle calomnie, et le grand homme une fois encore s'est laissé berner.

— Il éprouve pour sa femme une passion très grande.

— Sais-tu ce qu'a fait ta favorite ? insista Narsès, emporté par son vertueux élan.

Théodora hocha la tête.

— Elle a fait couper la langue des bavards, puis les a fait jeter à la mer, cousus dans des sacs. Bélisaire aurait mieux fait de noyer sa femme !

Théodora explosa de rire.

— Tout cela provient de ce que notre cher moine Maras appelle « les incommodités de l'union corporelle ».

— Je ne comprends pas que Ta Majesté trouve plaisante cette aventure. Je n'aime pas particulièrement Bélisaire, mais j'admire son courage, et cette débandade devant sa femme donne de lui une image pitoyable.

Et devant le sourire de Théodora, il s'inquiéta :

— Je n'aimerais pas servir une épouse qui ridiculise son mari.

Théodora lui lança un regard menaçant.

— Si tu n'étais pas mon ami, je te ferais emprisonner pour cette insolence. Rassure-toi. Le sens de la dignité ne me quittera jamais. En ce qui concerne Antonina, ta respectable indignation te rend sot. Il ne me déplaît pas que le grand général soit sans défense devant son épouse. Et que cette épouse ait besoin de moi pour protéger son adultère.

— Tu veux dire ?

— Je veux dire que je pourrais utiliser ce jeune Théodose, qui doit être assez agréable puisqu'il soulève une telle passion, pour servir mes intérêts.

Narsès n'était pas convaincu :

— Ton favoritisme pour Antonina alimente les propos du Cappadocien.

— Lesquels ?

— Qu'il ne faut point s'étonner de votre complicité car vous sortez du même ruisseau.

Théodora se contenta de répondre d'un ton sec :

— Le temps viendra où je m'occuperai de son ruisseau, qui est beaucoup plus boueux que le mien.

Il suffit d'un an à Bélisaire pour revenir victorieux de la guerre contre les Vandales. Théodora déplora que son mari accorde les honneurs du triomphe au général dont, par ailleurs, il redoutait la puissance, mais elle le savait si attaché aux anciennes coutumes romaines, si désireux de justifier le titre d'Auguste en imitant les empereurs antiques qu'elle décida d'en tirer le meilleur parti. Certes le basileus avait de droit sa part dans le triomphe et, tenant à avoir la sienne, elle prit place dans la loge impériale sous les chevaux de bronze, pour signifier que la victoire était d'abord celle du couple impérial, avant d'être celle du général. D'ailleurs elle aimait le Katishma, cette loge inaccessible reliée au seul Grand Palais.

C'était la première fois que les Romains revenaient dans l'hippodrome depuis le massacre de la révolte Nika. S'ils l'avaient oubliée, l'impératrice gardait à l'esprit l'insurrection populaire, susceptible de recommencer si on n'y prenait garde.

Bélisaire entra par la grande porte, s'avança jusqu'au

Katishma devant lequel il se prosterna. Puis le roi vandale, Gélimer, revêtu de pourpre, entouré par sa famille et ses dignitaires, pénétra à son tour dans l'arène. Il s'arrêta un instant pour regarder les milliers de spectateurs qui se réjouissaient de sa déchéance et s'écria :

— Vanité des vanités ! Tout est vanité !

Au pied de la loge impériale, des gardes le dépouillèrent de son royal manteau et le forcèrent à s'allonger devant l'empereur.

Alors, accompagnés par les orgues d'argent, les chantres s'exclamèrent :

— Gloire à Dieu qui a triomphé des Vandales ! Gloire à Dieu qui a confondu les Aryens !

Par la voix de son héraut, Justinien répondit :

— Jamais, jusqu'ici, si ce n'est sous notre règne, Dieu n'avait accordé aux Romains de faire de telles conquêtes. Mais dans notre grande clémence, Ma Majesté, empereur des Romains et des Vandales, et la révérendissime épouse que Dieu m'a donnée, Théodora, te donnons, Gélimer, des terrains en Galatie pour que tu vives avec ta famille une retraite paisible.

Après le roi vaincu, défilèrent les trésors trouvés à Carthage et à Hippone : trônes d'or, pierreries, chars de parade, vaisselle d'argent, ceintures d'or, vêtements somptueux, sans compter les trésors que les Vandales avaient pillés à Rome, trésors qui comprenaient des richesses dérobées par les Romains à Jérusalem. Puis défila le long cortège des captifs à la haute taille et aux cheveux blonds. L'assistance hurla de joie devant ce pactole d'or et ces beaux hommes humiliés, condamnés à servir dorénavant les Romains. Théodora songea que ces acclamations ressemblaient à celles qui avaient accompagné ses pantomimes, à celles qui avaient ovationné l'usurpateur Hypathius, qu'elles ne signifiaient rien de durable, et que cette foule capricieuse, versatile, obtuse, pourrait se déchaîner un jour contre l'empereur en faveur de Bélisaire.

Après les fêtes de Noël, Grosse-Tête se présenta devant l'impératrice. Dorénavant accoutumé au cérémonial, il levait haut ses petites jambes quand les silentiaires le soulevaient jusqu'aux pieds de l'Augusta, et de là sautait en position prosternée avec une admirable aisance. Ce jour-là, pourtant, il se présenta affolé.

— Ma Majesté t'autorise à parler.

Grosse-Tête déclara très vite :

— Ta Majesté sait que Bélisaire a été nommé consul. Il se fait porter selon la coutume romaine par ses prisonniers vandales, assis dans une chaise curule. De rue en rue, il envoie au peuple une pluie d'or. À ses pieds, des paniers et des vases d'argent sont remplis de sous d'or. Le siège du consul porte des têtes de lion et se termine par des griffes. Avec des coussins. Son repose-pieds est garni de pierres précieuses.

— L'empereur l'y a autorisé. Pourquoi te fais-tu du souci ?

— Tu sais combien Bélisaire est chaleureux, avenant, brave, aimé par ses soldats, adoré par ses bucellaires, respecté par les vaincus. Aussi...

— Aussi...

— Certains, beaucoup même, disent sous les portiques, qu'il ferait un très bon empereur. Qu'il lui suffirait de demander à son armée de le suivre. La population en serait fort heureuse. On dit qu'il serait un meilleur Auguste que Justinien que tu as ensorcelé. Le peuple te craint. Des bruits circulent qui affirment que dans tes cachots secrets, tu enfermes et tortures tes ennemis. Qu'ils sont attachés par des chaînes sans pouvoir ni s'asseoir ni se coucher, qu'ils sont nourris comme des bêtes.

Puis il baissa la tête, effaré par ses propos.

— Et que réponds-tu ? demanda Théodora.

— Je réponds que tu traites avec beaucoup de pitié tes ennemis, qui sont envoyés dans des couvents pour le salut de leur âme. Que tout le monde constate ta piété pour le Dieu tout-puissant, tant tu fais construire de couvents, d'hospices pour les vieillards et les orphelins, d'hôpitaux pour les malades. Sans compter les dons magnifiques que tu fais aux églises et aux moines.

— Tu recevras dix sous d'or pour ces propos. On m'a rapporté que tu avais trouvé une femme. En es-tu heureux ?

— Grâce à la générosité de Ta Majesté, je mène maintenant une vie honorable.

Dès le printemps suivant, Justinien envoya Bélisaire reconquérir l'Italie, afin que soit rétabli l'ancien Empire romain d'Orient et d'Occident. Théodora fut soulagée de savoir l'éventuel usurpateur au loin, et davantage encore de recevoir une lettre d'Antonina.

Palerme, Antonina à Sa Majesté Théodora impératrice des Romains.

Très chère Maîtresse, nous venons de conquérir la Sicile et nous apprêtons à poursuivre le combat contre les Goths. Par prudence je fais surveiller la poste qui s'arrête sur cette île avant d'aborder l'Italie, car les espions, fréquents en temps de paix, pullulent en temps de guerre. J'ai ainsi appris que beaucoup d'orthodoxes s'indignent de la présence des monophysites dans la capitale et demandent au pape Agapit de s'y rendre pour en discuter avec l'empereur. Attends-toi à sa visite.

Par ailleurs, je m'ennuie effroyablement ici sans Théodose. Il refuse de nous rejoindre tant que mon fils restera avec nous. Il craint la colère de Photius qui le déteste et pourrait le tuer pour sauvegarder la vertu de sa mère et l'honneur de Bélisaire. Sottises que tout cela car je meurs de chagrin. J'offense donc mon fils avec acharnement, lui imposant de nombreuses humiliations et vexations pour qu'il s'en aille, mais le garçon aime tendrement Bélisaire et ne veut pas le quitter. Je serais reconnaissante à Ta Majesté d'exiger son retour immédiat et d'ordonner à Théodose de venir soutenir le général qui a besoin de lui dans son état-major.

Que Dieu garde Vos majestés ? Ta dévouée Antonina.

Théodora relut la lettre attentivement. Soulagée. Tout se présentait favorablement du côté de Bélisaire. Tant qu'Antonina la solliciterait pour ses amours, elle tiendrait le général. Par contre la visite du pape, annoncée comme prochaine, était plus préoccupante. Ne venait-il pas détruire le fragile équilibre religieux qu'elle et Justinien avait instauré ? Heureusement, Agapit était âgé, le patriarche Anthime et Sévère fort savants dans l'art de la parole, et avec des promesses et de l'argent, il serait possible de venir à bout des réticences papales.

Il n'en fut rien. Le pape arriva un soir de mars, fort vaillant et énergique. Dès le lendemain, il demanda à être reçu en audience solennelle par l'empereur. Auparavant il se rendit au palais de Daphné pour bénir l'impératrice qui l'accueillit avec chaleur, et lui fit miroiter une église, un hôpital, un hospice, tout en l'engageant à la conciliation et la tolérance. Le pape Agapit ne jugea pas nécessaire de discuter avec une hérétique, et se contenta d'affirmer que les problèmes seraient traités au cours de l'audience solennelle.

Dès l'aube, les dignitaires coururent revêtir leurs habits d'apparat, et les silentiaires parcoururent les galeries, les cours et les jardins, pour exiger le silence. Dans la salle du trône, parfumée d'encens, se rassemblèrent le patriarche accompagné d'évêques et de diacres, les grands serviteurs de l'État, l'empereur et ses chambellans. Enfin le pape, un petit homme râblé, au visage latin volontaire sous des sourcils et des cheveux grisonnants, s'installa avec autorité sur un trône d'or et Justinien s'agenouilla pour recevoir sa bénédiction.

Grandi dans un pays envahi par les Goths, le pape Agapit ignorait les raffinements du cérémonial oriental et l'obséquiosité des propos adressés à l'Auguste. Sans précaution oratoire, il déclara :

— En qualité de successeur de saint Pierre, je m'inquiète des dérives théologiques qui se répandent dans la capitale. Je demande donc que l'empereur ne tolère pas davantage les moines hérétiques qui trouvent ici refuge et liberté de culte. Pour clarifier cette situation confuse, j'exige que le patriarche de Constantinople, Anthime, prouve son orthodoxie en jurant sur l'Évangile que le Christ est une personne en deux natures, l'une divine, l'autre humaine.

Ce ton comminatoire surprit, choqua même, et un évêque prit la parole pour rappeler les privilèges du basileus :

— Rien ne doit se faire dans la Très Sainte Église contre l'opinion et les ordres de l'empereur.

— Que désire l'empereur ? demanda Agapit.

— Que tu sois de mon avis, répondit Justinien sèchement. N'oublie pas que Ma Majesté est prédestinée dans les desseins de Dieu pour gouverner le monde, comme l'œil est inné au corps pour le diriger. Entre Dieu et Ma Majesté il n'y a pas d'intermédiaire.

— L'approbation du successeur de saint Pierre reste nécessaire.

Justinien s'obstina :

— Le successeur de saint Pierre doit admettre les récentes positions nuancées des monophysites et la paix des cœurs qui en découle.

Le pape s'entêta.

— Les convictions des monophysites sont aussi

variées que les couleurs de l'arc-en-ciel. Vous avez pu le constater à Alexandrie, pendant cette lamentable émeute et la non moins lamentable répression que vous avez ordonnée. On ne construit pas l'unité de l'Église sur des divergences et des approximations. Le concile de Chalcédoine a précisé les dogmes, fondé l'orthodoxie, et en tous lieux il est nécessaire de s'y conformer.

Le patriarche Anthime intervint à son tour :

— Beaucoup d'interprétations ont été avancées pour comprendre le mystère du Christ. Pourquoi ne pas laisser aux êtres humains, si limités dans leur cœur et dans leur esprit, le droit de s'en approcher à leur manière ?

— L'église n'est pas une auberge où chacun apporte sa cuisine, déclara le pape ulcéré. Les conciles, qui rassemblent les évêques de toutes les villes, décident pour l'Église tout entière les chemins de la vérité. Je te pose la question : toi, le patriarche de Constantinople, acceptes-tu la foi droite définie à Chalcédoine ?

Anthime regarda l'empereur puis le pape sans mot dire.

— Ce silence veut-il dire que tu tergiverses ? s'impatienta Agapit.

— Avant de répondre je souhaiterais prier Dieu.

Aussitôt deux silentiaires s'approchèrent de lui pour le conduire à côté dans l'église du Seigneur. Un silence pesant se fit dans la pièce. Justinien tapota nerveusement l'accoudoir d'or de son trône. Le pape sourit, paisible, presque indifférent aux conséquences de ses exigences, tant il était convaincu de son bon droit.

Anthime revint, fort pâle et fit le signe de croix.

— Par le Dieu tout-puissant, je déclare soutenir les théories de Sévère, l'ancien patriarche d'Antioche.

Le pape, toujours aussi impassible, conclut :

— Dorénavant tu n'es plus patriarche de l'Église

d'Orient, et dès demain je consacrerai le prêtre orthodoxe Ménas à ta place.

Puis il se leva, bénit l'assemblée et sortit suivi du long cortège ecclésiastique.

Justinien se soumit aux ordres du pape. Ce brusque revirement de politique religieuse, cette soudaine obéissance au successeur de saint Pierre engendrèrent une surprise et une agitation considérables. Les monophysites, par la bouche de Zooras, crièrent à la trahison et accusèrent le basileus de lâcheté et de perfidie. Théodora se sentit écartelée entre son époux et sa famille spirituelle. Là-dessus le pape mourut brutalement, et l'effervescence prit une telle ampleur qu'on décida de convoquer un concile à Constantinople.

Ce concile fut le grand espoir de l'Augusta. S'il tranchait pour la tolérance et la conciliation, la paix religieuse s'installerait pour longtemps dans l'Empire. Sinon... Elle osait à peine considérer des décisions qui ramèneraient les persécutions. Aussi fut-elle abasourdie par les conclusions conciliaires, qui dépassaient en intransigeance ce qu'elle envisageait de pire. Elle se les fit répéter plusieurs fois.

« Inspirés par la sagesse de Dieu, les évêques présents au concile de Constantinople dans la neuvième année du règne de Justinien déclarent l'excommunication des hérétiques et de tous les moines monophysites qui ont envahi la capitale et ses environs. Ils anathématisent Anthime, Sévère, Zooras et rayent leurs noms du nombre des catholiques. »

Lorsqu'ils se séparèrent, ajouta l'émissaire, les évêques psalmodièrent :

« Longues années à l'empereur ! Longues années au patriarche ! Anathème sur Zooras, Sévère, Anthime. Renversons la tanière de Zooras ! Au feu les cavernes des hérétiques ! La foi des chrétiens triomphe. »

L'échec était total.

Elle se rendit immédiatement dans l'appartement de Justinien, où il avait coutume de prier après les audiences devant son oratoire. En l'apercevant, il anticipa les indignations de son « charme le plus doux ».

— Je devine les remarques que tu vas me faire. Malgré tes regrets et l'amour que je te porte, je suivrai les conclusions du concile. Par ordonnance, j'interdirai aux monophysites d'habiter dans les grandes villes de l'Empire. J'ordonnerai qu'on brûle les écrits de Sévère, et qu'on persécute à nouveau les hérétiques dans toutes les provinces orientales. Même en Égypte, ajouta-t-il en baissant la voix.

Devant le regard brûlant de son épouse, il expliqua :

— Bélisaire vient d'entrer dans Rome. Je reconquiers l'Italie, je restaure l'Empire latin. Pour tous, en Orient comme en Occident, je suis le protecteur de la foi catholique, l'apôtre du Christ qui ne peut renier le successeur de saint Pierre et désobéir aux décisions d'un concile. J'arracherai donc l'hérésie et offrirai cet empire reconstitué dans l'orthodoxie au Dieu qui m'a élu pour cette tâche grandiose.

Son épouse connaissait le ton cassant et péremptoire de celui qui refuse toute discussion et n'insista pas. Elle réfléchirait plus tard. L'urgence était de sauver ses amis.

— Je comprends tes raisons, se contenta-t-elle de répondre.

Rentrée dans le gynécée, elle convoqua Sévère :

— Mon très cher Père, je n'ai d'autres pouvoirs que de sauver ta vie. Descends ce soir dans le port de Boukoléon, un bateau t'attendra pour te conduire en Égypte. Je regrette de te voir partir.

Sévère, de sa voix vibrante, répondit :

— Je suis venu ici sur ton insistance, mais sans illusion. Je n'ai jamais cru que cet empereur accepterait des concessions de l'orthodoxie. Je suis heureux de t'avoir revue et prierai Dieu de te garder dans l'espérance. Adieu, ma fille.

Théodora retint ses larmes quand le « rocher du Christ » s'éloigna. Elle dicta alors un message à Zooras pour lui conseiller de repartir immédiatement en Syrie avec les moines de son couvent, et demanda à Ouranios, aidé de quelques excubiteurs, de les protéger jusqu'en Galatie.

Le soir, après dîner, elle remercia ses servantes et ses eunuques, et fit demander Anthime qu'elle reçut avec son chambellan.

— Mon bon ami, lui dit-elle, ta vie est menacée. Je peux, si tu le désires, t'aider à fuir. Mais tu es âgé maintenant et je crains qu'un voyage ne te fatigue trop. Si tu le souhaites, je te cacherai dans le gynécée en un lieu connu de moi seule, de Narsès et de ce serviteur. Tu y resteras pendant ce temps d'intolérance.

Anthime hocha la tête :

— Je remercie Ta Majesté. Je n'aspire qu'à prier Dieu et n'aurai besoin que d'un oratoire.

— De rien d'autre ?

— Pour me soutenir dans ma quête de la sainteté, je peux avoir besoin d'icônes, de cierges et de livres pieux.

— Tu les auras.

— Que deviendront mes frères d'Hormisdas ?

— J'obtiendrai de Justinien qu'ils restent dans leur couvent. Mais ils devront y vivre discrètement, sans sortir dans la ville. Le pieux Maras, isolé dans sa cabane, n'a pas fait l'objet d'anathème et ne sera pas poursuivi.

Devant l'accablement de Théodora, Anthime garda sa sérénité.

— Que Ta Majesté ne soit point dans la peine. Les voies de Dieu sont imprévisibles et, comme tu le sais, ajouta-t-il avec un clin d'œil amusé, les martyrs servent toujours la gloire de Dieu.

Deux jours plus tard, on chercha en vain les protégés

de la basilissa et on dut se contenter de brûler les écrits de Sévère sur la place de l'Augustéon, au pied de la nouvelle et monumentale statue de Justinien, qui se dressait à cheval sur une haute colonne de porphyre.

À nouveau l'impératrice respira l'odeur des fumées contestant son pouvoir. Mais cette fois-ci son époux n'était plus avec elle devant l'adversité. Il donnait priorité à ses ambitions romaines et à la politique religieuse qui en découlait, comme il donnait priorité à Jean de Cappadoce qui la méprisait. Elle avait compris que certains choix de son époux, contraires à ses vœux, ne remettaient pas en question sa tendresse. La colère qui l'emportait dans sa prison rouge avait changé d'objet. L'amour n'en était plus l'enjeu. Pas d'enfant à chérir, plus de foule à séduire, un époux dont l'attachement lui était acquis. Restait le pouvoir. Avec la violence qu'elle avait déployée dans la passion, elle désira être obéie. Tout obstacle à ses projets, tout retard dans l'exécution de ses ordres réveillaient l'exaspération latente d'une âme restée insatisfaite. Le pouvoir absolu devint le principal mobile de ses actions. Toute désobéissance devint affront exigeant une riposte, et son âme irritée découvrit l'ivresse des stratagèmes audacieux.

Paradoxalement, elle avait toujours besoin, pour conduire une politique contraire aux ordres de l'empereur, de l'accord de cet empereur par qui elle tenait sa puissance.

Ce dernier venait de passer dans le lit de son épouse les premières heures de la nuit, et s'apprêtait à se lever pour déambuler dans les longues galeries, lorsque celle-ci remarqua :

— Nos Majestés ont dû s'incliner devant le successeur de saint Pierre, mais nous pouvons songer à la situation contraire ?

— Que veut dire mon aimée ?

— Qu'au lieu d'obéir au pape, ce dernier nous obéirait.

Justinien regarda sa femme avec l'air désemparé et admiratif de celui qui se trouve confronté à une force supérieure à la sienne.

— Qu'envisages-tu ?

— Puisqu'un nouveau pape doit être élu, nous ferons en sorte qu'il soit favorable à une entente avec les monophysites.

Justinien hésita, partagé entre le désir de ne plus se quereller avec Rome et celui de faire plaisir à sa femme. Après un moment de réflexion, il répondit :

— Je te laisse toute liberté pour mener à bien ton projet, mais je ne te donne pas un soutien officiel, car l'entreprise est trop aléatoire. Sur le fond, je pense qu'il n'y a point de honte pour l'Église à être subordonnée à l'État, car ce n'est point une main profane que le basileus étend sur elle quand il entreprend de la réformer, c'est elle-même qui se réforme par un de ses membres. Je te demande seulement de conduire cette affaire très discrètement afin qu'elle ne soulève aucune contestation. En attendant, mon devoir est de faire respecter l'orthodoxie et de persécuter les hérétiques.

Armée de l'autorisation impériale, Théodora se mit aussitôt au travail.

XIX

Avant de commencer les tractations pour la nomination d'un nouveau pape, Théodora resserra ses liens avec le peuple, car l'exercice du pouvoir n'est pas simple possibilité de faire ou de défaire, mais aussi l'art de rassembler le plus grand nombre. Sa piété sincère, ses talents de comédienne, la connaissance de la foi des Romains, son ambition, tous ces facteurs l'incitèrent à entreprendre la restauration de l'église des Saints-Apôtres. Édifiée par Constantin pour abriter les sépultures impériales, la basilique était fort délabrée. En lui restituant sa grandeur, et en préparant les tombeaux de son époux et du sien, elle inscrivait leurs noms dans la prestigieuse lignée des empereurs romains, et procurait aux citoyens de l'Empire des motifs de fierté.

Aussi la basilissa, qui venait de subir un camouflet avec le concile de Constantinople, montra à tous que sa puissance et son prestige restaient intacts, en se rendant, un cierge à la main, sur la quatrième colline, accompagnée par un cortège de trois mille personnes. L'endroit était peu propice à la construction d'un édifice aussi imposant, à cause de la proximité de la rivière du Loup qui pouvait s'infiltrer dans les soubassements. Mais Anthemios de Tralles, dont elle appréciait la magnifique imagination, et Isidore le jeune, trouvèrent les moyens de remédier à cet inconvénient, et proposèrent un plan ayant la forme d'une croix grecque, avec cinq coupoles, une au centre, les quatre autres aux extrémités de chaque bras. Des matériaux aussi somptueux que ceux utilisés pour Sainte-Sophie étaient destinés à faire un joyau de la basilique restaurée.

Autour des ruines de l'ancien édifice, Anthemios, chargé d'ans mais le regard vif, se courba avec peine pour tracer lui-même avec un bâton le plan de la future construction. Au fur et à mesure que s'inscrivaient dans la terre les fondations de la maison de Dieu, chacun rêva aux cinq futures coupoles qui attireraient la clémence divine. Lorsque Anthemios referma la dernière ligne, l'orgue d'argent résonna, et le nouveau patriarche bénit le lieu sacré :

— Je prie Dieu pour qu'avec cette église, Il demeure

plus présent dans le cœur des Romains et qu'Il garde longtemps auprès de nous la généreuse et pieuse souveraine, Théodora.

D'alentour monta au ciel la clameur joyeuse des ovations de la foule.

Tout en s'occupant de son église, Théodora réfléchissait à l'homme qu'elle établirait pape. Il était nécessaire qu'il soit à la fois crédible pour l'église et l'obligé de l'impératrice à qui il devrait sa nomination. Elle jeta son dévolu sur le diacre Vigile, actuellement nonce apostolique dans la capitale, et pétri d'ambition. Elle le reçut avec Narsès, dont elle tenait à connaître l'avis, et un secrétaire pour prendre en note la conversation.

L'homme de Dieu se courba, sans toutefois s'aplatir au sol, avec l'assurance des fils de familles sénatoriales, et une détermination farouche dans le regard qui conforta l'impératrice dans son choix. Avait-il eu vent des intentions de l'Augusta, ou les devina-t-il pendant l'entretien, toujours est-il qu'il se soumit à ses désirs et les devança parfois.

— Je t'ai fait venir, Vigile, pour un projet que je médite relatif aux conclusions du concile de Constantinople.

— Je les trouve injustes et maladroites, répondit prudemment Vigile. Injustes car la piété des moines monophysites touche les cœurs les plus endurcis, maladroites car elles relancent de bien douloureuses persécutions. Nul doute que le pape Agapit, vraisemblablement déjà atteint par la maladie, n'ait su envisager les conséquences de son intransigeance.

— Le titulaire de la chaire de saint Pierre n'a sans doute aucune liberté de choix, suggéra l'impératrice en se faisant l'avocat du diable.

— Je ne le pense pas. Une politique plus tolérante est

possible, sans remettre en cause l'Église catholique et apostolique.

Théodora joua la naïveté :

— Mais que faire alors des conclusions du récent concile de Constantinople ?

— Les conciles ne sont pas gravés dans la pierre. Il y en a déjà eu plusieurs.

Comme l'impératrice ne disait rien, il précisa :

— Il me semble qu'un pape serait avisé, avant de prendre une décision importante, de consulter non seulement les orthodoxes, mais aussi des esprits aussi éminents que Sévère.

— Ne risquerait-il pas l'anathème ?

— L'anathème de qui, s'il est lui-même pape. Seul l'empereur aurait le droit de contester ses initiatives.

— Je n'avais pas songé à ce que tu me dis là, déclara la basilissa. Je vais y réfléchir.

— Je ferai tout ce que Ta Majesté voudra, avoua Vigile, désarçonné par la prudence de son interlocutrice, et inquiet de ne pas avoir répondu suffisamment bien à son attente.

— Je te remercie de ta fidélité et te ferai prochainement part de mes réflexions.

Dès que Vigile se fut éloigné, Théodora se tourna vers Narsès :

— Voilà le pape qu'il me faut.

— C'est un homme qui court dans le sens du vent. Si le vent tourne, où le retrouveras-tu ?

— On le retrouvera là où je l'aurai mis. Il est ambitieux et vénal. Sa fidélité ne fait aucun doute.

Narsès n'était pas convaincu :

— Parfois les ambitieux, quand ils se croient les intercesseurs de Dieu auprès des hommes, suivent leurs convictions et revendiquent leur indépendance.

— Ne l'as-tu pas vu ramper devant moi ? C'est une

âme sans conscience, sans doctrine ferme, mais intelligente et qui a faim de pouvoir. Elle nous servira bien.

— Il te servira tant qu'il aura besoin de Ta Majesté. J'ajoute que je crois tout homme capable, un jour ou l'autre, d'être sensible à la vertu.

Théodora resta méditative :

— Parfois, mon ami, je te trouve plus confiant dans la nature humaine que je ne le suis. Peut-être est-ce l'exercice de la souveraineté qui m'a rendue si sceptique. Diriger les hommes fait voyager dans la barque de la désillusion.

Puis, d'un ton agacé, elle ajouta :

— Pour le moment, il ne s'agit pas de savoir si Vigile me trahira un jour ou l'autre, mais comment je vais en faire un pape.

Elle appela son secrétaire et dicta :

L'impératrice des Romains, Théodora, au général Bélisaire et son épouse Antonina. Dixième année du règne de Justinien. Mes chers patrices, je me réjouis de ce qu'étant entrés dans Rome il vous soit possible de répondre à mes sollicitations. Après le désastreux concile de Constantinople qui a détruit le long et persévérant travail que j'avais accompli pour maintenir la paix religieuse, les persécutions ont recommencé dans les provinces jusqu'en Égypte. On fait parfois sur des places publiques des choses que les païens eux-mêmes auraient eu horreur de pratiquer, tant sont nombreux les bûchers qu'on allume et nauséabondes les odeurs de chairs consumées.

Une telle situation, si contraire à mes vœux, ne saurait durer. Il devient nécessaire de mettre sur le siège de saint Pierre un pape qui s'aligne sur ce que fut notre politique pour restaurer la paix dans l'Empire. L'Auguste, trop préoccupé par la conquête de l'Italie, n'a ni le temps ni la liberté de s'en occuper directement. Je compte donc sur vous pour procéder à cette nomination.

Le diacre Vigile qui vous remettra cette lettre a vocation pour devenir le prochain successeur de saint Pierre. Ma Majesté compte sur votre diligence pour le faire élire dans les plus brefs délais. Que Dieu vous garde. L'impératrice Théodora.

Puis se tournant vers Narsès :
— Je sais que tu n'aimes pas ce couple, mais il est utile. La politique ne se fait pas avec le cœur.
— Je trouve au contraire que la politique prend trop souvent en compte les désordres du cœur féminin.
Théodora n'était pas d'humeur à plaisanter.
— N'oublie pas que tu dois beaucoup à une femme, répondit-elle sèchement.

Quelques semaines plus tard, Théodora reçut la lettre suivante :

Rome, Antonina à l'impératrice des Romains.
Ma très chère Maîtresse, beaucoup d'événements se sont passés à Rome ce dernier mois. Après la mort du pape Agapit, le roi des Ostrogoths a fait élire Silvère, afin qu'il conduise avec habileté les relations entre les barbares et l'empereur. Pour montrer sa fidélité Silvère a aidé nos armées à pénétrer dans Rome, où nous sommes installés au palais Pincio. Vigile arrive trop tard. J'attends les conseils de Ta Majesté. Ta fidèle Antonina.

Théodora avait subi un tel revers dans sa politique religieuse qu'elle n'était pas disposée à en subir un autre. Sans prévenir Justinien, elle dicta sur-le-champ :

Constantinople. L'impératrice des Romains Théodora au général Bélisaire et son épouse Antonina.
Mes chers patrices, pour le rétablissement de la paix religieuse, je vous demande d'obtenir du pape Silvère qu'il

fasse les concessions nécessaires aux prêtres monophysites et rétablisse les patriarches que j'avais installés et qui furent depuis pourchassés. Au cas où Silvère refuserait d'obéir à mes injonctions, vous trouverez de faux témoins pour l'accuser de trahison envers l'empereur et de complicité avec les Goths. Il vous sera ensuite légitime de faire procéder à son enlèvement, et de mettre à la place Vigile, qui est tout dévoué à la cause impériale. Je compte sur vous pour mener à bien cette affaire. Que Dieu vous garde. Théodora.

Des mois passèrent sans nouvelles de Rome. L'impératrice, vite gagnée par la méfiance, craignit que d'obscurs complots aient contrecarré son projet. Bélisaire pouvait avoir refusé d'obtempérer à ses injonctions, Antonina avoir choisi l'entente avec les Goths et le pape pour de menaçants desseins. Aussi est-ce avec précipitation qu'elle ouvrit la tardive missive de sa favorite.

Rome, Antonina à l'impératrice Théodora. Printemps de la dixième année du règne de Justinien.

Ma très chère maîtresse, Bélisaire a suivi les ordres de Ta Majesté, non sans difficulté. Il avait scrupule, tant son âme est droite, à évincer un pape qui avait permis à son armée d'entrer dans Rome. Mais Silvère s'est montré d'une intransigeance condamnable, répétant à qui voulait l'entendre que son devoir était de protéger l'orthodoxie. Nous avons donc été contraints d'agir. Ce pape obstiné, incapable d'avoir une vue large sur la destinée des Romains, s'était installé, craignant un coup de force, derrière les remparts sur le mont de l'Aventin. Nous dûmes le faire chercher par des gardes et l'avons reçu dans nos appartements privés du Pincio. Bélisaire était à mes pieds, tandis que j'étais allongée sur un lit de repos. Je lui ai dit :

— Seigneur pape, puisque tu refuses de comprendre la politique impériale, tu seras désormais moine.

Il parut stupéfait, argumenta de l'illégalité de cette mesure tandis qu'un sous-diacre lui enlevait son gallium et l'entraînait dans une pièce attenante où il dut revêtir la longue robe monacale. Trois soldats l'accompagnèrent jusqu'au bateau qui l'emmena dans une île Pontine. Conformément à tes souhaits, le 29 mars, Vigile fut élu pape, malgré une résistance du clergé romain que Bélisaire dut réprimer. Ainsi tes ordres furent exécutés avec toute la diligence requise.

Nous sommes encerclés par l'armée barbare et beaucoup de Romains souffrent de la famine. Mais Bélisaire sort la plupart du temps vainqueur des combats avec l'ennemi et nous espérons, par d'habiles négociations, faire lever le siège. Ta dévouée, Antonina.

L'enlèvement du pape, organisé par Théodora, frappa péniblement les esprits. Justinien, quoique habitué à l'intrépidité de son épouse, resta interloqué par cette audace. Il envisagea d'envoyer Narsès à Rome pour étudier les modalités d'un retour de Silvère et l'annulation de l'élection forcée de Vigile. Le Grand Chambellan, entre la satisfaction victorieuse de Théodora et les instructions de l'empereur, se sentit pris au piège. Heureusement, Justinien hésita longtemps et l'eunuque ne fit rien pour hâter sa décision. Il lui montra au contraire toutes les difficultés de la restauration de Silvère, restauration qui n'effacerait pas la stupeur et l'indignation qu'avait provoquées l'intrépidité de Théodora. La chance venant par des voies souvent inattendues, ce fut Antonina qui tira Narsès de ce mauvais pas. Elle avait livré Silvère à Vigile qui s'empressa d'exiler son prédécesseur dans une île ingrate où il mourut rapidement de faim, de soif et d'angoisse.

— Tu vois, dit Théodora au Grand Chambellan, tout s'est arrangé comme je le souhaitais.

— Si Ta Majesté le permet, je déplore son orgueilleux entêtement.

Théodora eut un geste d'humeur, mais Narsès continua imperturbablement.

— Je n'ai aucune confiance en ce Vigile, capable de tout promettre pour arriver à ses fins et dont la souple bassesse masque les ambitions personnelles. Ta Majesté s'est déjà trompée sur le choix d'un homme : le patriarche que tu m'as fait imposer à Alexandrie, par de longs mois de guerre civile, n'en fait plus qu'à sa tête.

— Il finira par obéir.

— Cela m'étonnerait. Mais le plus grave est que tu as effrayé l'empereur, qui se laisse maintenant entraîner par des orthodoxes fanatiques, avides de persécutions.

Théodora leva la main pour l'interrompre, mais Narsès poursuivit.

— Je termine en t'informant que Jean de Cappadoce répète sans cesse à Justinien que tu as outrepassé les droits d'une impératrice, donné l'exemple de l'insoumission et terni l'autorité impériale.

— Je te remercie pour cette information, répondit-elle froidement. Le temps est proche où je m'occuperai de lui. Maintenant laisse-moi, je vais prendre un bain.

Narsès s'éloigna, mélancolique. Il se savait incapable de taire ce qu'il pensait, et s'attristait de le faire quand ses pensées étaient des reproches. Il souffrait surtout de voir Théodora s'enfermer dans le secret, ne prenant plus conseil que d'elle-même, et son admirable courage se dégrader parfois en brutale et sotte obstination.

Mais l'initiative de Théodora fut vite oubliée par les Romains qui ne pariaient plus que de l'achèvement de Sainte-Sophie dont on nettoyait les alentours. Chrétien ou païen, du plus misérable au plus illustre, chacun s'émerveilla de la splendide coupole et toutes sortes de rumeurs circulaient sur les magnificences que les murs de briques enfermaient. On louait la persévérance de Justinien qui se rendit sur le chantier chaque jour, voire plusieurs fois par jour, ne ménageant ni ses conseils ni ses encouragements pour qu'en moins de cinq ans ce somptueux édifice soit achevé. Quelques esprits obtus se plaignirent des vingt-trois milliards de sous d'or dépensés pour la Sagesse Divine, mais se turent rapidement devant l'accusation de paganisme.

L'inauguration de la Grande Église eut lieu un dimanche de décembre, deux jours après Noël. Depuis une semaine déjà, Narsès voyait son maître dans une allégresse qui effaçait les tensions conjugales que l'enlèvement du pape avait suscitées.

Le 27 décembre 537, Justinien se leva encore plus tôt que de coutume pour surveiller le lever du jour et s'assurer que le soleil se joindrait à la fête. L'astre de feu s'enorgueillissait trop d'éclairer la plus belle église de l'univers pour bouder derrière les nuages et ne pas la faire briller de tous ses feux. Justinien rayonnait car depuis longtemps il attendait l'occasion d'apparaître comme il le souhaitait : humble devant le Père et prestigieux aux yeux des hommes.

Narsès alla revêtir sa chlamyde d'apparat à tablion doré, les chambellans du vestiaire habillèrent le prince de trois tuniques pour résister au froid, de sa couronne et de son manteau pourpre. Dans les galeries les dignitaires se dépêchèrent pour quérir leur tenue de fête. Une heure plus tard, un long cortège brillant de l'or des boucliers, des casques, des bâtons, des colliers, des ceintures, des panaches rouges et des soies multicolores, traversa la place de l'Augustéon.

Arrivé devant Sainte-Sophie, Narsès, qui suivait d'un pas l'empereur, exulta. La basilique se dressait comme un trait d'union entre la terre et le ciel, ses larges piliers enracinés dans le sol et sa coupole s'élevant vers le royaume de Dieu. L'eunuque vécut un moment de bonheur parfait. Sa foi, son dévouement au couple impérial, son goût pour les archives – Sainte-Sophie en serait la plus impressionnante du règne convergeaient pour donner à cet instant une intensité exceptionnelle.

L'empereur s'arrêta dans l'atrium à la Belle Fontaine, sur laquelle s'ouvrait la première porte de l'église, dite la Belle Porte, tant ses voûtes étaient décorées de mosaïques et ses murs de marbre. Quand il fut arrivé dans le narthex, des serviteurs dressèrent avec des rideaux un « mitatorion », derrière lequel Narsès enleva la couronne de Justinien puisque dans l'église Dieu est le seul maître. Delà, le basileus rejoignit le patriarche qui l'attendait au seuil de la nef pour le conduire au sanctuaire. C'est alors que Justinien, saisi d'enthousiasme pour sa propre œuvre, se précipita seul, sous la haute coupole, en s'écriant :

— Gloire à Dieu qui m'a jugé digne d'accomplir une telle œuvre. Ô Salomon, je t'ai vaincu !

Le patriarche montra un signe discret de désapprobation, Narsès sourit intérieurement. Il appréciait, lui si réservé, ces mouvements intrépides où l'homme, oubliant raison et convenance, se montre tel qu'il est dans le secret de son âme. Il se demanda si l'empereur, en évoquant Salomon, songeait au riche et sage roi d'Israël qui fit construire à Jérusalem, pour abriter l'arche d'alliance, un temple dont la Bible loua la splendeur, ou bien à Anicia Juliana qui l'humilia avec ses draps d'or dans l'église Saint-Polyeucte.

Après cet épisode imprévu, le cortège retrouva sa solennité. En avançant dans la basilique, l'eunuque sentit les larmes lui monter aux yeux devant tant de beauté. Il ne savait qu'admirer : la lumière qui provenait des quarante fenêtres ouvertes à la base de la coupole et des nombreuses ouvertures dans l'épaisseur des murs, les voûtes en mosaïques d'or décorées d'arabesques délicates, les marbres de toutes couleurs des murs et du sol, la tribune de l'ambon tout en fleurs de marbre, d'argent et d'or, surmonté d'un dôme revêtu de plaques d'or rehaussé de pierreries, les lanternes accrochées à la coupole qui se balançaient doucement, l'autel en or avec son dôme, la clôture du sanctuaire en argent ciselé.

— Sainte Vierge, murmura-t-il, protège cette église pendant des siècles. Qu'elle ne soit point détruite comme le premier temple d'Israël.

Le patriarche conduisit l'empereur dans le sanctuaire pour qu'il dépose, sur la nappe d'autel brodée d'or montrant Justinien et Théodora visitant des hôpitaux et des églises, son offrande dans un sachet de soie. Puis le basileus se rendit dans l'oratoire de son appartement, à droite du sanctuaire où Narsès le rejoignit. Justinien, encore bouleversé d'orgueil et de joie, se pencha pour lui annoncer :

— Nous donnerons à Sainte-Sophie cent soixante-cinq domaines, un pour chaque jour, dans la banlieue de Constantinople et il faudra bien cinq cents clercs pour s'occuper de cette merveille.

Narsès allait répondre, lorsqu'il vit le visage de son maître s'illuminer. L'impératrice, dans un grand manteau violet doublé de fourrure de Russie et décoré d'abeilles d'or, venait de franchir les Portes Royales et baisait l'Évangile qu'un évêque lui tendait. La clarté ambiante, le reflet des ors, le bonheur ajoutaient au rayonnement habituel de l'Augusta un éclat presque surnaturel. À la demande de Justinien, elle n'avait pas visité la Grande Église depuis longtemps car il lui en réservait la surprise. Et quelle surprise ! Les chapiteaux qui surmontaient les colonnes de marbre portaient tous, entrelacés dans un médaillon, les initiales de Théodora et de Justinien. Et, tout en s'avançant vers le sanctuaire, elle contemplait ravie, à gauche et à droite, le médaillon qui révélerait à tous les chrétiens d'Orient et d'Occident dans les temps présents et futurs, son nom, l'amour que lui portait le prince et la souveraineté qui était la sienne. Devant la clôture d'argent, elle donna au patriarche un calice brillant de pierreries et rejoignit ses chambellans et ses dames d'honneur, long cortège de fleurs blanches derrière lesquelles se refermèrent les Portes Royales.

En haut de l'escalier de bois en colimaçon, Théodora retrouva les chapiteaux qui l'immortalisaient et s'installa sur son oratoire, dans la plus large galerie, à l'Ouest, face à l'autel. Autour d'elle se serrèrent ses dames d'honneur, tandis que dans la galerie nord se rassemblaient les épouses des hommes debout dans la nef.

Théodora fut trop émue pour suivre attentivement l'office. Elle regarda s'ouvrir et se fermer les trois portes de la clôture d'argent qui séparait l'autel des fidèles, tandis que les prêtres sortaient et entraient dans le sanctuaire selon le rituel de la messe. Elle s'attendrit sur Justinien, à ses pieds, tout au fond, à droite, un homme, rien qu'un homme, qui pourtant avait fait construire cette merveille, et elle s'étonna une fois encore de l'envergure de son époux. Elle aperçut dans les premiers rangs l'énorme carrure de Son Excellence Jean de Cappadoce, qui vraisemblablement, selon son habitude, grommelait des poèmes païens. Et le fidèle Narsès. Comme il avait grandi avec les fonctions qu'il occupait ! Comme il s'était révélé sage, prudent, sincère, animé par une étonnante flamme au service de ses maîtres !

Elle ne ressentit plus l'émerveillement un peu revanchard du couronnement. Peu importait maintenant cette multitude, pourvu qu'elle lui restât soumise. Ses ambitions dorénavant étaient pieuses ou politiques : le pouvoir et la foi.

Après la mémoire du sacrifice du Christ, les hommes vinrent recevoir le baiser de paix de l'empereur, et les femmes celui de l'impératrice. C'était un peu long ce défilé, mais ce cortège éclatant qui s'avançait vers elle, évoquait l'image qu'elle se faisait petite fille du cortège des justes montant vers le Seigneur.

Quand la messe fut terminée et que l'empereur se fut retiré dans la salle à manger de son appartement de Sainte-Sophie pour prendre une collation après la communion, Théodora descendit pour sortir par la petite porte qui donnait sur le Puits Sacré. La grande pitié qu'elle éprouvait pour les filles et les femmes malmenées, lui rendait la margelle du puits particulièrement chère, puisque le Christ s'y accouda pour parler à la Samaritaine. Elle resta plongée dans cette pensée, tandis qu'un évêque lui tendait vainement un petit vase d'argent rempli de l'huile sainte provenant des lampes du sanctuaire.

Le soir, il y eut un grand dîner dans la salle des Dix-neuf Lits. Sur l'estrade, Théodora et l'empereur étaient entourés par les plus hauts dignitaires : Narsès, Tribonien, le comte des Largesses Sacrées, celui des Écuries Royales, celui des Gardes et Jean de Cappadoce. L'or des assiettes de la table impériale se mariait harmonieusement avec les tentures de soie et les mosaïques. Théodora et Justinien se jetaient des regards complices, lui éclatant de bonheur d'avoir comblé son épouse en l'associant à cette prouesse architecturale, elle radieuse de l'amour du prince et de la reconnaissance de son autorité. Malgré la foule qui les entourait ils se sentaient isolés des autres, réunis par ce triomphe, impatients de retrouver leur intimité et de partager leurs émotions.

Le repas se terminait. Pendant le dessert, des musiciens vinrent chanter des cantiques célébrant la naissance de Jésus. Alors Jean de Cappadoce se tourna vers Théodora :

— Cette musique est un peu lassante. Il serait plus

divertissant d'avoir un spectacle de mime. Ta Majesté partage certainement mon avis.

— Ma Majesté considère que les âmes mécréantes insultent plus le ciel que les joyeux comédiens. Ton Excellence partage certainement mon avis.

Ce brusque rappel du mépris du Cappadocien dans ce moment de triomphe et de liesse cabra l'impératrice. Cet homme avait trop longtemps blessé son cœur, perturbé son mariage, détérioré son image dans le palais et dans la ville. Il était temps de mettre un terme à ses nuisances. Armée de la souveraineté qu'une fois encore Justinien venait de lui reconnaître et de son exaspération devant toute opposition, elle décida sur-le-champ d'engager le combat final.

XX

Jean de Cappadoce, de son côté, se livrait à une attaque en règle de l'impératrice. Méthodiquement, tous ses faits et gestes étaient discrédités auprès de Justinien. Les dépenses engagées pour le palais de l'impératrice à Héria et le village construit à proximité pour sa suite et ses invités étaient ruineuses. Les cinq cents prostituées que Théodora avait récemment rachetées pour les installer dans un couvent, dit couvent de la repentance, ne supportaient pas leur solitaire et pieux état, et faisaient le mur pour échapper à leur prison. Les admiratrices des moines d'Hormisdas n'étaient que des courtisanes affolées de désirs devant les corps chastes des citoyens du ciel et leur plaisir, sous prétexte de se faire pardonner, consistait à les induire en tentation par le récit de leurs turpitudes.

Un soir, après s'être fait répéter un propos désobligeant du préfet du prétoire, elle entra du pas de la colère dans le salon du gynécée, où les dames d'honneur et les servantes savouraient des gâteaux et des jus de fruits. Le parterre féminin, sentant venir l'orage, se tut.

— Quelqu'un lui a brouté l'amour-propre, murmura Indaro.

— Ce soir, déclara Théodora, mon époux viendra dîner à ma table. Je veux que vous l'accueilliez en jouant de la musique avant de vous retirer.

— Elle a toujours besoin de lui, en dernier recours, murmura Indaro.

— C'est notre sort à nous les femmes. Nous n'existons que par nos maris. Il faut sans cesse se fatiguer à les séduire si nous voulons nous faire obéir, précisa l'indolente Chrysimallo. Finalement le mariage est plus éprouvant que la vie de courtisane. Et plus monotone. C'est toujours Saturninus que je dois reconquérir.

— Un mari n'empêche pas d'autres conquêtes discrètes, répliqua Indaro.

— J'aime mon mari. Je suis comme l'impératrice. Tu vois les inquiétudes que cela lui procure.

— J'en vois surtout les avantages.

Le soir, Théodora fut somptueusement belle pour le dîner avec Justinien. Les perles adoucissaient son visage et rehaussaient l'éclat de ses yeux noirs. Elle y avait jeté les étoiles d'or qui fascinaient ses interlocuteurs. Après avoir devisé sur la trahison de Chosroès qui ne respectait plus le traité de paix, Théodora aborda les victoires italiennes de Bélisaire pour en venir à ce qui lui tenait à cœur :

— Ces victoires sont d'autant plus inespérées que l'armée comprenait des milliers de malades.

Justinien, en grignotant un morceau de pain trempé

dans du jus de légumes, parut surpris. Sa femme lui expliqua :

— Jean de Cappadoce, pour gagner de l'argent sur la nourriture des soldats, leur a fourni du pain à moitié pourri pendant la traversée en Méditerranée.

En entendant le nom du préfet, Justinien, prévoyant le sujet litigieux, s'empressa de désamorcer une controverse qu'il connaissait par cœur :

— Tu es trop intelligente pour croire le proverbe : *Le Cappadocien est mauvais de nature ; donnez-lui une place, il est pire ; montrez-lui de l'argent à gagner, il devient plus détestable que tout*. Ce n'est pas le cas de Jean, tu le sais bien.

— Ta clémence en sa faveur te rend volontairement aveugle. En ce moment même, le préfet du prétoire rogne sur les soldes des soldats, sur les pensions des fonctionnaires, sur les blés, et il finira, avec ces odieuses méthodes, par provoquer un nouveau soulèvement populaire.

— Mon aimée, tout le monde me dit du bien de Jean et se félicite des réformes de son administration.

— Même ceux qu'on torture dans les prisons du prétoire ?

Justinien se rebiffa :

— Je ne puis envisager l'existence de tels forfaits dans l'Empire chrétien. Et je regrette que tu donnes foi à d'odieux racontars.

Puis, sentant qu'il fâchait son épouse, il ajouta :

— Le Palais de la Chalcée est maintenant terminé. Il ne manque que les mosaïques. Nous y serons représentés tous les deux, recevant les rois vaincus d'Afrique et bientôt d'Italie avec leurs butins. Qu'en penses-tu ?

Théodora ne se lassait jamais des images qui la représentaient et des épigraphes qui la louaient. Elle en devint plus cordiale et la conversation dévia sur la situation des femmes, terrain d'entente, car le couple royal partageait les mêmes convictions quant à la nécessité d'améliorer le sort non seulement des prostituées, mais aussi des épouses et des veuves.

— Je répéterai dans ma prochaine ordonnance que les mariages ne se concluent pas en fonction des dots, mais de la disposition réciproque des conjoints et de leur volonté commune. Que le rapt, quelle que soit la femme, même esclave, doit être immédiatement puni de mort.

Justinien, qui se complaisait dans la jurisprudence, ajouta :

— Je prévois que l'homme qui trouve sa femme en situation d'adultère a le droit de tuer l'amant, mais non sa femme, et qu'il n'est pas obligé de divorcer pour cette raison. Il devient nécessaire de préserver le mariage, tant il y a d'accusations non fondées pour demander un divorce. Et j'ordonnerai à nouveau l'interdiction de contraindre une femme à la prostitution ou à la comédie si elle ne le souhaite pas.

— Tu songeras à protéger les veuves, les pupilles et les infirmes dont on abuse judiciairement ?

Justinien regarda son épouse avec attendrissement et lui prit les deux mains :

— Je le ferai. Mon excellente et sage souveraine, tous les jours je remercie Dieu de t'avoir placée à mes côtés.

Lorsqu'elle se retrouva seule, Théodora, qui jugeait délicieux les moments où Justinien lui était entièrement dévoué, désira plus que jamais le départ du préfet du prétoire. Insister auprès de son époux ne servait décidément à rien, puisque l'enjeu de la lutte des deux protagonistes consistait à dominer l'esprit et le cœur de ce même Justinien. Elle mènerait donc personnellement le combat. Qui, des deux, du préfet ou d'elle-même, obtiendrait le départ de l'autre ? D'un côté de la balance pesaient l'amour et les conseils souvent avisés pour la conduite des affaires, de l'autre l'argent, indispensable à la réalisation des rêves impériaux. À entendre Narsès, Justinien avait besoin des deux et elle devait comprendre que l'amour et le pouvoir étant deux passions différentes elle n'avait pas à s'offenser de l'importance de Jean. Elle s'en offensait pourtant, car Narsès, pour une fois, à moins que ce ne fût pour la tranquilliser, voyait étroitement les choses. Elle aussi aimait le pouvoir, et n'entendait pas que le préfet entravât sa politique. D'autre part il y avait de l'amour entre le Cappadocien et Justinien, en tout cas une grande affection, une complicité, un besoin l'un de l'autre. Cette connivence dont elle était exclue lui était odieuse. Elle qui n'avait point connu de rivale féminine souffrait, à cause de cet homme gros, gras, aux yeux minuscules perdus dans des bourrelets de graisse, de jalousie. Oui, elle était jalouse de son influence sur l'Auguste, de cette complicité d'hommes qui permettait que l'on parlât d'elle avec désinvolture, voire avec méchanceté. Les critiques venimeuses du préfet, tolérées par l'empereur, trouvaient sans doute un écho sourd, enfoui mais réel chez celui qui la considérait comme son « charme le plus doux ». Car, même intense, l'amour n'annule pas des sursauts d'indépendance, des agacements devant les défauts d'autrui, et jean de Cappadoce labourait ce sillon avec un talent admirable. Parfois elle sentait monter contre lui une haine voluptueuse, s'abandonnait à la jouissance d'un assassinat, d'un assassinat long et atroce, si ce n'eût été une faute politique. Puis, effrayée par sa violence, elle traversait les jardins du Palais pour se faire bénir par les moines du couvent d'Hormisdas et leur offrir des présents. Elle espérait ainsi que ses aumônes et ses prières rachèteraient aux yeux du Seigneur la véhémence de son âme. D'autant plus qu'elle n'était pas une meurtrière. À part Hypathius qu'on avait tué pour raison d'État, et la Matrona pour pratiques criminelles, elle n'avait jamais condamné à mort une créature de Dieu.

Le cœur apaisé, l'esprit déterminé, elle cherchait alors une piste pour sa vengeance. Dans la situation présente, rien ne pouvait obliger l'empereur à renvoyer son préfet. Seul un élément neuf modifierait son attitude. Il fallait le trouver, éventuellement le provoquer. Elle décida de se mettre en campagne sans tarder davantage car elle pressentait que la lutte serait longue.

Dans sa chambre à coucher, elle fit appeler Héraïs, l'ancienne prostituée qui s'était échappée du bordel de la vieille maquerelle. La jeune fille s'inclina avant de relever son visage toujours empreint de mélancolie.

— Héraïs, tu es de toutes mes servantes la plus discrète car tu ne quittes jamais le gynécée. À cause de ton anonymat, je vais te demander un service qui te sera peut-être pénible.

Héraïs rougit et s'inclina à nouveau :

— Je ne souhaite qu'être agréable à Ta Majesté.

— J'ai besoin de renseignements sur les pratiques secrètes de Jean de Cappadoce dans son appartement privé. Tu es courageuse et avisée et tiendras parfaitement cet emploi. Tu auras comme complice le jardinier responsable des citronniers. C'est un de mes espions dans le palais du Cappadocien. Je te paierai bien, et tu pourras, plus tard, quitter la capitale si tu le désires, t'acheter une maison et trouver un mari.

— Que Dieu bénisse Ta Majesté pour sa bonté.

— Demain, le jardinier viendra te chercher et te présentera au grand chambellan du préfet. Montre-toi soumise et peu bavarde. Finalement muette serait mieux. Tu seras muette.

Quelque temps plus tard, Théodora, suivie par un cortège de prêtres, de dames d'honneurs et de fonctionnaires, se rendit à l'église Saint-Serge-Saint-Bacchus, près du couvent d'Hormisdas. Sur le seuil, elle s'arrêta un instant pour lire sur un pilier : *Nous souhaitons que Dieu prenne soin et augmente le pouvoir de Théodora couronnée par Dieu, dont la piété est très grande et qui prend soin de tout ce qui est bon dans ce monde.*

Un peu plus à droite, elle aperçut dans l'ombre Héraïs qui la dévorait des yeux d'un air affolé. Théodora lui fit signe de s'approcher :

— Retrouve-moi au couvent d'Hormisdas à la onzième heure.

Puis elle se dirigea vers le groupe de prêtres qui l'attendait.

Au crépuscule de cette journée d'automne à l'air vif et frais, le soleil illuminait la côte d'Asie, irisait la mer, peignait les plumes des oiseaux, mais cette splendeur du monde n'apaisait pas le cœur épouvanté d'Héraïs.

— Allons d'abord demander leur bénédiction à ceux qui prient pour nos âmes, lui dit Théodora doucement.

Théodora fit des offrandes, s'agenouilla devant les uns, écouta les autres qui lui apprirent la triste mort de Sévère dans des conditions lamentables, les persécutions violentes de Syrie et d'Égypte, et se plaignirent du pape Vigile, celui-là même qu'elle avait établi de force à Rome et qui ne tenait pas ses promesses.

Puis Théodora s'installa dans une cellule avec Héraïs.

— Ici personne ne nous écoute. Que se passe-t-il chez le préfet ?

— C'est un démon. Ta Majesté n'imagine pas combien il lui veut du mal. Il se promène comme un fou en te menaçant des pires cruautés. Je crois voir le diable. C'est affreux.

— Calme-toi. Je ne comprends rien à ce que tu racontes. Parle lentement et clairement.

Héraïs poussa plusieurs gros soupirs et reprit sa narration :

— Son Excellence boit et mange comme un sauvage, puis recrache la moitié de ses plats sur les femmes qui l'entourent et ouvre leurs cuisses.

Théodora ne parut pas intéressée par ces galanteries, fussent-elles barbares.

— Continue.

— Ensuite il monte son énorme corps dans l'escalier. Un escalier magnifique décoré de mosaïques, avec des diamants sur les lampes, je n'ai jamais rien vu d'aussi beau. Même au Palais Sacré.

— Et après ?

— Après, il passe d'un air soupçonneux devant les quarante soldats qui montent la garde devant sa chambre, vérifie que personne ne se cache parmi eux, et répète : « Méfiez-vous de la fille du démon. Elle me fera peut-être assassiner ce soir. Elle a déjà enlevé un pape qui est mort, maintenant elle veut m'égorger. » Puis il m'appelle : Héraïs ! » Je m'approche et il m'ordonne : « Rentre la première dans ma chambre. Si un criminel se cache derrière la porte, c'est toi qu'il tuera. » Et il éclate d'un énorme rire, et parfois recrache encore son dîner. Une fois dans la chambre, il demande : « Quelqu'un est-il entré ici ? » Je hoche la tête puisque je suis muette. Il me jette un regard qui me transperce. « Si tu m'as menti, je te tue. »

Alors il vérifie derrière les portières, les rideaux, ouvre les coffres, déplace les coussins.

« Héraïs, ouvre mon lit que je vois celui qui s'y cache avec un poignard. » Finalement il se couche et s'endort. Parfois au milieu de la nuit, il se réveille en hurlant : « À moi ! À moi ! Elle m'assassine ! »

Les jours de pleine lune, il fait venir un sorcier de la secte qui pratique le culte de Satan, dont il dit – Héraïs fit le signe de croix – qu'il est le véritable fils aîné de Dieu. Le sorcier arrive avant minuit, accompagné d'un affreux petit homme au visage rouge, qui porte un coffre. Il en sort une image du diable, richement orné de pierreries et des cierges qu'il allume. Devant cette icône affreuse, en agitant l'encensoir, le sorcier murmure des paroles dans une langue que je ne comprends pas. Puis, longuement sur une tablette de plomb, il écrit un nom. Je ne sais pas lire, mais je crois que c'est celui de Ta Majesté. La tablette est déposée dans un grand plat d'or et l'homme à la figure rouge sort une fiole remplie de sang. « C'est bien le sang d'un nouveau-né ? s'inquiète Son Excellence. Oui. Un bébé exposé à la sortie des bains de Zeuxippe. » Alors le sorcier verse le sang sur la tablette où est inscrit le nom de Sa Majesté et dit : « Que le sang du démon femelle, l'impératrice Théodora, sorte de son corps et que Satan emporte son âme. » Puis il dépose une goutte de sang sur la bouche de Jean de Cappadoce, qui répond :

« Ainsi soit-il. Que le diable emporte sa créature, cette citoyenne de l'enfer. »

Héraïs se tut, étouffant un sanglot. L'Augusta s'approcha d'elle, essuya une larme qui roulait sur sa joue :

— Je te remercie, mon enfant. Je te demande de rester encore un peu de temps auprès du préfet, puis tu reviendras au palais.

Elle s'apprêtait à enlever une bague pour la donner à la jeune fille, mais celle-ci l'en empêcha :

— Je n'ai besoin que d'une petite croix, que je garderai sur moi, pour me protéger.

— Je t'en ferai porter une par le jardinier. Tu peux partir maintenant.

Théodora était suffisamment superstitieuse pour craindre l'efficacité de la sorcellerie et seules les bénédictions des moines arrivaient à effacer ses inquiétudes. Toutefois, les propos d'Héraïs ne donnaient pas matière à destituer et exiler le richissime et puissant préfet. Certes les pratiques de sorcellerie étaient interdites dans l'Empire et punies par des flagellations publiques, mais jamais Justinien n'accepterait d'enquêter sur les nuits païennes de son ministre des Finances qui se présentait chaque matin, au conseil, l'œil aigu, la parole précise, la décision rapide.

L'impuissance de l'Augusta l'obsédait. Devant l'aveuglement volontaire et la mauvaise foi de son époux, la rage lui broyait le cœur et harcelait ses pensées. Rien n'était plus pénible pour ce tempérament énergique, dont l'impatience avait crû avec les années, que de se heurter à la porte de bronze que devenait Justinien dès qu'il s'agissait du Cappadocien.

Un soir pourtant, elle entrevit le bout du tunnel. Héraïs, accompagnée du jardinier, était entrée pendant la nuit, grâce à l'obligeance bien rémunérée du portier du palais. La jeune fille paraissait moins effarée.

— Tu as l'air en meilleure santé, remarqua Théodora.

— Elle s'habitue aux outrecuidances du personnage, expliqua le jardinier. Il vient de nommer comptable au trésor un cuisinier qui lui avait servi une pintade farcie, paraît-il merveilleuse.

— Laisse-moi parler, dit Héraïs. Le préfet veut devenir Auguste et prendre la place de l'empereur. Est-ce que Ta Majesté se rend compte...

— Je me rends compte... Continue.

— Un devin lui a promis qu'il deviendrait empereur et revêtirait l'habit d'Auguste. Depuis il fait dans sa chambre des cérémonies secrètes. Il s'habille en grand prêtre, dans des nuages de parfum à ne pas tenir debout, et il supplie les démons en leur disant : « Oh vous, démons de l'enfer que j'adore, dieux païens injustement oubliés, je vous offre cet agneau en sacrifice. Donnez-moi le pouvoir de me débarrasser de Justinien, de jeter sa femme en prison et de m'asseoir sur le trône. Si Justinien m'en empêche, qu'il soit jeté dans le Bosphore parmi tous les païens qu'il a fait exécuter. Rien ne s'opposera à mon élection car la stérile n'a pas accouché d'un héritier. » Alors il est parti d'un grand rire : « Quand je serai empereur, la citoyenne de l'enfer pourrira dans mes cachots, et tous les jours j'irai voir son orgueil faiblir, jusqu'à ce qu'elle me supplie d'avoir de l'eau et du pain. Et je refuserai car je serai Auguste ! »

Au sorcier qui vient lui rendre visite, il redemande : « Es-tu certain que je deviendrai Auguste ? » Le sorcier aux sourcils épais comme des oursins répond : « Ceux qui doutent de mes paroles seront maudits. Surtout, à la première occasion, n'hésite pas à franchir le pas, ne te retourne pas en arrière. »

Après un long silence, Héraïs ajouta :

— Il veut maintenant que je l'accompagne dans ses voyages en province pour que chacun connaisse le futur Élu de Dieu. Que dois-je faire ?

— Accompagne-le encore quelque temps, mais rassure-toi, cela ne durera pas. Je vous remercie tous deux d'être venus. Rentrez discrètement.

Théodora resta seule, des flammes de joie brûlant dans sa poitrine. Deux mots dans le discours d'Héraïs avaient ouvert les portes de l'imagination et tracé le chemin à suivre : Auguste... Stérile...

Auguste : il voulait devenir empereur. Qui connaît le désir de l'ennemi est déjà à moitié son vainqueur. Il suffira de le tenter là où sa méfiance sera désarmée par l'intensité de sa convoitise. Stérile, ce mot qui lui fut douleur, qu'elle avait lu dans les yeux des dignitaires, des courtisans, de l'empereur lui-même, ce mot lui ouvrait le portail de la vengeance. Jean de Cappadoce avait une fille pour laquelle il éprouvait une tendresse sans borne. Elle se nommait Euphémie comme la précédente impératrice, et serait l'hameçon qui permettrait d'attraper le redoutable ambitieux.

La partie était difficile à jouer mais claire dans son esprit. Les circonstances étaient propices : Bélisaire venait de prendre Ravenne et serait bientôt dans la capitale. Elle protégera les amours d'Antonina qui ne pourra rien lui refuser et l'utilisera pour faire tomber le préfet du prétoire.

Le retour de l'armée d'Italie était attendu avec crainte tant le couple impérial redoutait la popularité du général vainqueur. Bélisaire et ses sept mille bucellaires – de nombreux Goths s'étaient joints aux Vandales, aux Perses, aux Maures, aux Arabes, pour le servir – paradèrent dans Constantinople, au grand plaisir des habitants qui vinrent admirer leurs sauvages costumes et applaudir à leurs exploits. La ville entière semblait lui appartenir. Aussi Justinien, par prudence, refusa-t-il de lui accorder les honneurs du triomphe et convint d'une réception discrète, dans la salle du trône, deux jours plus tard.

Narsès aussi était irrité par ce retour triomphal. L'année précédente, il avait été envoyé quelques mois en Italie comme général pour aider et surtout surveiller Bélisaire dont se méfiait le couple impérial. Or le double commandement de l'armée avait entraîné une cuisante défaite. Vite rappelé dans la capitale, il en avait ressenti de l'amertume, car cet échec, à responsabilités partagées, l'atteignait dans l'image de lui-même qu'il appréciait le plus : celle d'un bon général, estimé et admiré par ses hommes.

L'échec était d'autant plus vif qu'après son départ, Bélisaire redevint victorieux. Mécontent de lui-même, il l'était de tous les autres. Mesquine lui paraissait la réception dans la salle du trône loin de l'hippodrome et de la foule. Mesquin aussi le général qui acceptait un traitement si indigne, lui, le chef de guerre incomparable, le héros du règne, le vainqueur des Perses, des Vandales, des Ostrogoths, le conquérant de l'Afrique et de l'Italie, qui avait jeté deux rois aux pieds de l'empereur et ramené des trésors. Plus détestable encore était la présence de cet homme de trente-cinq ans, Théodose, qui le suivait partout pour faire l'amour avec sa femme. Certes Antonina n'était pas sans qualité. Courageuse et intelligente, elle avait traversé les lignes ennemies qui encerclaient Rome pour chercher du secours aux soldats, plus tard, elle était partie organiser une flotte en Sicile pour seconder son mari dans le nord de l'Italie, mais Narsès la détestait. Le reproche d'autoritarisme qu'il s'interdisait d'éprouver envers Théodora se déversait sur elle. Il justifiait ce transfert par la nature rusée et cruelle de l'épouse du général, tandis que la clémente Théodora se contentait d'envoyer ses ennemis en exil ou au couvent. Parfois il pensait – oh, un très bref instant – que le général et même l'empereur – que la Sainte Vierge lui pardonne cette pensée – faisaient bien peu usage du statut d'homme que la Providence leur avait donné. Et quoiqu'il défendît la vertu conjugale, il en venait à reprocher à Bélisaire de ne pas prendre, de son côté, une maîtresse parmi ces jeunes et splendides barbares devenues ses esclaves.

Dans la salle du trône, Théodose, maintenant chef de la maison civile du général, lui parut fort mal à l'aise. Sans doute l'honneur qui lui était fait, les richesses qu'il avait reçues grâce à la passion d'une femme plus qu'à ses talents – il ne brillait ni par le courage ni par quelque autre trait remarquable – lui pesaient. Il baissait la tête, de gêne plus que de vénération envers l'empereur, comme accablé par une fortune trop grande et trop peu méritée. Narsès, agacé par cet homme falot, l'enviait cependant d'inspirer un amour immodéré. Alors se réveillait la blessure qui l'avait privé de ce qui, plus que la réussite, devait apporter le bonheur.

Quand Bélisaire se fut prosterné, qu'il eut baisé les souliers pourpres, et que l'empereur l'eut laissé longtemps dans cette position inconfortable, les silentiaires relevèrent le vainqueur. Sa Majesté, Justinien, dorénavant empereur des Romains, des Vandales et des Goths, ne félicita ni ne remercia le général et se contenta de le renvoyer au front.

— Comme tu l'as peut-être déjà appris, mon cher patrice, Chosroês le roi des Perses a rompu la paix éternelle et franchit le Tigre pour menacer les villes proches de la frontière. À Antioche, il a pillé, massacré sans mesure, et emmené dans son pays les trente mille survivants. Aussi Ma Majesté t'envoie en renfort défendre nos provinces. Auparavant, je te prie de jurer que jamais, toi vivant, tu n'aspireras au trône.

Bélisaire, fort surpris d'une telle demande, n'ayant jamais ambitionné de devenir successeur des apôtres, répondit sans hésiter :

— Je jure par Dieu tout-puissant d'être fidèle aux très pieux et très saints souverains Justinien et sa révérendissime épouse Théodora, et de ne jamais aspirer au trône.

Justinien eut un pâle sourire et se tourna vers le roi vaincu :

— Quant à toi, Vitigès, tu seras traité avec honneur et ta famille pourra vivre dans la paix et la sécurité.

Narsès, pour la première fois, s'avoua déçu par le comportement de l'empereur. Pour chasser les sentiments mélangés qui l'agitaient, il partit à cheval faire une longue randonnée.

Deux jours plus tard, Théodora attendait Antonina lorsque Grosse-Tête courut se prosterner et, sans attendre qu'elle lui donnât la parole, raconta :

— Ta Majesté m'a demandé de surveiller ce qui se passe au palais de Bélisaire. Et bien, il s'y passe une grande agitation. Tout le monde va et vient l'air catastrophé mais on refuse de m'en expliquer la raison. J'ai beau tendre une main pleine de follis, personne n'y touche. Alors, je me suis dit : « Grosse-Tête, pour une fois il va te falloir utiliser tes jambes, quoiqu'elles soient fort petites. On complote ici des projets menaçants et tu dois les connaître pour les rapporter à ta souveraine. » Malgré la peur qui me faisait trembler tout le corps, j'ai grimpé sur un arbre proche de la chambre du premier étage. J'ai ensuite – c'est bien pour toi, enfin pour Ta Majesté que j'ai osé cette imprudence – sauté sur le balcon au risque de ma vie. Et là j'ai vu Antonina, les cheveux en désordre, le teint rouge, les yeux bouffis – elle est vieille, quel âge a-t-elle ?

— Cinquante-six ans. Que disait-elle ?

— Elle poussait des petits cris : « Il est parti ! Il est parti ! Un ami si dévoué, si utile. Que vais-je devenir ? Je n'ai plus goût à la vie. »

Le pauvre général m'a fait de la peine. Un général si puissant, si admiré, à qui tout le monde voudrait obéir, le voir si malheureux à cause de l'amant de sa femme ! Le pauvre essayait de la consoler. « Il reviendra, ne t'inquiète pas. Peut-être est-il malade. » Elle s'affola : « Malade ? Alors je veux être à son chevet, le soigner, le guérir. Je ferai venir des médecins de la terre entière. »

Enfin on lui apporta une lettre sur laquelle elle se précipita, qu'elle a lue et relue avant d'annoncer : « Il est parti dans un couvent. Il veut vivre plus pieusement. Seigneur, aie pitié de moi ! » Elle s'est assise prostrée sur son lit. Ensuite je suis redescendue te prévenir.

Théodora éclata de rire :

— Dans un couvent ! Sera-t-il encore beau, Théodose, le crâne tondu ? Voilà un épisode que je n'avais pas imaginé. Je suis contente de toi, Grosse-Tête. Va, le chambellan te donnera de l'argent. Dis-moi, ta femme est-elle toujours agréable ?

— Le pêcheur qui a rempli son filet de poissons n'est pas aussi heureux que moi. Mais s'il lui advenait de me tromper, la coquine, elle quitterait la maison immédiatement. Et toutes les singeries que fait la femme du général ne dureraient pas le temps de faire un signe de croix.

Une semaine plus tard, Bélisaire demanda à être reçu en privé par le couple impérial. Il fut invité à dîner en petit comité. L'empereur et l'impératrice étaient tous deux d'excellente humeur de le voir assombri par les complexités de l'alcôve. Certes, depuis quelque temps, Théodora punissait sévèrement les amours adultères, séparait les amants, exilait les séducteurs, mais la raison d'état primait sur la morale.

Elle fut la seule à déguster la cuisine et les vins. Justinien jeûnait par habitude, Bélisaire par tourment. Il finit par gauchement présenter sa requête :

— Le chef de ma maison civile, Théodose, a cru utile de s'enfermer dans un couvent. Mais nous avons, ma femme et moi, besoin de ses compétences. Vos Majestés auraient-elles la bienveillance de lui demander de reprendre son service ?

— Nous y veillerons, déclara Théodora. Tu n'auras pas de soucis à te faire en rejoignant l'armée. Le combat contre les Perses nécessite un esprit disponible. Je garderai ta femme auprès de moi quelques semaines, avant qu'elle te rejoigne. Je sais que tu souffriras de son absence, mais j'ai besoin d'elle pendant quelque temps.

— Je remercie Vos Majestés de leur bonté à notre égard.

Puis, chacun ayant exprimé ce qu'il voulait dire, la conversation s'engagea cordialement sur les Perses et Chosroès qui n'offrait qu'une alternative aux villes à l'Ouest du Tigre : une lourde rançon ou le pillage.

Désormais, Bélisaire étant en campagne et Antonina dans la capitale avec son amant, l'impératrice désira conclure son combat feutré avec le préfet du prétoire. Comme prévu, sa favorite n'avait rien à lui refuser et de surcroît aimait les conspirations. Elle comprit vite la pince dans laquelle on attraperait Son Excellence : il désirait devenir Auguste et adorait sa fille. On utiliserait l'enfant pour piéger l'ambitieux.

La première tâche était facile car Euphémie était d'un âge encore tendre et naïf. Il fallait seulement éviter les rencontres avec le préfet du prétoire qui, dans un premier mouvement, se méfierait de la favorite. Aussi, le matin, profitant de la réunion du conseil, Antonina invita la jeune fille dans son palais pour lui faire admirer les trésors ramenés des conquêtes africaines et italiennes. Puis elles se promenèrent dans le parc pour jouer aux quilles et Euphémie montra ses performances à la marelle. Elle fut si contente de sa matinée qu'elle désira revenir, et cette visite matinale se répéta souvent.

La familiarité conduit aux confidences et, le moment venu, Antonina déchargea son cœur. Il était lourd, très lourd d'amertume, tant l'empereur avait indignement traité Bélisaire. À son retour de Ravenne, le vainqueur de l'Italie, qui avait ramené des prisonniers et rapporté des trésors innombrables, avait été reçu presque en secret, sans remerciement, sans félicitation, et même avec méfiance.

Quelques jours plus tard, Euphémie demanda si Théodora était responsable de tant d'ingratitude. Elle n'aimait guère l'Augusta, qui n'appréciait pas son père.

Antonina s'engouffra dans la brèche ouverte par l'enfant de douze ans pour critiquer violemment le gouvernement de l'Empire et le couple impérial, despotique et ingrat.

Par la suite Euphémie ne parla plus que de problèmes personnels, mariage, famille, palais. Antonina et Théodora commençaient à s'impatienter, quand, par une matinée de brume, fréquente en cette saison, Euphémie demanda subitement :

— Mais pourquoi, ayant l'armée en main, supportez-vous d'être aussi indignement traités ?

En secret, Antonina soupira de soulagement. L'hameçon avait enfin ferré le poisson. Elle répondit avec une feinte prudence :

— Une révolution dans les camps est chose impossible, si on n'a pas un allié dans la capitale. Les militaires ont besoin de l'appui d'un homme politique. Ah, si votre père voulait être cet allié, nous n'aurions pas grande peine, avec l'aide de Dieu, à chasser du trône ce couple odieux à tous les Romains !

Cette fois-ci, l'intrigante n'eut pas à attendre. Deux jours plus tard, Euphémie, ravie, lui annonça :

— Votre proposition tombe à propos. Imaginez-vous que des devins ont récemment annoncé à mon père qu'il deviendrait Auguste. Il est impatient de vous rencontrer ces jours prochains.

Antonina et Théodora pesèrent le pour et le contre de cette entrevue. Une rencontre dans Constantinople, truffée d'espions, était trop risquée. Mieux valait se retrouver dans un lieu plus discret. La favorite proposa, sous le prétexte d'un voyage pour rejoindre son époux, de passer deux jours dans une villa que Bélisaire possédait près de Chalcédoine. Là, le préfet viendrait simplement la saluer, comme il était céans de le faire, et l'entrevue se déroulerait comme souhaité.

Théodora rendit compte à Justinien du complot et de sa raison d'être. Ce dernier, comme à l'accoutumée, jugea calomnieux les propos attribués à son préfet. Que Jean de Cappadoce puisse conspirer contre lui relevait d'une telle invraisemblance qu'il commença par en rire. Théodora insista plusieurs fois et son époux se mit en colère :

— Je ne supporterai pas plus longtemps qu'on diffame un homme qui a toute ma confiance.

— Alors transigeons. Au jour et à l'heure du rendez-vous entre Antonina et Jean de Cappadoce, envoyons deux hommes fidèles, deux valent mieux qu'un : Narsès et Ouranios, le comte des excubiteurs. Nous nous fierons à ce qu'ils auront vu et entendu. Si je suis dans mon tort, je te promets de ne plus jamais critiquer Son Excellence.

Le souverain, comme aspiré par la volonté de son épouse, murmura :

— Si ce serviteur fidèle me trahissait, que Narsès et Ouranios le tuent immédiatement, je ne supporterais pas de le revoir.

Au milieu de la nuit, lorsque l'horloge sonna la vingtième heure, Narsès s'inquiéta de l'absence de son maître qui n'était pas venu se coucher. Il se rendit dans les longues galeries que ce dernier arpentait fort tard sans le trouver, puis le chercha dans la chancellerie, service que Justinien préférait entre tous, ayant toujours quelques ordonnances à ajouter au Code. Il le trouva endormi sur une table, le stylet encore dans sa main droite. Sur une feuille de parchemin, était écrit : *À Jean de Cappadoce. Ne va pas après-demain chez la femme de Bélisaire, près de Chalcédoine, c'est un piège. Un ami.*

Le Grand Chambellan resta un moment interloqué devant la duplicité de son maître, puis se ravisa. Comme il l'avait toujours pensé, l'empereur voulait garder à la fois son épouse et son préfet, et si surprenante que paraisse la missive, elle n'était qu'une ultime tentative pour maintenir l'état de fait.

Comme toujours en pareil cas, étant à la fois le favori de l'impératrice et le confident de l'empereur, Narsès garda pour lui sa découverte et s'éloigna sur la pointe des pieds. Il devait à sa discrétion la totale confiance que chacun lui portait, discrétion qui lui était légère car il était convaincu que rien ne séparerait ce couple élu de Dieu qu'unissaient la piété, l'affection, l'ambition et l'amour de la gloire.

Deux jours plus tard Narsès et Ouranios traversèrent la mer de Marmara pour atteindre la région de Chalcédoine. Quoique fort subtil dans la connaissance des êtres, l'eunuque s'interrogeait sur la conduite de Jean de Cappadoce. Tiendrait-il compte de l'avertissement de Justinien, ou bien l'arrivisme aveuglerait-il cet homme par ailleurs si méfiant ?

La maison de Bélisaire se dressait en un lieu isolé, en haut d'une colline, couverte de pins et de cyprès. L'eunuque et Ouranios parcoururent à cheval les sentiers en zigzags, au milieu des bavardages des oiseaux joyeux de l'arrivée du printemps. La maison et son jardin étaient clos de murs et le portail gardé par un soldat. Antonina fit conduire les chevaux à l'écurie et emmena ses hôtes dans une clairière au milieu de tamaris. Sous une tente de soie, des bancs de pierre recouverts de coussins entouraient une table basse sur laquelle des gâteaux et des fruits attendaient les visiteurs. Antonina avait l'expression conquérante de celle qui savoure d'avance le succès, et le stratagème faisait briller ses yeux de joie.

Elle cacha Narsès et Ouranios dans un bosquet touffu. La matinée s'écoula sans visiteur et Narsès croyait déjà le piège déjoué, lorsque, dans le silence de la campagne, retentirent des grincements de roues sur le chemin caillouteux. Aux bruits des pas, aux piétinements des chevaux, Narsès devina que le préfet du prétoire ne venait pas seul.

— Il a emmené des gardes, confirma Ouranios.

Narsès sortit son sabre, Ouranios sa hache, et tous deux écoutèrent attentivement la conversation.

— Je suis heureuse de te voir, déclara Antonina.

— J'avais craint un piège, dit l'homme en regardant de tous côtés.

Antonina prit un ton secret.

— Notre prudence a dérouté les espions de l'empereur. Dieu sait s'ils sont nombreux. Mais ne perdons pas de temps. Es-tu disposé à aider Bélisaire pour renverser cet Auguste injuste et tyrannique ?

— Quelle serait alors ma fonction ?

— Celle d'empereur, évidemment. Bélisaire est un soldat et demande seulement qu'on lui donne les privilèges et les avantages que méritent ses conquêtes. Tu sais comment le traite Justinien !

— Je lui donnerai ce qui lui revient par simple justice.

Antonina précisa :

— La révolte commencera dans l'armée. Il nous faut l'assurance qu'à ce moment-là tu soutiendras l'insurrection. Mon époux est un grand militaire, mais il n'est pas un grand politique. Il a besoin de toi. L'aideras-tu ?

— Je le jure.

Elle lui confia un Évangile d'un geste impératif. Sur le saint livre il tendit la main.

— Je jure sur l'Évangile que je ferai tout ce qui est en mon pouvoir pour renverser Justinien avec l'aide de Bélisaire et de son armée.

Quoique pour ce païen jurer sur l'Évangile n'ait pas grande signification, les propos du Cappadocien ne laissaient aucun doute sur ses intentions. Narsès et Ouranios se précipitèrent donc sur l'imposteur les armes à la main.

Le temps d'un éclair, le gros homme prit l'air déconcerté, puis cria :

— À l'aide, à l'aide !

Aussitôt la dizaine de gardes qui l'avaient accompagné surgirent dans la clairière, et attaquèrent l'eunuque et Ouranios. Pendant quelques minutes Narsès n'entendit plus que cliquetis d'acier et jurons divers, lorsque Antonina s'écria :

— Le préfet a disparu.

Chacun s'arrêta, l'arme dressée, craignant une ultime ruse. Tous se dévisagèrent avec méfiance, et, dès que l'absence du préfet ne fit plus aucun doute, les gardes s'enfuirent pour secourir leur maître. Les comploteurs restèrent déconfits et vexés. Inutile de courir après le Cappadocien déjà rejoint par ses hommes et Ouranios avait une blessure au bras.

— Ce n'est rien. Dans l'hippodrome, les plaies étaient autrement douloureuses, sourit l'ancien aurige pour briser le silence.

— Rentrons, déclara Narsès fort mécontent.

Pendant de longues années, il avait souffert de ce que la vie ne lui donnât pas l'occasion d'exercer toutes ses qualités, et maintenant que ces occasions se présentaient, il ne supportait pas ses échecs. Il avait le sentiment de s'être trompé sur lui-même, d'avoir trompé les autres, et de se révéler médiocre aux yeux de tous.

Il fut cependant soulagé lorsqu'il apprit, le soir-même, dans le salon du gynécée où se tenait le couple impérial, Antonina et Tribonien, que le Cappadocien s'était réfugié dans Sainte-Sophie.

« Il se cache, l'imbécile, songea-t-il. Je m'étonne qu'un cœur aussi froid que le sien se soit affolé de la sorte. Si au lieu de chercher asile, il était venu expliquer à l'empereur qu'il avait été victime d'un stratagème destiné à le perdre, ce dernier aurait été trop heureux de lui pardonner. Maintenant il est démasqué. »

Pourtant l'empereur refusait d'admettre la trahison. Théodora, repliée sur elle-même, le regard furieux, luttait pied à pied avec son époux :

— Comment refuses-tu l'évidence ? Ta connaissais le piège, ses motifs, sa finalité, tu constates que Jean s'y rend, jure de te chasser du trône, se cache de surcroît pour éviter ta colère et tu refuses d'en déduire qu'il te trahit ?

— Il arrive parfois, Dieu en est témoin, que les meilleures âmes s'égarent un moment.

— Il ne s'égare pas. Il poursuit inflexiblement son but devenir Auguste, comme les devins le lui ont annoncé.

Justinien, abasourdi par cette traîtrise, répétait à voix basse :

— Je ne peux pas le croire, je ne peux pas le croire.

— Pour que tu le croies, faut-il que tu te retrouves dans un cachot, pendu par les pieds et fouetté à mort ?

Justinien fit une grimace d'horreur.

— Il avait toute ma confiance, répéta-t-il.

— Tes regrets sont inutiles. Tu dois sévir. Peux-tu maintenir comme préfet un homme qui a voulu prendre ton trône ? Que penseront les dignitaires ? Qu'on peut te menacer sans risquer disgrâce et punition ? Que Jean de Cappadoce dirige en réalité l'Empire et que tu n'as aucun pouvoir sur lui, pour des raisons obscures et détestables. On en jasera, on en rira, on te méprisera dans toutes les provinces de l'Empire et dans tous les pays du monde.

— J'y consens, reprit Justinien d'une voix redevenue autoritaire. Je destituerai le préfet du prétoire et confisquerai son énorme fortune. Dès demain il sera tondu et envoyé dans un couvent.

Le clergé de Sainte-Sophie, malgré l'obligation de donner asile, se plia aux injonctions impériales et livra le préfet. En toute hâte un prêtre habilla Jean d'une robe de bure, appartenant par hasard à un diacre nommé Auguste, et, dans cet accoutrement, des gardes le conduisirent à une embarcation qui aussitôt leva l'ancre.

Un mois plus tard, Théodora n'était toujours pas satisfaite de sa vengeance. Justinien, d'un naturel changeant, avait redonné à Jean une grande partie de sa fortune, et celui-ci menait une vie somptueuse près de Cyzique, non loin de Constantinople. Ayant refusé de devenir prêtre, il demeurait dans une belle maison, menait grand train, attendant l'occasion de retrouver ses fonctions, au grand scandale du petit peuple qui s'indignait de la clémence montrée envers un homme aussi dur et cruel.

Théodora profita de la première occasion pour sévir à nouveau. L'évêque de Cyzique ayant été assassiné sans que l'on connût le malfaiteur, elle en attribua la responsabilité à Jean de Cappadoce. L'accusation était invraisemblable, mais la justice suivit fidèlement les ordres de l'Augusta, déclara coupable le préfet, lui confisqua à nouveau ses biens et le fit embarquer pour l'Égypte. Le capitaine reçut la consigne de lui faire mendier son pain dans chaque port, jusqu'à Antinoe où il vécut misérablement en espérant toujours son retour.

L'impératrice fit nommer préfet du prétoire un Syrien qu'elle affectionnait, Pierre Barsyrnès, qui ressemblait fort au précédent, en ce qu'il trouvait de l'argent par n'importe quel moyen, spéculait sur tout, trafiquait de même, provoquait dans la population une semblable colère. Mais à ces qualités qui le firent apprécier de Justinien, s'ajoutait celle, déterminante, d'être entièrement dévoué à l'Augusta.

La chute de son plus grand ennemi et son remplacement par un favori ne procurèrent pas à Théodora le soulagement qu'elle en attendait. Les luttes, les échecs, les victoires acquises à force de volonté, de ruses, parfois de mensonges, avaient endurci son caractère et lui avaient fait perdre cette allégresse enfantine qui contribuait tant à son charme. Narsès s'en désolait. Il déplorait l'autoritarisme de la voix qui avait perdu ses vibrations joyeuses, le regard si noir qui l'effrayait. Le visage fin s'était alourdi, remodelé par une mâchoire volontaire.

Dans les beaux yeux passait parfois une étrangeté, une pointe de folie, le vacillement de pulsions non maîtrisées.

— Pourquoi deviens-tu si nerveuse ? lui demanda-t-il lors d'un déjeuner en tête à tête. Tu as obtenu tout ce que tu voulais.

— Pas tout, non. Je vis dans le danger. Je dois me battre sans cesse pour être respectée et obéie.

— Tu es déjà tout cela, respectée, obéie et aimée.

Des lueurs fiévreuses animaient le visage contrarié.

— Je ne me laisserai pas écraser, tu peux en être certain.

Narsès souffrait. Son cœur débordait d'amour sans qu'il puisse apaiser l'âme tourmentée de celle qu'il aimait.

— Souviens-toi de Timothée, finit-il par dire. Il redoutait ton ambition de posséder les gens et les choses. Il te disait que Dieu seul comblerait ton désir.

Elle changea soudain de ton, prit la main de Narsès, et lui sourit :

— Mon pauvre ami, je te donne bien du souci. Tu as raison de me rappeler que je devrais tout attendre de Dieu seul. Mais il est si loin, si loin. Je lui construis des églises, des maisons pour les pauvres, je veille aux bonnes mœurs de l'Empire, et il m'abandonne à mes ennemis !

XXI

Au début de la quinzième année du règne de Justinien, Théodora craignit de perdre la bride par laquelle elle contenait les ambitions supposées du général Bélisaire : son amour pour sa femme. Un espion lui apprit que Photius, le fils d'Antonina né du mariage avec Florentianos, ulcéré par l'acharnement de sa mère à lui nuire et par son dérèglement amoureux, avait ouvert les yeux de son beau-père sur l'effronterie publique de son épouse. Tous deux s'étaient engagés à ne pas se quitter tant qu'Antonina ne serait pas punie de son impudence.

Théodora en informa sa favorite et demanda :

— Que décides-tu ? Préfères-tu rester ici ou partir retrouver ton époux ?

— J'irai le rejoindre pour calmer sa colère et punir Photius comme il le mérite, si Ta Majesté me le permet.

— Ne crains-tu pas d'être mal reçue ?

Antonina eut un rire bref :

— Il me recevra mal un tout petit instant, mais cela ne durera pas.

— Que deviendra Théodose pendant ce temps ?

— Je ne puis le laisser dans le palais de Jean de Cappadoce que tu nous as donné. Il retournera au couvent à Éphèse et m'y attendra.

— Prends bien soin de toi. Je ne voudrais pas qu'il t'arrive du mal.

— Rien de grave ne peut m'arriver tant que j'aurai la protection de Ta Majesté.

Quelques jours plus tard, Antonina partit vers l'Est et laissa l'impératrice incertaine du déroulement des retrouvailles conjugales. Les événements justifièrent l'appréhension impériale.

Au printemps, tandis que l'Augusta recevait les dignitaires qui se pressaient dans son antichambre, un cavalier surgit, couvert de poussière, et demanda à être reçu immédiatement. Il revenait de la frontière perse. Malgré sa tenue grise, on le jeta sur les tapis de soie.

— Parle, je t'écoute.

L'homme, épuisé par l'effort physique, dépaysé par cet entourage scintillant, chercha ses mots :

— C'est Bélisaire... Il avait franchi le Tigre et se trouvait en territoire Perse... Il a fait demi-tour...

— Pour quelle raison ?

— Beaucoup de soldats tombèrent malades, et puis...

— Continue.

— Le général apprit l'arrivée de sa femme et partit aussitôt la rejoindre.

— Il a quitté l'armée pour rejoindre sa femme ? se fit confirmer l'impératrice.

— Oui.

— Comment s'est passé leur rencontre ?

— Je l'ignore. Je suis venu aussitôt te prévenir.

— Tu as bien fait. Tu en rendras compte à l'empereur, dès que le conseil sera terminé.

Théodora reçut distraitement les solliciteurs, préoccupée par le sort de sa protégée. Était-ce l'amour ou la colère qui avait jeté le général sur les routes ? Oserait-il maltraiter sa favorite ? En ce cas comment le punir ? Comment réagira l'empereur ?

Elle n'eut pas à s'interroger longtemps car une semaine plus tard un messager apporta la lettre suivante :

Ma très chère maîtresse, mon mari m'a fort mal reçue et m'a fait enfermer dans une maison où je suis gardée jour et nuit pour m'empêcher de rejoindre Théodose. Je ne crains pas pour moi, car Bélisaire m'aime toujours, quoiqu'il ait, dans un instant de folie, songé à me tuer. Mais je crains affreusement le sort de mon bien-aimé. Bélisaire m'a annoncé, j'en ai encore des sueurs d'inquiétude, qu'il avait juré avec Photius de se venger du pauvre garçon. Le malheureux se trouve à Éphèse, dans le couvent proche de l'église Saint Jean. Je te supplie de venir à son secours, car il n'a aucun appui en ce monde à part mon amour et ta sollicitude. Antonina.

« Et l'immense fortune qu'il a gagnée auprès du couple », ajouta pour elle-même Théodora.

Pendant le déjeuner avec Justinien, elle s'indigna que Bélisaire ait arrêté son avance en territoire perse pour raison conjugale et le convainquît d'exiger son retour. Par ailleurs l'ordre fut donné à Ouranios de ramener, par la force si nécessaire, Théodose au palais.

À l'étonnement de tous, Théodose resta introuvable. Et l'étonnement fut plus vif encore lorsqu'on apprit que le responsable de cette disparition était Photius, le charmant, l'élégant, le délicat Photius, qui avait enlevé en pleine église l'amant de sa mère et l'avait caché en un lieu secret. Si son audace étonna, elle fâcha plus encore. On confisqua immédiatement sa fortune et on le ramena dans les cachots du palais pour l'obliger à parler. Aucune torture ne put briser le silence du fragile jeune homme. De surcroît, en digne fils de sa mère, il réussit à s'échapper pour se réfugier dans Sainte-Sophie. Hélas ! le clergé, une fois encore dépendant de la manne financière, s'empressa de le livrer à l'impératrice.

Pendant que Photius dépérissait dans un cachot, Théodora reçut à leur retour dans la capitale Antonina et Bélisaire. C'était la fin de l'été. L'impératrice se tenait sur une terrasse avec Narsès qui s'excusa de ne pouvoir rester à l'entretien. Théodora l'interrogea d'un regard perçant.

— Pour quelle raison ?

— Je ne souhaite pas y participer, déclara Narsès avec sa coutumière franchise. Ce jeu que Ta Majesté poursuit avec Antonina pour maîtriser et humilier le général m'est pénible.

L'impératrice dévisagea Narsès avec amusement.

— Serais-tu attendri par Bélisaire ? Tu ne l'aimes guère cependant.

— Ta Majesté se divertira de ce que je vais dire. Quoique ce général soit superbe et séduisant, et moi un frêle eunuque, nous sommes tous deux plus à l'aise sur un champ de bataille que dans certaines roueries politiques.

— J'avais cru comprendre que tu appréciais le pouvoir, répondit Théodora qui aimait se moquer de son unique ami.

— Bien sûr. Mais le pouvoir dans un univers sans femme est plus facile à exercer. Le général me fait de la peine et en même temps je le méprise. Souviens-toi des propos de Jean Chrysostome : « Dans la cohabitation entre hommes et femmes, l'asservissement du compagnon à sa compagne est encore plus honteux que l'immoralité de la vie commune. » Bref, je me sens mal à l'aise dans la relation que tu entretiens avec ce couple, je suis bousculé par trop de contradictions, et n'ayant pas à intervenir, je préfère m'en aller.

Un eunuque annonça le couple attendu et Narsès s'éclipsa. Les nouveaux venus s'inclinèrent pour baiser les brodequins pourpres et Théodora les invita à s'asseoir.

— Bélisaire, je veux que tu te réconcilies avec ta femme. Elle t'a souvent aidé dans tes campagnes, toujours défendu devant l'empereur, et je ne vois aucune raison sérieuse à cette bouderie. Tu sais combien l'empereur et moi-même attachons d'importance au sacrement du mariage.

Comme Bélisaire restait maussade, elle ajouta :

— De plus ton épouse est ma favorite, et ne serait-ce qu'à ce titre, elle mérite que tu t'emploies à la satisfaire. Ma fidélité à mes amies est connue de tous.

Antonina prit la main de son époux et lui sourit avec tendresse.

— Il n'est pas vraiment fâché. Il sait bien que rien ne nous séparera, dit-elle.

Et comme son mari ne se déridait toujours pas, elle ajouta d'un ton dramatique :

— Sa grande peur n'est pas de risquer sa vie sur les champs de bataille, mais de déplaire à Ta Majesté.

Et elle regarda Théodora avec un léger hochement de tête pour signifier qu'il n'y avait pas lieu de s'alarmer. À juste titre car Bélisaire parla enfin, vaincu par l'excès de son amour.

— Ma chère femme a raison. Je ne peux vivre sans elle et suis ton très dévoué serviteur.

Il sourit à sa moitié qui, bizarrement, changea aussitôt le thème de la conversation pour expliquer que l'armée perse se trouvait, pour le moment, occupée dans le Caucase et que de nouvelles négociations de paix redevenaient possibles.

Quand le couple s'apprêta à partir, Théodora sourit.

— Reste, Antonina. J'ai encore des choses à te dire.

Dès qu'elles furent seules Antonina expliqua.

— J'ai dû parler des Perses car je craignais que Bélisaire ne demande des nouvelles de Photius. Lorsque tous deux sont entrés en fureur à mon propos, ils se sont, paraît-il, liés par des serments sacrés et ont juré de ne jamais se séparer tant que Théodose vivrait.

— Quand tu es là, ton époux oublie tous les autres.

— Sauf Ta Majesté. Il la craint.

Théodora garda toute sa vie de brusques bouffées d'espièglerie.

— Jadis on m'aimait sans me craindre, maintenant on me craint sans m'aimer, j'aurais préféré les deux en même temps, mais, finalement la crainte est plus durable que l'amour.

— Beaucoup t'aiment en te respectant.

Théodora eut un mouvement de la main pour tenir comme négligente cette servile remarque par ailleurs attendue.

— Je t'ai demandé de rester pour un autre motif. Il

m'est tombé hier entre les mains un joyau merveilleux. Si tu veux le voir, ma très chère patrice, j'aurai plaisir à te le montrer.

Les yeux d'Antonina brillèrent de curiosité.

— Descendons dans le gynécée, dit l'impératrice en se levant.

Une fois dans la salle de réception des appartements privés, Théodora murmura un ordre à un chambellan, s'assit et examina avec un regard malicieux sa favorite restée debout. Une porte s'ouvrit, un chambellan entra suivi par... Théodose ! L'amoureuse en resta un moment muette de joie puis se jeta aux pieds de l'impératrice.

— Ma bienfaitrice, ma maîtresse, mon sauveur, jamais je ne te serai assez reconnaissante.

— J'ai eu beaucoup de mal à le retrouver. Maintenant tu pourras le voir à ta guise, mais, par prudence, il restera au palais.

La saison des amours ne dura guère. Théodose mourut quelques mois plus tard de la dysenterie, et Antonina repartit avec Bélisaire combattre les Perses. Après avoir consolidé le couple, Théodora retrouvait un peu d'insouciance lorsqu'elle eut à affronter, au lieu des êtres humains, les caprices de la nature. Un tremblement de terre détruisit Antioche. D'autres ébranlèrent la Cilicie et le Pont. Le printemps fut anormalement pluvieux, rendant les chemins bourbeux, les champs détrempés, la navigation difficile, et cette constante fureur des éléments engendra la panique dans la population. À nouveau les astrologues et les devins se multiplièrent dans la ville et les églises se remplirent de fidèles apeurés. La conscience que les comportements des Romains outrepassaient souvent les lois, et plus encore les préceptes évangéliques, rendit les citadins réceptifs à l'idée d'un châtiment du ciel. Alors le vieux fond païen qui sommeille en tout être resurgit pour tenter d'amadouer la divinité. On multiplia les offrandes aux églises, on s'entoura d'icônes, on recourut aux pratiques de la sorcellerie.

Comble d'infortune, celui qui savait se faire entendre de Dieu, l'anachorète vénéré qui vivait de l'autre côté de la Corne d'Or, Maras, le célèbre et misérable moine monophysite, tomba malade d'une étrange maladie. Au palais, plusieurs fois par jour, des émissaires vinrent rendre compte de son état de santé qui s'aggravait d'heure en heure. Le citoyen du ciel qui, grâce à la protection de l'impératrice, avait été épargné par les persécutions, ne l'était pas de la douleur. À de grands maux de tête succéda une fièvre si violente que le saint homme, pour éteindre le feu de son corps, courait comme un fou se jeter dans la mer et en revenait aussi brûlant et assoiffé. Son haleine empesta et son corps se couvrit de ganglions. Les derniers temps, il tint des propos obscurs, d'autres blasphématoires, surprenants chez une âme aussi sainte. Le patriarche dut expliquer aux fidèles désorientés que, jusqu'à son dernier souffle, Maras avait lutté contre le démon et pris sur lui le mal du monde pour le combattre. La mort de l'anachorète provoqua dans la ville une grande désolation et un immense cortège le suivit pour ses funérailles au cimetière du faubourg des Sykes.

La maladie réapparut une dizaine de fois à Constantinople sans alarmer outre mesure. Certes des marchands revenant de voyage annonçaient que la peste sévissait en Égypte et dans le sud de l'Italie, mais cette nouvelle n'inquiéta personne. La maladie était envoyée par Dieu dans certains endroits de ce monde pour des raisons inconnues des humains.

Au début du mois de mai 542, un jour de ciel bleu, de mer apaisée, de zéphyr léger, on rapporta au palais que cinquante personnes étaient mortes en un jour. Puis ce furent cent, mille, cinq mille personnes qui rendirent l'âme d'un crépuscule à l'autre.

Les symptômes de cette affection étaient si variés qu'ils déroutaient les médecins. Certains malades dormaient sans cesse, d'autres déliraient, d'autres encore avaient de la fièvre, certains vomissaient du sang, la plupart souffraient de gonflements à l'aine et au cou. Dignitaires, esclaves, soldats, médecins, tous étaient également frappés. Ainsi disparurent Anastasia, la Mère, Ouranios, Basile, Tribonien.

En juin, lorsque cinq mille personnes, parfois dix mille, périssaient chaque jour, Dieu envoya la maladie à l'empereur. Narsès fut le premier à s'en apercevoir. Alors qu'il entrait comme à l'accoutumée dans la chambre impériale pour réveiller son maître, il le trouva gémissant, répétant qu'il était bon de traîner dans son lit. Il rendit immédiatement compte de cet inquiétant propos à Théodora qui décréta que seuls les chambellans et le médecin du palais seraient tenus au courant de l'incident, afin de ne point perturber davantage la population.

La maladie grave d'un être cher réveille des émotions d'enfance. Narsès, devant la fièvre du prince et sa mort éventuelle, retrouva les anciens sillons de l'âme creusés par la souffrance. En perdant Justinien, il perdait le socle sur lequel sa vie reposait depuis vingt ans. Il avait pris l'habitude d'agir en s'inspirant des demandes du basileus, et s'était moulé à la personnalité de son maître pour remédier à ses déficiences et répondre à ses attentes. Le grand chambellan qu'il était devenu n'était pas un chambellan anonyme, déplaçable comme une pièce sur un échiquier auprès d'un autre empereur, il était, non son double, mais son complément, et ne saurait servir un nouveau maître. Justinien d'ailleurs ne supportait que lui. Il refusait les soins de Théodora pour la préserver de tâches aussi repoussantes et se méfiait de tous les autres. Son esprit soupçonneux lui faisait craindre un assassin, qui par empoisonnement ou étouffement dissimulerait aisément son crime en prétextant les effets de la maladie. Nul autre que Narsès n'avait droit de le toucher. L'eunuque s'installa jour et nuit dans la chambre de l'empereur. Lorsque Justinien recrachait de la bile et restait prostré pendant des heures, Narsès lui faisait ingurgiter à grand peine du lait et des jus de légumes. Lorsqu'il reprenait conscience et devenait despotique, exigeant qu'on le change de tunique, de drap, de telle ou telle manière, se plaignant d'un geste qu'il trouvait trop brusque, d'un regard qu'il trouvait trop compatissant, de la lumière qui était trop forte ou trop obscure, Narsès supportait tout avec patience. Il eut la charge, lorsque des ganglions apparurent, de les ouvrir pour en sortir le pus. La tâche ne rebuta jamais le grand chambellan. Non seulement Théodora et l'empereur représentaient, avec la douce Eudoxie, les êtres qui lui étaient les plus chers, mais sa vie était liée à la leur, et en les sauvant il se sauvait lui-même.

Le danger, au contraire, réveilla l'énergie allègre de l'impératrice, car souvent les âmes anxieuses dans le quotidien des jours, lorsqu'elles sont confrontées à un péril majeur, déploient une force combative et joyeuse. Elle fit installer l'empereur dans une chambre qui donnait sur le ciel, la mer, le palais d'Hormisdas de sa jeunesse, persuadée que la beauté du monde et l'évocation d'années heureuses lui redonneraient des forces. Sur les murs, elle fit accrocher de nombreuses icônes, et lorsque le vent était à l'Ouest, frais et léger, elle faisait ouvrir la fenêtre pour que son époux puisse croire que la peste avait fini de ravager la ville. Deux fois par jour elle lui rendait visite – il lui interdisait de venir davantage – et insufflait à son époux toute son énergie tandis qu'il levait vers elle silencieusement une supplique pour son salut.

L'impératrice repoussait de toutes ses forces l'univers de la maladie. À peine quittait-elle l'atmosphère fermentée de l'appartement de Justinien, qu'elle éprouvait une joie sensuelle de vivre d'autant plus intense que la mort l'entourait. Tout la faisait frémir de plaisir : l'air qu'on respire, la soie qu'on froisse, les mains qui massent, les bains, le vin, le pain, les saveurs, les odeurs, sensations dont la jouissance fine s'acquiert avec les années et qu'aiguise le risque du trépas.

De pièce en pièce, indifférente aux regards de ses servantes et de ses dames d'honneur, elle arpentait avec volupté les marbres et les mosaïques avec un air un peu égaré, inhabituel chez cette femme qui dominait son corps, sa voix et son visage conformément à l'image idéale qu'elle voulait donner d'elle-même. On la croyait habitée par le chagrin. Elle l'était certes, mais tout autant par le bouillonnement d'une force vitale qui rejetait cette ville nauséabonde, ces cadavres flottant sur le rivage, ces corps meurtris qui ne connaissaient plus que la douleur. Elle refusait d'envisager la mort de son époux, l'Empire avait trop besoin de lui et Dieu ne l'abandonnerait pas.

En l'absence du basileus, elle confia à Pierre Barsymès, le préfet du prétoire, la responsabilité de régler les affaires courantes après en avoir délibéré avec elle. Le problème prioritaire concernait les cadavres. Qu'en faire ? Pour ceux qui mouraient seuls, Théodora fit disposer des soldats devant le palais pour distribuer de l'argent et faire enterrer les défunts. Plus tard, on creusa des puits dans les places pour en faire des tombeaux. Au plus fort de la maladie, les vivants portèrent les cadavres sur leurs épaules pour les jeter dans la mer. D'autres les hissèrent sur les fortifications des Sykes. Là, après avoir fait une brèche dans les toits, ils remplissaient les tours de morts, avant de refermer ces tombes collectives.

La maladie du prince ne put demeurer longtemps secrète et beaucoup songèrent à la succession. Les empereurs passent, mais l'Empire reste, et, dans l'incertitude, il devenait indispensable d'envisager un nouveau basileus. Le successeur serait alors choisi par l'impératrice avec l'accord du Sénat. Dès lors Théodora dut affronter les regards, les silences, les complaisances de ceux qui prévoyaient son veuvage.

— Je suis entourée par ceux qui espèrent que je choisirai Pierre Barsymès, par ceux qui le craignent, et par ceux qui le combattent, expliqua-t-elle exaspérée à Narsès. Mais Justinien n'est pas encore mort. Vois-tu, Narsès, beaucoup me reprochent d'avoir exercé le pouvoir d'une manière personnelle. Mais j'ai toujours soutenu mon mari et n'ai jamais rien fait pour lui nuire. J'ignore si cela est de l'amour, mais nous sommes accordés l'un à l'autre comme le chant avec la lyre, comme nos noms entrelacés sur les chapiteaux de Sainte-Sophie. Il n'a pas craint de me hisser au faîte du pouvoir et, de mon côté, je l'ai toujours accompagné dans les épreuves comme dans les succès. L'un sans l'autre, nous serions diminués, appauvris, claudiquant comme des infirmes. Bien sûr, si cela s'avère nécessaire, j'accomplirai mon devoir et choisirai un Auguste, mais je ne vois personne autour de moi digne de lui succéder, personne qui ait le sens de la grandeur, la ténacité qu'elle requiert, l'intelligence qu'elle implique, la piété qui l'inspire. Je suis certaine que Dieu qui l'a choisi le guérira.

Quelques jours plus tard, l'empereur reposait calmement, suffisamment éveillé pour suivre des yeux son épouse et esquisser un vague sourire. Il parla avec difficulté à cause d'un embarras de la langue propre à cet état. Théodora comprit dans son bredouillage que les deux saints médecins vénérés dans la ville, Cosme et Damien, étaient descendus du ciel pendant la nuit pour l'arracher à la mort et elle ferma les yeux pour rendre grâces à Dieu.

En juillet la peste diminua d'intensité et, à la fin d'août, elle avait disparu de la capitale pour frapper la Perse que l'empereur ordonna aussitôt d'attaquer. Toutefois l'effervescence politique que la maladie du prince avait suscitée ne retomba pas tout de suite. Un espion de l'armée d'Orient rapporta des propos séditieux tenus par certains chefs de l'armée, dont Bélisaire. Quand ils avaient cru la mort de Justinien inévitable, ces audacieux auraient déclaré qu'ils n'accepteraient pas le successeur choisi à Constantinople, autrement dit par Théodora.

Inutile de dire que le jour même, au cours d'un dîner avec Justinien, Narsès et Pierre Barsymès, Théodora explosa d'indignation :

— Je savais, j'ai toujours su que Bélisaire trahirait un jour ! Avec quelle habileté il a réussi à dissimuler son ambition ! Avec quelle feinte naïveté il a juré de ne jamais prétendre au trône !

De colère, elle restait la fourchette en l'air, transperçant du regard son mari pour lui insuffler son courroux. Peine inutile, car Justinien craignait depuis toujours le pouvoir du grand général.

— Il était déjà impatient de t'enterrer ! continua Théodora. Au lieu d'attendre tranquillement que j'exerce mes prérogatives d'impératrice en choisissant un empereur, m'épaulant éventuellement dans mon deuil par ses conseils, il a rejeté d'avance mon choix.

Narsès, pour calmer l'indignation de la basilissa, intervint :

— Il serait sage que Vos Majestés attendent confirmation des renseignements rapportés par l'espion. Ces gens à double visage ont des intérêts qui parfois nous échappent. Quels propos ont été dits exactement ? Par qui ? Mieux vaudrait s'en assurer.

Justinien intervint sèchement.

— Même s'il ne s'agit que d'une rumeur, elle offense mon épouse. Il est inacceptable que le discernement et la sagesse de l'impératrice puissent être contestés.

Se tournant vers Pierre Barsymès, il ajouta :

— Demain j'enverrai une lettre au comte de la Milice d'Orient et lui ordonnerai de revenir immédiatement dans la capitale.

Trois semaines plus tard, Justinien reçut froidement Bélisaire, lui enleva son commandement, confisqua ses bucellaires et sa fortune, laissant le grand soldat ahuri et désespéré. Pendant ce temps, Antonina demeurait la favorite de l'Augusta. L'une avait intérêt à garder une emprise sur Bélisaire par l'intermédiaire de sa femme, l'autre à protéger son mari. Donc au palais, tous les matins, Antonina égayait sa maîtresse de ses bavardages pendant la toilette. Le choix des tuniques, des bijoux, les soins de la coiffure et du maquillage étaient entrecoupés de joyeux badinages.

— Comment se porte ton mari ? demanda un matin Théodora.

— Mal. Il erre misérablement dans la ville. La solitude l'épouvante. Habitué à être entouré par des centaines de soldats et de serviteurs, il se sent nu comme un combattant sans cuirasse et sans armes. Cette punition lui sera profitable. Il comprendra combien ce fut cruel de sa part de m'enfermer l'année dernière, loin de tous ceux que j'aime. Seule la souffrance permet de comprendre la souffrance.

— Crois-tu ? À quoi serviraient alors les plaisirs de l'imagination ?

— Je n'ai pas ce talent. Je ne crois qu'en ce que je vois et entends. En ce moment, je sais que même les domestiques traitent Bélisaire avec mépris à cause de sa disgrâce, se moquent de lui derrière son dos. Il en est effaré, il a peur.

— Comme j'ai raison, comme j'ai toujours eu raison de craindre la moindre perte de pouvoir ! Si un général exceptionnel est traité par les serviteurs comme ils ne le feraient pas d'un palefrenier, dans quelle indignité me précipiterait-on, moi, une femme, dans un cas semblable !

— Personne n'oserait mépriser Ta Majesté. Son pouvoir est dans son seul regard.

Théodora fit mine de ne pas entendre le compliment et la favorite reprit :

— Mon mari redoute que l'empereur le fasse assassiner.

— Sottise ! Il devrait avoir compris que l'empereur finit toujours par pardonner. Souviens-toi, Sa Majesté envisageait de sauver Hypathius lors de l'insurrection Nika, alors que ce dernier voulait prendre son trône. Quant au traître Jean de Cappadoce, il l'a installé somptueusement à Cynique. Bien sûr Nos Majestés rendront plus tard ses honneurs et une partie de sa fortune à ton époux. Mais à une condition...

— Laquelle ?

— Qu'il te doive cette clémence.

Et comme Antonina fronçait les sourcils pour deviner ce que tramait l'Augusta, celle-ci appela un secrétaire et dicta avec malice :

L'impératrice Théodora au patrice Bélisaire. Tu sais, mon cher, ce que tu as fait contre nous. Mais j'ai à ta femme de grandes obligations, et à cause d'elle, j'ai résolu de te pardonner. Sache que c'est à elle que tu dois la vie ; c'est d'elle seule aussi que tu dois pour l'avenir espérer salut et fortune. Nous verrons par la suite comment tu sauras te conduire envers elle.

— Avec un tel message, il sera mon esclave, conclut Antonina.

Théodora pensa : « Et toi tu resteras la mienne », avant de reprendre à haute voix :

— Je ferai porter cette lettre demain soir. On frappera à ta porte : « Ordre de l'impératrice. » Tu seras chez toi, bien sûr. Un peu dolente. Lui craindra le pire...

— ... Et me devra la vie.

Les deux femmes éclatèrent de rire, l'une enchantée de sa tactique pour maîtriser le général à travers son épouse, l'autre satisfaite du retour de la faveur impériale.

Lorsque, trois jours plus tard, Bélisaire et sa femme vinrent remercier l'impératrice de sa clémence, celle-ci profita de son avantage pour faire la suggestion suivante, inspirée par la prodigieuse fortune du général.

— Bélisaire, Ma Majesté se réjouit que tous nos différends soient désormais effacés. Pour prolonger la paix entre nos deux familles, je souhaite que votre fille Ioannina épouse dans peu de temps mon petit-fils Anastase. Tout les rapproche : l'âge, l'éducation, la piété, les honneurs.

— Ce sera une grande distinction pour elle, déclara Bélisaire.

— Je vous écrirai à ce sujet, lorsque vous serez en Italie où vous repartirez bientôt, car les Barbares envahissent à nouveau la péninsule.

À cet instant, un chambellan vint prévenir l'Augusta que l'empereur la demandait. Le général et sa femme s'inclinèrent et quittèrent le gynécée. Dans l'antichambre, Antonina murmura à son époux :

— Ce mariage ne se fera pas. Jamais je n'accepterai que notre fille épouse un descendant de Théodora.

XXII

Théodora avait gagné presque tous ses combats personnels. Jean de Cappadoce vivait misérablement sur la côte égyptienne, fort maltraité par ses geôliers et Bélisaire, sans argent, sans bucellaires et combattait en vain les Ostrogoths de Totila, avec des soldats dont il était supposé payer la solde. Elle avait placé ses favoris et ses fidèles autour de Justinien. Les éventuels adversaires, instruits par les tristes fins des anciens opposants, se terraient dans l'ombre. Ce n'était plus alors des individus contre qui l'Augusta devait lutter, c'était l'Empire lui-même qu'il fallait sauvegarder. Car la débâcle économique succéda à la peste.

À Constantinople, trois cent mille habitants étaient morts de la maladie et dans les campagnes décimées des villages entiers restaient déserts. Comme les serfs et les serviteurs manquaient de maîtres, et les maîtres de serfs et de serviteurs, la chaîne de l'approvisionnement se désorganisa. Les denrées se raréfièrent, leurs prix montèrent, tandis que la baisse du nombre de contribuables grevait le trésor. On paya mal les soldats, on différa l'entretien des frontières, et l'empereur, contrairement à ses propres ordonnances, vendit les titres et les fonctions honorifiques pour remplir les caisses de l'État.

Les ennemis traditionnels de l'Empire s'empressèrent de profiter de cette faiblesse. De trêves en guerres, de paix achetées en traités rompus, la Perse, les pays de la mer Noire et des Balkans attaquaient périodiquement les Romains. À l'intérieur, les Bleus et les Verts, réconciliés pendant la peste, reprenaient leurs querelles meurtrières. Le désordre religieux empira, car le pape Vigile, élu pourtant grâce à Théodora, renia ses promesses, défendit avec acharnement l'orthodoxie et amplifia les persécutions, jusqu'en Égypte, jadis épargnée. À cette trahison Théodora répondit en protégeant Jacques Baradée, un moine recherché dans tout l'Empire, qui sous les oripeaux d'un mendiant, et très illégalement, baptisait, consacrait les prêtres et nommait les évêques pour que la religion monophysite se perpétue.

Solidaire de son époux, l'Augusta partagea les difficultés du règne comme elle en avait partagé les succès. Elle engagea Justinien à faire des économies, à mieux organiser les finances, à réprimer les abus, quoique celui-ci oscillât entre des mesures contradictoires. Devant la tâche, elle devint plus austère, imposa une stricte morale autour d'elle. Hormis les souteneurs qui continuaient à prospérer, le zèle pour la chasteté et la fidélité conjugale furent exigés d'en haut et les écarts sévèrement réprimés.

Si morose que fût la situation, elle n'empêchait pas quelques moments de divertissement. L'arrivée de Pothos en fut un. Théodora recevait dans la salle Auguste du Palais Sacré quand un chambellan lui annonça l'arrivée du marchand.

— Que Sa Majesté fasse entrer le bon gros, qu'on rigole un peu, déclara Indaro. Cela nous rappellera le bon temps de jadis.

Tant d'années s'étaient écoulées depuis la fuite du marchand de soieries, et de si grands malheurs, que la rancune de Théodora avait perdu de sa vigueur et l'évocation du « bon vieux temps de jadis » la rendit ludique.

Deux silentiaires jetèrent à ses pieds le gros bonhomme devenu énorme, son ventre tirant sur sa tunique, ses joues, colorées du nectar de Bacchus, doublant son menton.

— Pothos, as-tu vendu toutes les soies de tes entrepôts pour revenir dans la capitale ?

— Majesté, quelle cruauté !

— Quelle cruauté ! répéta Indaro.

— Quelle cruauté ! répétèrent en chœur les dames d'honneur.

Le bonhomme jeta des regards déconcertés sur l'entourage féminin.

— Ce n'est pas le moment de se moquer d'un pauvre homme ruiné.

— Ruiné ! Est-ce possible ! déclara Indaro.

— Ruiné ! Quelle horreur ! ajouta le chœur.

Pothos n'avait jamais eu le sens de l'humour et il jeta des regards furieux sur les dames qui l'empêchaient d'exercer ses qualités de négociateur.

— Que t'arrive-t-il ? demanda Théodora.

— J'ignore si tu es... si Ta Majesté est au courant...

— Je suis au courant de tout.

Troublé, il reprit le tutoiement.

— Alors tu sais que le préfet du prétoire, Pierre Barsymès, pour obtenir de l'argent...

Le chœur reprit en voix alternées :

— Obtenir de l'argent ! Oh, le vilain !

L'indignation mit le marchand au bord de l'apoplexie.

— Pierre Barsymès, dit-il précipitamment pour ne pas être interrompu, a établi sur la soie un monopole. L'État maintenant vend directement aux ateliers de soierie le précieux tissu, et nous autres pauvres marchands, n'avons plus rien... que la misère.

— Il veut de la soie ! déclara Indaro.

— Il veut de la soie !

— Il en aura ! conclut Théodora.

— Ta Majesté demanderait-elle à Pierre Barsymès de me prendre à son service ? conclut hâtivement le bonhomme, déjà éperdu de reconnaissance.

Théodora murmura un ordre à l'oreille d'Indaro et reprit à haute voix :

— Tu auras de la soie.

À ce moment-là, Indaro arracha une large portière

damassée et la jeta sur Pothos. Toutes les femmes se précipitèrent pour l'envelopper dans le tissu chatoyant. Lorsqu'il fut entortillé comme un gros boudin l'impératrice ordonna aux silentiaires :

— Ramenez-le jusqu'à la porte de la Chalcée.

À l'âge de quarante-neuf ans, Théodora connut pendant quelques jours de vives douleurs à l'estomac qui disparurent comme elles étaient venues. Elle ne s'en alarma pas outre mesure – sa vigoureuse constitution n'avait-elle pas résisté à la peste ? – mais, d'un naturel superstitieux, y vit une invitation à s'occuper activement de sa descendance. Et en tout premier lieu au fils d'Eudoxie, Anastase, qu'elle avait décidé de marier à Ioannina. Elle écrivit en ce sens, plusieurs fois, à Antonina sans recevoir de réponse d'Italie. Devant le refus que ce silence insinuait, Théodora, déjà tendue par les difficultés de l'État, se replia dans la prison rouge de la colère. Ainsi la favorite se permettait de rejeter un membre de la famille impériale ! De soumettre l'Augusta à ses volontés ! La femme de Bélisaire aurait-elle oublié avec quel acharnement l'impératrice combattait ses ennemis ! S'imaginait-elle la mener par le bout du nez, comme elle le faisait de son époux, qui avait à nouveau délaissé ses troupes la croyant en danger ? Son plan fut vite arrêté et elle en entreprit l'exécution.

L'empereur lui avait offert, sur la côte d'Asie, un palais, à Héria, construit sur une presqu'île. Le lieu était enchanteur. La demeure dominait la mer au milieu des fleurs, des arbres et des oiseaux. Au palais étaient adjoints des bains, des portiques, des places publiques, une église et un petit port, afin que la basilissa puisse être entourée de la cour dont elle avait besoin.

Théodora invita donc à Héria, pendant le joyeux mois de mai, Ioannina la riche héritière, de surcroît fort charmante et cultivée, et son petit-fils Anastase. À quelques mois près ils avaient le même âge. Le cérémonial étant plus léger dans la maison d'Asie que dans le palais Sacré, l'Augusta permit aux jeunes gens de se promener ensemble dans les jardins et les forêts avoisinantes, de voguer en bateau et de chanter au son de la harpe. Par chance, Anastase et Ioannina tombèrent follement amoureux l'un de l'autre. Leur amour bucolique rappela à l'impératrice les mois passés avec Libanios sur la rive du Bosphore. De sa fièvre d'alors, de ses folies sur le dauphin, elle gardait un souvenir précis mais éteint. Car les images insolites et voluptueuses qui lui revenaient en mémoire ne réveillaient ni son cœur ni sa sensualité et ressemblaient à un incendie aperçu de très loin, ne dégageant ni chaleur, ni odeur, ni crépitement.

Ce ne fut donc pas l'attendrissement mais le calcul qui lui fit conseiller aux jeunes gens de profiter de cet amour ardent. Elle les installa dans un appartement qu'elle leur donna à Héria, puis dans un autre à Constantinople. Elle forçait ainsi les époux Bélisaire à légitimer l'état de fait, puisque leur fille était désormais publiquement souillée.

L'Augusta ne vit pas le résultat de sa stratégie car la maladie s'infiltra dans son corps. Il suffit que, plusieurs jours durant, cette douleur à l'estomac qu'elle croyait passagère revienne avec obstination pour comprendre qu'elle s'installait durablement et transformerait son existence. Désormais elle aurait à lutter contre un nouvel ennemi, à montrer un autre visage du courage, à envisager le temps comme limité.

Déjà les difficultés financières de l'Empire, la conscience que les ennemis extérieurs ne pourraient être vaincus, les angoisses de Justinien lui avaient ouvert les yeux sur la fragilité des choses humaines, comme le disait si joliment son époux. Elle se rappelait Gélimer, le roi des Vandales, jeté au pied du couple impérial, criant : « Vanité, tout est vanité. » Elle se souvint du sachet de poussière que le patriarche avait remis à Justinien le jour du couronnement pour lui rappeler l'ultime destination de son corps. Elle songea à Timothée, qui lui conseillait de se méfier des accès de despotisme auxquels elle serait sujette et lui répétait la phrase du Christ : « Celui qui boit cette eau n'aura plus jamais soif. » Il était temps, oui, il était temps de n'attendre que de Dieu seul.

Consciencieusement elle s'occupa de sa descendance. Elle engagea Justinien à marier son neveu Justin à Sophie, la fille de Comito, noces qui se déroulèrent avec éclat.

Elle se préoccupa des trois fils de la douce Eudoxie et destina le second à la carrière religieuse, le troisième à la carrière diplomatique, et l'aîné, Anastase, à un rôle de premier plan après son mariage avec Ioannina.

Puis elle s'occupa d'elle-même.

Elle fit venir en secret le médecin impérial et un médecin de Syrie de grande réputation. Tous deux connaissaient le mal, tous deux le savaient incurable.

— Pouvez-vous me guérir ? leur demanda-t-elle.

— Nous pouvons essayer, bredouilla l'un.

L'impératrice les regarda de ses grands yeux autoritaires.

— Je vous demande de jurer devant Dieu que vous espérez pouvoir me guérir.

L'autorité du ton, le respect dû à la souveraine, ne permettaient aucune tromperie.

— Que Ta Majesté me pardonne, mais je ne peux te délivrer de ton mal, avoua le Syrien.

— Parfois... par la grâce de Dieu..., suggéra le confrère.

— Pour la grâce de Dieu, vous êtes inutiles. Je me confierai à lui seul.

Dès lors, l'orgueilleuse impératrice eut à cœur de vivre en souveraine le chemin vers la mort. Elle gardait des dernières années de Justin l'horreur de la décrépitude et plus encore des rires, moqueries, insolences que l'infirmité excitait. Pendant la disgrâce de Bélisaire, elle s'était indignée du mépris des serviteurs envers celui qu'ils n'avaient plus à craindre. Puisque l'homme blessé suscite la cruauté et l'insulte, elle ne donnerait à personne l'occasion de l'humilier et son nom ne serait pas terni par de vulgaires propos. L'image qu'elle montrerait jusqu'au bout serait celle d'une souveraine.

Une fois encore elle se replia sur elle-même pour combattre son dernier ennemi. Ne rien trahir, ne rien laisser paraître. Affaiblie par la fatigue, harcelée par la douleur, chaque jour devint une épreuve. À son réveil, pour s'y préparer, elle envisageait les efforts qui l'attendaient dans la journée : remonter du couvent d'Hormisdas par les terrasses, soutenir l'empereur face aux déboires militaires et financiers, recevoir les dignitaires. Lorsqu'elle se rendait à Sainte-Sophie, elle comptait, essoufflée, les marches de l'escalier et les six tournants qui permettaient d'atteindre enfin la galerie des femmes.

Malgré ses talents de comédienne qu'elle exerça jusqu'au seuil du tombeau pour préserver sa dignité, Narsès devina la souffrance qu'endurait l'amour de sa vie.

Il lui suffit de remarquer un trouble dans le regard, un arrêt imperceptible dans la marche, une élocution soudain suspendue, un rictus de douleur vite réprimé. Il hésita sur la conduite à suivre : respecter le secret et la fierté de l'Augusta, ou courir le monde entier pour trouver en Chine, en Inde, en Sibérie, au Yémen, un médecin capable de la guérir.

Il fit un rêve. Un animal nommé crocodile, qu'il avait aperçu en Égypte dans le lac Maréotis lors de son expédition à Alexandrie, se dirigeait vers un tas de poissons vivants. Il en avala une dizaine, puis une autre, bientôt une centaine et d'autres centaines encore. À l'intérieur du long ventre du reptile, les poissons s'entassaient, de plus en plus serrés les uns contre les autres, tandis que des vagues de nouveaux venus les repoussaient, les écrasaient, les étouffaient. Et plus le ventre du crocodile gonflait, plus l'angoisse serrait le cœur de Narsès qui se réveilla en poussant un cri. Progressivement il reprit contact avec sa chambre, l'icône de la Sainte Vierge, la présence de l'empereur dans la pièce à côté, et voulut rejeter loin de lui le cauchemar. Mais ce dernier, comme une glu intérieure, collait à ses pensées.

Pour chasser son anxiété, il monta sur la plus haute terrasse du palais. La pleine lune éclairait d'un côté les gradins de marbre blanc de l'hippodrome, de l'autre les scintillements de la mer, en face la somptueuse coupole de Sainte-Sophie. Au loin, sur la côte d'Asie, quelques torches, comme des vers luisants, éclairaient le retour de tardifs convives. Depuis vingt ans, cet horizon était son univers et le centre en était Théodora. Et Théodora allait mourir. Il n'avait pas besoin d'Isadora la Boiteuse, enterrée depuis longtemps, pour comprendre que ce corps étouffé était celui de sa souveraine. Sa souveraine, cette pantomime insolente qui l'avait fait exister dans l'intimité d'un cœur féminin, complice de ses désirs, de ses douleurs, de ses secrets. Désormais il lui faudrait apprendre à vivre avec ce creux dans l'âme.

Le lendemain, lorsqu'il revint du conseil avec Justinien pour déjeuner, il dévisagea longuement le visage aimé. Elle comprit qu'il avait deviné son mal et mit un doigt sur ses lèvres pour lui enjoindre de se taire.

Deux jours plus tard, il la rejoignit après dîner dans sa chambre. Elle était allongée sur son lit après le démaquillage du soir et il frémit en découvrant sa pâleur et les cernes bleutées sous ses yeux.

— Narsès, mon ami, je m'en vais vers le Père. Bientôt je n'aurai plus la force de me lever. Aussi je te demande de me trouver un remède à base de pavot qui endort la douleur. J'ai assez souffert ces mois derniers, le Christ ne m'en demande pas davantage.

Narsès répondit par un mouvement des paupières, tant il craignait de pleurer.

— Je compte sur toi pour t'occuper de Justinien après mon départ. Il sera très malheureux. Empêche-le de rester longtemps à mes côtés quand il connaîtra ma maladie. Qu'il vienne deux fois par jour, à la même heure, pour qu'Héraïs puisse m'arranger pour ses visites. Fais bien attention à lui après ma mort.

— Je resterai le temps qu'il faudra. Puis je quitterai le palais. Ton absence y fera trop de bruit.

Théodora eut un pâle sourire :

— La vie fut plus intéressante et plus compliquée que ce que nous en attendions. Le vieux sceptique a-t-il fini par être heureux ici ?

— Oui. Je suis resté près de toi. Mais j'ai encore le sentiment de forces inemployées. Je voudrais être mon propre maître, enfin, pour donner tout ce dont je suis capable.

L'impératrice sourit faiblement.

— Toi que des milliers de Romains admirent et envient, tu cours encore après toi-même à soixante-neuf ans ? Dépêche-toi car ton heure viendra bientôt.

Elle ferma les yeux et, après un long silence, ajouta :

— Maintenant je n'attends plus rien de la vie. Seul m'importe Dieu.

— Tu as toujours été impatiente et insatiable. Maintenant tu es pressée d'approcher le Tout-Puissant...

— J'en ai un très grand désir et une très grande crainte. C'est le moment le plus important de mon existence.

Elle lui tendit une main amaigrie :

— Aide-moi à mourir paisiblement, pour que je puisse faire belle mon âme pour le Ciel qui a beaucoup à me pardonner. Que le Père te garde mon ami, mon cher ami.

Narsès embrassa la peau transparente et s'éloigna. Malgré sa douleur, il ne put s'empêcher de sourire en songeant que sa maîtresse chérie espérait, sans se l'avouer, séduire Dieu.

Au début du mois de juin, l'impératrice désira se rendre à pied aux Saints-Apôtres pour admirer son église et s'assurer que son tombeau était prêt. Le chemin lui parut interminable. Il lui fallut attendre debout les acclamations des factions, supporter les rayons du soleil et la flamme des cierges, écouter l'accueil bavard du patriarche. Dans l'église, sa magnifique église déjà brillante d'or et de lumière, malgré quelques ouvrages d'art à terminer, elle demanda à s'asseoir. La chaleur, dit-elle.

Incapable de revenir à pied, elle demanda une chaise à porteur et rentra se coucher.

La nuit suivante, lorsque le palais fut endormi, elle envoya le chambellan de sa chambre chercher Anthime, le patriarche monophysite qu'elle avait caché au fond du gynécée après l'échec du concile de Constantinople. Depuis douze ans, l'évêque vivait de Dieu et de solitude, dans ce lieu froufroutant de vêtements de soie, de babillages, d'intrigues qu'était l'appartement réservé aux femmes. Trois fois par jour, un chambellan venait lui apporter son repas, remplir ses lampes d'huile, l'aider à prendre son bain, et lui résumait les événements extérieurs.

Théodora tenait un crucifix sur sa poitrine et sa tête était blanche comme le marbre sur les coussins violets lorsqu'elle entendit des pas aussi légers que ceux d'un enfant. Anthime apparut, gris de teint avec une longue barbe blanche, des yeux bleu délavé qui, à force de regarder à l'intérieur de lui-même, paraissaient ne rien voir.

— Que Dieu te bénisse ma fille, dit-il d'une voix gaie.

Théodora, épuisée, parla avec effort.

— Aide-moi à bien mourir, mon père, et à me décharger de mes péchés.

— Ne te fatigue pas trop. Quelques mots suffiront.

— Timothée avait raison de craindre pour moi les tentations de la possession... Malgré tout, j'ai été fidèle.

Puis elle parla si bas qu'Anthime la comprit à peine, mais il lui suffit de savoir qu'elle abordait cet univers de la sainteté où la douleur, depuis la mort et la résurrection du Christ, noue entre le ciel et la terre un arc-en-ciel noir dont l'envers est la couleur.

Héraïs, revenue au Palais depuis l'exil de Jean de Cappadoce, s'occupa de toutes les tâches déplaisantes que requiert une malade. Elle l'habillait et la fardait joliment dans son lit pour chaque visite de Justinien. Théodora vit l'empereur vieillir de jour en jour, son menton s'alourdir, son regard se troubler. Le dernier jour, avec effort, elle lui murmura :

— Merci pour tout ce que tu m'as donné.

Des sanglots dans la voix, il lui raconta l'inauguration de la basilique Saint-Vital à Ravenne et lui annonça qu'une mosaïque la représentait magnifiquement vêtue au milieu de ses femmes, offrant le calice du Saint-Sacrement, face à lui-même qui offrait la patène. Dieu, l'empereur et la souveraineté, les trois grandes fidélités de sa vie de basilissa étaient ainsi réunies. Elle ferma les yeux de reconnaissance et ne les rouvrit pas.

Une heure plus tard, les maillets frappèrent sur les simandres des églises, les Bleus et les Verts cessèrent momentanément leurs querelles, les femmes prirent le deuil. Constantinople avait perdu une impératrice. Qu'elle fût aimée, admirée ou détestée, les Romains savaient pouvoir compter sur sa fermeté et son courage dans les dérives d'un empire déclinant.

Le lendemain, dans la salle des Dix-neuf Lits, chargée de vapeurs d'encens, Narsès regarda le corps embaumé de son amie. Il avait du mal à se concentrer sur ce lit en or, sur les illuminations des torchères d'or, sur les joyaux étincelants autour du catafalque. Théodora n'était plus ici, elle était au ciel. Alors il pria, pria de toutes ses forces et de tout son amour, la Sainte Vierge. Il lui expliqua que même si Théodora avait péché par orgueil, elle avait aussi beaucoup donné autour d'elle. Et particulièrement à lui. Il raconta à la mère du Christ combien sa vie, sa triste vie d'eunuque, avait été transformée, embellie, amplifiée par cette Augusta généreuse et fidèle dont le cœur, longtemps et souvent bafoué, avait voulu préserver ses amis de semblables tourments. Dans un mélange de reconnaissance et de supplique, il jeta dans la balance du Ciel les bienfaits dont elle avait comblé les malheureux, les déshérités, les humiliés, les dons magnifiques faits aux églises, la fidélité à ses proches, le soutien indéfectible à son époux.

L'empereur, ravagé de chagrin, s'approcha de sa femme vêtue de pourpre et ceinte de sa couronne qui reposait sur sa couche de parade, et serra dans ses bras une dernière fois « son présent de Dieu ». Enfin il s'arracha à ce corps adoré et fit un signe au maître de cérémonie. Celui-ci s'approcha de l'impératrice, et par trois fois répéta :

— Sors d'ici, basilissa : le Roi des Rois, le Seigneur des Seigneurs t'appelle.

Alors les porteurs impériaux soulevèrent le lit d'or,

suivi d'un long cortège d'évêques et de moines, de dignitaires, de sénateurs, de dames d'honneur, de gardes, les femmes en noir, les hommes en habits d'apparat.

Sur tout le chemin jusqu'aux Saints-Apôtres, la foule se pressait sur les seuils, les balcons, les terrasses, pour pleurer et crier de douleur. Les orgues aussi gémissaient leur tristesse et les chantres des factions la vertu de la souveraine disparue.

Les cinq coupoles de l'Église des Saints-Apôtres brillaient au soleil et les marbres multicolores chantaient sur les colonnes intérieures. Quand le cortège eut pénétré dans l'église, le pape et le patriarche célébrèrent l'office des morts. Puis à nouveau le maître des cérémonies s'approcha du lit funéraire, et par trois fois cria :

— Entre dans ton repos, basilissa : le Roi des Rois, le Seigneur des Seigneurs t'appelle.

Il lui enleva sa couronne pour la remplacer par un bandeau de pourpre et les porteurs déposèrent le cercueil d'or dans un des deux sarcophages de marbre vert, destinés au couple impérial, uni dans la mort comme dans la vie.

Narsès se demanda quelle impératrice cette foule pleurait en voyant Théodora disparaître sous le marbre. Car elle avait traversé, dans une seule vie, tant de destins de femme. Elle les avait tous parcourus, avec la même audace, dans la séduction, dans la vengeance, dans la douleur, dans la fidélité, dans l'autorité, dans la piété. Les femmes regrettèrent la souveraine qui défendit leurs droits, les monophysites la basilissa qui lutta jusqu'au bout pour la réconciliation des chrétiens, les citoyens la grande impératrice, les plus âgés la pantomime de leur jeunesse. Au ciel, on pleura peut-être l'Augusta qui, avec son époux, avait réaffirmé l'égalité des hommes et femmes devant Dieu.

Théodora, qui aimait tant la gloire, disparut sans

savoir que dans les siècles à venir, sur la place Saint-Marc de Venise, les quatre chevaux du Katishma s'élèveraient sur le fronton d'une basilique inspirée des Saints-Apôtres, résumant, dans la beauté d'une geste architecturale, sa vie commencée à l'hippodrome et terminée dans la louange de Dieu.

Épilogue

Justinien régna encore dix-sept années, et mourut en septembre 565, à l'âge de quatre-vingt-trois ans. Il ne se remit jamais de la mort de son épouse et s'enferma progressivement dans des discussions théologiques tandis que l'Empire déclinait.

À sa mort, son neveu Justin monta sur le trône avec son épouse Sophie, fille de Comito et donc nièce de Théodora.

Antonina s'empressa de séparer sa fille, Ioannina, d'Anastase le descendant de l'impératrice, malgré leur amour réciproque et leur vie commune. Elle resta dans l'entourage de l'empereur et mourut en 566 âgée de quatre-vingt-deux ans.

Bélisaire fut nommé commissaire aux écuries impériales, et ne fut rappelé à la tête de l'armée que lorsque les Huns, arrivés sous les Longs Murs, menacèrent d'envahir Constantinople. Son nom et son génie militaire sauvèrent la capitale, mais l'empereur, malgré les honneurs qu'il lui conféra, se méfia toujours de lui. Il mourut en 565, à l'âge de soixante-cinq ans.

Jean de Cappadoce revint à Constantinople avec l'espoir de retrouver la faveur de Justinien. Mais celui-ci l'avait oublié. Pierre Barsymès, aussi expéditif et brutal que lui pour prélever les impôts, le remplaçait fort bien.

Trois ans après la mort de Théodora, Narsès quitta le palais pour n'y plus revenir. En 551, nommé chef de l'expédition de reconquête de l'Italie, il partit avec une armée importante de vingt-deux mille hommes et de l'argent. Après dix ans de combat, il conquit à nouveau la péninsule qui redevint romaine. Il disait ne jamais entreprendre une bataille sans la bienveillance de la Vierge Marie. Sa générosité envers les pauvres et ses compétences militaires lui valurent beaucoup de loyauté. Longtemps désintéressé, il éprouva, sur la fin de sa vie – peut-être pour panser une blessure inguérissable –, le besoin d'accumuler d'immenses trésors qui devinrent légendaires. Il mourut à Rome en 574, à l'âge de quatre-vingt-quinze ans. Son corps fut ramené dans le monastère qu'il avait fondé en Bithynie pour des moines monophysites.

Photius, après la mort de Justinien, quitta le couvent de Jérusalem où il s'était caché et rentra en grâce au palais où il devint le favori de l'impératrice Sophie.

La reconstitution de l'Empire romain ne résista pas aux conquêtes des Lombards en Italie ni à celles des Perses en Orient. Ces derniers furent chassés par les Arabes qui, entre 632 et 646, conquirent la Syrie, la Mésopotamie, l'Arménie et l'Égypte. Quoique le rêve de l'antique Empire de Rome ne soit jamais entièrement abandonné par les empereurs d'Orient, de fait, conformément aux vœux de Théodora, Byzance se replia dans ses frontières orientales. Alors s'épanouit l'Empire byzantin, qui allia splendidement le raffinement oriental, le christianisme et la culture gréco-romaine.

Note historique

Les lecteurs de romans historiques s'interrogent à juste titre sur la part d'imaginaire et de faits réels évoqués dans ce genre d'ouvrages. Aussi je me permets de donner quelques précisions à ce sujet.

De la jeunesse de Théodora nous ne possédons que des bribes d'information : sa famille, la mort de son père Acace, son enfance dans l'hippodrome, son métier de pantomime, l'évocation d'une vie légère (on discute sur son statut de prostituée), une fille que j'ai nommée Eudoxie. On sait qu'elle partit en Lybie avec le gouverneur Hécébolos et qu'elle quitta le gouverneur sans un sou pour des raisons que nous ignorons. Elle erra ensuite misérablement à Alexandrie où elle rencontra les chefs de la religion monophysite. On lui suppose un voyage à Antioche que je n'ai pas évoqué. Par la suite elle aurait mené à Constantinople une vie simple en filant la laine jusqu'à la rencontre de Justinien, rencontre dont nous ne savons rien. À partir de ces éléments j'ai inventé des personnages (Ouranios, Pothos, Libanios, Isadora la Boiteuse, la Matrona, Grosse-Tête, Basile) et des situations.

La vie de Théodora impératrice est mieux connue. Les personnages que je mets en scène sont historiques, ainsi que leurs péripéties. Je n'ai inventé que leurs motivations et les modalités de l'action.

En règle générale, j'ai évité ce qui relevait de simples suppositions, comme le retour tardif et la disparition de son premier enfant, ou l'assassinat d'Amalasonthe, fille de Théodoric le Grand, roi des Ostrogoths, auquel elle aurait peut-être été mêlée.

L'Histoire ne parle de Narsès qu'à partir du moment où il devint chargé du trésor de l'empereur et Grand Chambellan. J'ai respecté, à partir de cette promotion, les responsabilités qui lui furent confiées et les services qu'il rendit.

Connu comme favori de l'impératrice, je me suis permis d'anticiper leur rencontre et d'établir entre eux une relation d'amitié très antérieure à leur vie dans le Palais Sacré.

J'ai fait de même pour les personnages d'Antonina et de Bélisaire qui ne sont évoqués par les auteurs anciens qu'à partir du règne de Justin puis de Justinien.

Remerciements

Ce livre a été écrit grâce à la confiance que m'a accordée Laurence Décréau. Tous mes remerciements vont à sa patience, ses critiques, ses conseils, ses suggestions et au précieux soutien de Maureen Bion-Paul.

Les byzantinologues de l'université Paris-Sorbonne et ceux du Collège de France m'ont apporté une aide précieuse en acceptant de répondre à mes questions parfois naïves. Je leur exprime ici ma gratitude, ainsi qu'aux responsables de la bibliothèque byzantine du Collège de France qui m'ont très cordialement accueillie.

Merci enfin aux amis qui ont eu la gentillesse de s'intéresser à mon impératrice et qui retrouveront dans ce roman des traces de nos discussions.

Aubin Imprimeur
LIGUGÉ, POITIERS

Photocomposition *CMB* Graphic
44800 Saint-Herblain.

Achevé d'imprimer en septembre 2002
pour le compte de France Loisirs
123, bd de Grenelle, 75015 Paris
N° d'édition 37485 / N° d'impression L 64055
Dépôt légal, octobre 2002
Imprimé en France